MELANIE GRABNER / LUDWIG WATSCHONG

Quickfinder
Biogarten

Nachhaltig und naturnah gärtnern

Vorwort

Biologisch gärtnern bedeutet, im Einklang mit der Natur zu arbeiten. Daher ist es für den Biogärtner besonders wichtig zu wissen, wann was im Garten getan werden kann bzw. muss. Wann beginne ich mit der Anzucht von Gemüsepflanzen im Haus? Wann kann ich direkt ins Freiland aussäen? Wann ist der beste Zeitpunkt zum Schneiden meiner Rosen oder der Beerensträucher? Der richtige Zeitpunkt lässt Ihre Pflanzen gedeihen und garantiert eine reiche Ernte.

→ **Der Quickfinder** führt Sie anhand von Schlagwörtern zu der Tätigkeit, die Sie in einem bestimmten Zeitraum ausführen sollten.

→ **Im Praxisteil** erfahren Sie alles über die Grundlagen des biologischen Gärtnerns im Zier- und Nutzgarten.

→ Im **Biogarten-Jahr** ist dann aufgeführt, wann Sie in Ihrem Garten wo aktiv werden sollten.

→ **Der Serviceteil** umfasst ein Glossar mit Fachbegriffen, Pflanzentabellen, Pflanz- und Aussaatkalender und ein ausführliches Register.

Inhalt

Allgemeine Gartenarbeiten

Aussaat

Beerenobst

Bei (Un)kraut

Blütenpflanzen

Boden

Düngen

Ernten & Lagern

Gartengeräte

Gehölze

Gemüse

Gestaltung

Gießen

Gründüngung

Kompost

Kräuter

Krankheiten

Mulchen

Nützlinge im Garten

Obst

Pflanzen

Pflanzenschutz

Pilzkrankheiten

Planen

Rosen

Salat

Schädlinge

Schnittmaßnahmen

Sortenwahl

Wiese

Wildpflanzen

Winterschutz

Zwiebel- und Knollenblumen

Praxisteil

Dieses Kapitel beantwortet die folgenden Fragen: Was bedeutet biologisches Gärtnern?

Was ist ein »lebendiger Boden«? Wie erkenne ich die Qualität und Zusammensetzung

meines Gartenbodens? Wie kann ich meinen Garten zu einem Eldorado für Pflanzen und

Tiere umgestalten? Welche Geräte sind sinnvoll? Was kann ich für die Gesundheit meiner

Pflanzen tun? Welche Nährstoffe braucht der Boden, und wie erzeuge ich diese?

Biologisch gärtnern

Wer einen Garten besitzt, der kann den Wunsch nach naturgemäßer Lebensweise und gesunder Ernährung in die Tat umsetzen. Biologisch gärtnern heißt: im Einklang mit der Natur zu leben und zu gärtnern. Das reicht von der Bearbeitung des Bodens über das Düngen und die Bekämpfung von Schädlingen bis hin zur richtigen Pflanzenauswahl. Man stellt sich mit den eigenen Wünschen und Bedürfnissen in die Lebenskreisläufe von Flora und Fauna.

Die zwei wichtigsten Punkte im Bioanbau sind: keine synthetischen Dünger anwenden und keine Pestizide nutzen. Synthetische Dünger stören die Bodenlebewesen, Pestizide vernichten sie. Über diese Maßgaben hinaus sollte das Ziel ein lebendiger Boden und die Rücksichtnahme auf natürliche Kreisläufe in der Natur sein. Lebendige Erde braucht auch ein lebendiges Umfeld, deshalb ist es gut, im Garten Wildbereiche einzuplanen. Hier haben die Nutzinsekten ihren Platz; Igel, Wiesel und Blindschleiche fühlen sich in Holzstapeln oder Steinhöhlen wohl. Vögel lieben abwechslungsreiches Gebüsch: als Schutz, zum Brüten und als Nahrungsquelle.

Grundvoraussetzungen für biologisches Gärtnern sind:

→ **Pflanzenkenntnisse.** Die Pflanzen werden nach den Bedingungen des Gartens ausgesucht. Aus dem Reich von Tausenden heimischen Pflanzenarten gibt es immer einige, die Ihnen gefallen werden. Standortgerechte Pflanzen sind gesund, setzen sich gut gegen unerwünschte Beikräuter (Unkräuter) durch und bereiten Ihnen viel weniger Arbeit.

→ **umweltbewusstes Einkaufen.** Beim Einkauf von Pflanzen und sonstigem Gartenbedarf sollten Sie auf die Herkunft und Produktionsweise achten. Heimische Produkte sind vielleicht teurer, unterliegen aber auch mehr Umweltauflagen und haben in der Regel kürzere Transportwege. Versuchen Sie mit so wenig Zukauf wie möglich auszukommen, indem Sie einen Komposthaufen für anfallendes organisches Material anlegen und die Blumenbeete mit Herbstlaub abdecken.

Biologisch düngen

Vor allem bei der Düngung besteht ein großer Unterschied zum konventionellen Gartenbau. Man unterscheidet hier:

→ **die indirekte Düngung** durch Aufbau der Humusschicht des Bodens. Dies geschieht einerseits durch Mulchmaterial, das auf den Beeten verteilt und langsam vom Bodenleben umgesetzt wird, andererseits durch abgehacktes Beikraut, das in den Boden eingearbeitet wird. Auch Gründüngung bietet Nahrung für das Bodenleben.

→ **das Einbringen von Dauerhumus** vor oder nach der Vegetationsperiode aus der geregelten Kompostierung.

→ **die direkte Düngung der Pflanzen** während der Vegetation mit verdünnter Jauche (❯ S. 132, Pflanzenjauchen zum Düngen).

Pflanzenschutz

Die Pflanzengesundheit und ihre Erhaltung spielen im Biogarten eine besondere Rolle. Es ist viel schwieriger, vorhandene Schädlinge zu bekämpfen, als den Ursachen vorzubeugen. Viele Probleme lassen sich vermeiden oder zumindest eindämmen durch:

→ standortgerechte Pflanzenwahl,
→ Auswahl robuster Sorten,
→ Berücksichtigung von Mischkultur,
→ günstige Fruchtfolgen,
→ Anlockung von Nützlingen zur Bestäubung und Schädlingsvertilgung.

Wenn kein Weg an einer Behandlung von Krankheiten oder Schädlingen vorbeiführt, gibt es eine Reihe von nützlingsschonenden Mitteln (❯ S. 40, Schädlinge direkt bekämpfen).

→ Pflanzengerechte Aussaat- und Pflanzzeiten.

Arten- und Sortenwahl

Im biologischen Anbau brauchen Sie auf ärmeren Böden nicht auf Erträge verzichten. Es erfordert am Anfang lediglich eine Auswahl an geeigneten Arten und Sorten (❯ S. 44, Die richtige Sortenwahl). Mit einem wachsenden Humusanteil im Garten und einem aktivierten Bodenleben können Sie dann auch anspruchsvollere Pflanzen nutzen.

Biologisch gärtnern im Nutzgarten

Ein biologisch gepflegter Nutzgarten zeichnet sich aus durch Vielfalt, fruchtbaren, lebendigen Boden, angepasste Sortenwahl und Nahrungsgrundlage für Insekten wie Bienen und Schwebfliegen, Kleintiere und Vögel. Der biologische Nutzgarten ist nicht isoliert, sondern steht in Verbindung mit der näheren und weiteren Umgebung

Merkmale eines biologischen Nutzgartens

→ **Der Boden.** Das A und O eines erfolgreichen Gärtners ist die Lebendigkeit und Fruchtbarkeit des Gartenbodens. Dies erreichen Sie durch nachhaltiges Wirtschaften. Das bedeutet nicht nur, dass eine immerwährende Nutzung des Bodens gewährleistet ist, sondern dass die Produktivität des Bo-

dens zunimmt! Alles organische Material sollte dem Bodenleben wieder zugeführt werden, um mit dem Humusaufbau die Fruchtbarkeit zu erhöhen. Die Grüne Tonne hat ausgedient, denn Grasschnitt, Blätter, Stängel und Küchenabfälle werden kompostiert (❯ S. 30, Kompostbereitung) oder zum Mulchen (❯ S. 27, Mulch – eine Decke für den Boden) verwendet. Bakterien und Pilze sowie Ausscheidungen von Käfern und Würmern liefern alles, was sich unsere Pflanzen wünschen. Lediglich Kalk muss bei sauren Böden zugefügt werden. Gründüngungspflanzen (❯ S. 28, Gründüngung) unterdrücken Beikraut, halten die Erde feucht, liefern Mulchmaterial und binden Nährstoffe, die wieder frei werden, wenn Sie die Gründüngung einarbeiten.

→ **Die Pflanzen.** Je vielfältiger die Pflanzen im Garten, desto abwechslungsreicher auch die Mahlzeiten – nicht nur für uns, sondern auch für eine Vielzahl an Nützlingen. Achten Sie daher auf angepasste Sorten (❯ S. 44, Die richtige Sortenwahl). Erst mit der Erzeugung des eigenen Saatgutes wird der Gärtner wirklich unabhängig, und die Gemüsesorten können sich im ständigen Nachbau an die spezifischen Böden und Klimabedingungen der Region anpassen. Um das Kleinklima in Ihrem Garten kennenzulernen, sollten Sie beobachten, wo der Schnee zuerst schmilzt, wo zuletzt. Wo ist der Boden im Sommer am trockensten, wo sammelt sich Wasser?

Anbauplanung

➜ **Die grobe Planung** kümmert sich um Sonneneinfall, Flächenmanagement und das Kleinklima im Garten.

Liegt Ihr Nutzgarten z. B. am Hang, dann sollten Sie ihn möglicherweise terrassieren, damit die Erde nicht abrutscht oder das Wasser davonläuft.

Mit einem Teich können Sie das Kleinklima so verändern, dass frühe Fröste im Herbst oder späte Fröste im April/Mai abgepuffert werden. Wenn im Norden des Teichs eine Mauer steht, wird er zur Sonnenfalle. Im Sommer kann ein Teich Kühlung spenden. Windige Ecken können Sie entschärfen, indem sie dort Büsche anpflanzen.

Ein kleines Gewächshaus verlängert den Anbauzeitraum, bietet neue Möglichkeiten für wärmeliebende Pflanzen und kann als frühe Anzuchtfläche genutzt werden.

➜ **Die jährliche Anbauplanung** beginnt im Winter auf dem Papier. Hier gibt es viele Fragen zu beantworten:

Wie viel will ich von welchen Pflanzen ernten? Was muss ich wann vorziehen? Wie viel kann ich auf einem Beet unterbringen? Was stand vorher wo, und welchen Fruchtwechsel muss ich dann beachten?

Mischkultur

Pflanzen ergänzen sich nicht nur in ihren Nährstoffbedürfnissen, sondern auch im Platzbedarf über oder unter der Erde. So unterscheiden wir Tiefwurzler (Möhren) und Flachwurzler (Salat), Hochwachser (Lauch) und Breitwachser (Erdbeeren), Starkzehrer (Kohl) und Schwachzehrer (Bohnen). Da will gut geplant sein, damit sich die Pflanzen nicht gegenseitig beim Wachstum behindern oder um die Nährstoffe buhlen. Mischkultur bietet sich hier an, d. h. das Miteinander verschiedener Pflanzen auf einem Beet.

➜ Tief- und Flachwurzler, Breit- und Hochwachser »auf Lücke« gepflanzt, spart Platz.

➜ Wenn Pflanzen gemischt stehen, breiten sich Krankheiten und Schädlinge weniger

Durch den gemischten Anbau von hoch und breit wachsenden Pflanzen können Sie Ihre Beetfläche besser ausnutzen.

stark aus. Manche Pflanzen wirken sich sogar positiv auf ihre Nachbarn aus, z. B. Gurken und Dill oder Möhren und Lauch.

➜ Achten Sie darauf, dass Pflanzen, die sich nicht vertragen wie Bohnen und Zwiebeln oder Gurken und Tomaten, nicht auf einem Beet zusammenstehen.

Fruchtfolgen

Sie sollten auf dem gleichen Beet nicht nacheinander das gleiche Gemüse anbauen, sondern einen Fruchtwechsel vornehmen. Mindestens 2–3 Jahre sollten zwischen dem Anbau gleicher Arten wie Erbsen und Bohnen liegen.

➜ Viele Pflanzen (Kohl und andere Mitglieder der Familie der Kreuzblütler wie Radieschen oder Kohlrabi) sind selbst unverträglich, d. h., sie würden im Folgejahr auf der gleichen Stelle kümmerlicher wachsen.

➜ Es wäre auch nicht sinnvoll, eventuell vorhandenen artspezifischen Krankheitserregern die gleichen Lieblingspflanzen im folgenden Jahr wieder zu präsentieren. Bei der Kohlhernie, Wucherungen an Kohlwurzeln, ist z. B. eine Dauer von sieben Jahren nötig, um die Krankheitskeime im Boden vollständig abzubauen.

➜ Einige Pflanzenarten (Zwiebeln, Rote Bete) sollten im Folgejahr auch nicht an der gleichen Stelle stehen, weil sie ihre eigenen Wurzelausscheidungen nicht vertragen.

Biologisch gärtnern im Ziergarten

Biologisches Gärtnern wird meist in Verbindung mit dem Nutzgarten gesehen. Der Ziergarten kann aber auch ein wertvoller, artenreicher Bereich zwischen »Natur« und »Kultur« (Nutzpflanzenbereich) sein.
Er bietet die Möglichkeit für eine größere, lebendigere Artenvielfalt, aktiven Naturschutz vor der Haustür, weniger Pflegearbeit, ohne dabei verwildert auszusehen. Ein nach ökologischen Kriterien geplanter Ziergarten wirkt sich auf den ganzen Garten sowie die benachbarten Grundstücke positiv aus und ist durch seine Schönheit Seelennahrung.

Merkmale eines biologischen Ziergartens

→ **Natürlicher Artenreichtum.** Die Auswahl erfolgt aus standortgerechten vorwiegend heimisch oder heimisch gewordenen Pflanzen. Im Laufe der Zeit siedeln sich hier sogar Wildformen von Nutzpflanzen an wie Wegwarte (*Cichorium intybus*) sowie Wildkräuter wie Knoblauchsrauke (*Alliaria petiolata*) und Schildampfer (*Rumex scutatus*).
→ **Rückzugsgebiet für Tiere.** Wildpflanzen

Im biologischen Ziergarten haben einheimische Blütenpflanzen den Vorrang!

aber auch zahlreiche Schmuckstauden bieten Amphibien, Kleinsäugern, Vögeln, Insekten und vor allem Nützlingen Lebensraum und Nahrung. Nicht nur für Kinder ist es spannend, wie viele neue, tierische Gartengäste die Pflanzen besuchen.
→ **Aktiver Naturschutz im Garten.** Viele Wildpflanzen wie Hauhechel (*Ononis spinosa*), Wiesen-Storchschnabel (*Geranium pratense*) oder Graslilie (*Anthericum liliago*) sind durch die intensive Nutzung der Landschaft so selten geworden, dass sie uns nun wieder fast exotisch vorkommen. Andere wie die Wiesenflockenblume (*Centaurea jaceae*) oder die Wegmalve (*Malva silvestris*) belohnen uns mit einer langen Blütezeit.

Viele blühfreudige Wildblumen wie die Küchenschellen (*Pulsatilla vulgaris*), die gelben Schlüsselblumen (*Primula veris*) oder das Gefleckte Knabenkraut (*Dactylorhiza maculata*) stehen unter Naturschutz. Bei über 22 Millionen bundesweiten Hausgärten bestehen gute Aussichten, dass diese wertvollen Arten fortbestehen können.
→ **Pflegeleichter Garten.** Viele Wildpflanzen sind wesentlich robuster als ihre gezüchteten Verwandten. Sie vertragen mehr Kälte, Hitze oder Trockenheit und können auch auf ungünstigen Böden gedeihen. Durch die verstärkte Ansiedlung von Nützlingen werden die Nutzpflanzen besser bestäubt und vor großen Schädlingspopulationen bewahrt.

Lebendiger Boden – das A und O

Wie entsteht lebendiger Boden? Die unbelebte Gesteinsschicht verwittert durch wechselnde Zustände von Hitze und Kälte und durch die Sprengkraft frierenden Wassers. Darauf siedeln erste Lebewesen wie Bakterien und Flechten. Pflanzenwurzeln dringen in die Spalten ein und liefern erstes organisches Material zur Ernährung von Insekten und Würmern. Die Ausscheidungen dieser Kleintiere können Tonnen von Humus produzieren – sofern wir sie am Leben lassen.

Bodenlebewesen

Bei allen Bodenarten geht es darum, Harmonie zu schaffen und die Umweltbedingungen für die Bodenlebewesen zu verbessern. Dies wird erreicht, indem man die Humusschicht vergrößert, denn in der Humusschicht leben Billionen von Kleinstlebewesen, die unverzichtbar für ein gesundes Pflanzengedeihen sind. Dazu zählen Bakterien, Pilze, Algen und Flechten sowie Amöben, Fadenwürmer, Asseln, Regenwürmer, Spinnen und Käfer, um nur einige zu nennen. Alle ernähren sich von abgestorbenen Pflanzen und Tieren, also organischen Düngerstoffen. Sie zersetzen, vermischen und vermengen diese Stoffe in komplizierten chemischen Prozessen und verbinden sie in ihren Ausscheidungen zu Humuskomplexen. Vor allem die Regenwürmer erschaffen so tonnenweise Dauerhumus (bis zu vier Tonnen pro ha/Jahr, sofern es sich um lebendige Böden handelt).

Verschiedene Bodenarten

Kein Boden gleicht dem anderen. Es gibt jedoch vier Grundbodenarten: Torf-, Sand-, Ton- und Lößboden.

→ **Torfboden** enthält von allen Bodenarten am meisten organische Masse, die aber leider durch ihre Mumifizierung kaum pflanzenverfügbare Nährstoffe zur Verfügung stellt. Torfböden können sehr fruchtbar werden, wenn sie nicht ständig feucht stehen und das Bodenleben angeregt wird. Dazu braucht es Mistkompost, Ton (Bentonit) und Kalk.

→ **Sandboden** besteht aus großen Quarzkörnern, die Kalk enthalten können. Sand wärmt sich schnell auf, kühlt in der Nacht aber auch schnell wieder ab. Er kann sehr gut und einfach bearbeitet werden, selbst nach starkem Regen, was bei keinem anderen Boden der Fall ist. Sandboden kann Wasser nicht halten, sodass Sie in trockenen Zeiten ständig gießen müssen. Sandboden braucht viel zusätzlichen Humus, um seine Eigenschaften wie z. B. Wasserspeichervermögen und Nährstoffangebot zu verbessern.

→ **Tonboden** besteht aus sehr feinen Schichtsilikaten, die ein großes Wasseraufnahmevermögen haben und dann u. a. plastisch bearbeitet werden können (Keramik). Wenn Tonböden allerdings austrocknen, sind sie hart wie Stein. Solche Böden müssen im Herbst umgegraben oder gepflügt werden, um durch die Frostgare fürs Frühjahr einen einigermaßen gut zu bearbeitenden Garten zu erhalten. Tonboden ist zwar fruchtbar, benötigt aber zur Lockerung große Mengen an Humus, auch Sand kann hier Hilfe bringen.

→ **Löß** ist ein Sedimentboden, der vor Urzeiten oft von weit her geweht wurde. Es handelt sich um einen Mischboden vor allem aus Quarz (Silikatmineralen wie Feldspat), kalkigen Bestandteilen, Vulkangestein und Ton. Die Feinbestandteile dieses Bodens sind sehr porös, daher kann er gut Wasser speichern und ist locker. Eisenmineralien können den Boden von Gelb bis Rot färben. Löß bietet einen guten Gartenboden.

→ **Kalkboden** liegt in der Regel über Kalkgestein. Er ist ein armer Boden, der einen Mangel an Nährstoffen sowie an den Metallen wie Eisen, Kupfer, Mangan und Zink aufweist. Es darf kein frischer Mist auf die Erde gebracht werden, dadurch würden die Nährstoffe noch stärker gebunden. Wird Kalk aus diesen Schichten ausgewaschen, kann es zu punktuellen Verhärtungen in unteren Bodenschichten kommen. Kalkboden kann Wasser nur schwer halten. Auch beim Kalkboden verbessert Humusanreicherung den

Im Handel gibt es verschiedene Bodentest-Sets, mit denen Sie auf einfache Art und Weise den pH-Wert prüfen können.

Boden. Vor allem Komposte mit viel Zelluloseanteilen wirken sich hier günstig auf eine Senkung des pH-Wertes aus.

Was ist Humus?

Humus ist die lebendige, organische Bodenschicht, die den Pflanzen Nährstoffe zur Verfügung stellt.

Vor allem der Dauerhumus ist für den Gärtner interessant, da er die Fruchtbarkeit eines Bodens ausmacht. Sie entsteht durch Abbau- und Umbauvorgänge mithilfe von Bakterien, Hefen, Pilzen und Kleintieren. Es sind komplexe organische Verbindungen zwischen Ton, Stickstoff, Kali, Phosphor, Kalk, Magnesium und anderen Pflanzennährstoffen. Humus kann wesentlich mehr Wasser speichern als Ton und bindet den größten Anteil des Bodenstickstoffes. Der Begriff Dauerhumus sagt auch aus, dass die Nährstoffe hier nicht ausgewaschen werden, von den Pflanzen aber jederzeit bedarfsgerecht genutzt werden können. Dazu scheiden die Pflanzenwurzeln Stoffe aus, die die Nährstoffe aus dem Dauerhumus herauslösen.

Der pH-Wert des Bodens

Der pH-Wert kennzeichnet den Säuregrad des Bodens und damit die Verfügbarkeit von Nährstoffen.
Die Skala reicht von 0 bis 14. Bei Werten von 0 bis 5 ist der Boden sauer, bei 7 neutral und bis 14 alkalisch. Pflanzen haben ganz unterschiedliche Ansprüche an den Säuregehalt.
→ Je saurer der Boden, desto schlechter kann die Pflanze Nährstoffe aufnehmen, die Fotosynthese wird reduziert und evtl. vorhandene gebundene Schwermetalle werden im sauren Milieu aktiver.
→ Auch alkalische Kalkböden mit einem hohen pH-Wert sind Mangelböden, da die Nährstoffe mit dem Wasser abfließen; auch hier fehlen den Pflanzen Metalle.
→ Die meisten Pflanzen, vor allem Gemüsearten und -sorten wachsen am besten bei einem pH-Wert von 6–7.
Es gibt verschiedene Methoden, den pH-Wert des Bodens zu messen. Am einfachsten geht das mit angefeuchtetem Lackmuspapier, das Sie in der Apotheke oder im Gartenfachhandel erhalten.

Bodenzeigerpflanzen

Auch der Pflanzenbewuchs eines Bodens liefert Aufschluss über die Bodenverhältnisse, allerdings ist dies eine sehr unsichere Methode der Bodenbestimmung. Das liegt daran, dass Pflanzen gewisse Toleranzen haben und somit auch auf weniger idealen Böden wachsen können. Ein Allrounder ist z. B. der Löwenzahn, der auf fast allen Böden zu finden ist, auch wenn er auf stark gedüngten Wiesen vermehrt auftritt. Auch Brennnesseln erobern sich sehr viele unterschiedliche Flächen.

Bodenzeigerpflanzen

Pflanze	Bodenbeschaffenheit
Wilde Möhre Schafgarbe	trocken, nährstoffreich
Wildes Stiefmütterchen	sauer, nährstoffarm
Ampfer	feucht, nährstoffreich
Mädesüß Hahnenfuß Binsen	Staunasse
Breitwegerich Huflattich	verdichtet
Vogelmiere Franzosenkraut	humos
Adonisröschen Schlüsselblume	kalkhaltig

Bodenarten erkennen

Am einfachsten können Sie Ihren Gartenboden erfühlen, wenn Sie eine feuchte Probe davon in die Hand nehmen und zusammendrücken, um die unterschiedliche Struktur zu begreifen.

(1) Sandboden
Sand lässt sich je nach Humusgehalt mehr oder weniger zusammendrücken, dann zerrieselt er.

(2) Tonboden
Tonboden bildet eine kompakte Masse, die Sie zusammendrücken und gut formen können.

(3) Lößboden
Lößboden lässt sich etwas zusammendrücken, zerfällt dann aber bröckelig.

Den Boden erkennen

Es gibt verschiedene Methoden, den Boden zu »erkennen«:

Die Fingerprobe

Nehmen Sie etwas Boden in die Hand und erkennen Sie die Struktur beim Zusammendrücken (> Bilder links) oder Zerreiben.
→ Reiben Körner aneinander, handelt es sich um groben Sandboden.
→ Tonboden erkennen sie an der »schmierigen« Konsistenz. Es sind v. a. Silikatmineralien, die eine spiegelnde Gleitfläche erzeugen.
→ Fühlen Sie eine fluffige weiche Konsistenz, ist sehr viel organisches Material vorhanden, was bei Torf- oder Lößböden der Fall ist.

Die Schlämmprobe

Verrühren Sie eine Handvoll Erde in einem Liter Wasser. An den Bestandteilen, die oben im Gefäß schwimmen, erkennen Sie den organischen Anteil des Bodens. Am Gefäßboden setzt sich gröberer oder feinerer Sand ab. An der Trübung der Flüssigkeit können Sie den Anteil an feinen Bestandteilen erkennen.
→ Bei Torfboden schwimmen gröbere Teile auf dem Wasser,
→ bei Lößboden schwimmt eine feinere Masse auf dem Wasser,
→ Tonboden lässt sich nur schwer auflösen,
→ Sandboden ist nur schwach getrübt.

Die Spatenprobe

Wenn Sie einen Eindruck vom Zustand tieferer Bodenschichten bekommen und das Bodenleben erforschen wollen, dann machen Sie an verschiedenen Stellen des Gartens eine Spatenprobe. Heben Sie ein Loch aus und stechen Sie dann an einer Seite des Loches eine ca. 10 cm dicke und ca. 40–50 cm tiefe Erdschnitte ab. Heben Sie die Erdschnitte heraus und betrachten Sie sie genauer. Wie sieht die Bodenschichtung aus? Wie dick ist die Humusschicht? Was für ein Boden ist darunter, wie steinig oder feinkrümelig ist er in tieferen Bereichen? Eine feine Bodenstruktur hält Feuchtigkeit besser als eine grobe. Wie feucht oder trocken sind die Bodenschichten? Wie viele Tiere sind zu erkennen, speziell Regenwürmer? Je mehr Würmer, desto lebendiger ist der Boden. Wie tief reichen die Wurzeln der Gräser und Kräuter? Je tiefer die Wurzeln der Pflanzen reichen, desto sicherer kommt die Pflanze an das Grundwasser und desto besser kann sie sich mit Mineralien versorgen.

Die professionelle Bodenanalyse

Eine ganz genaue Analyse Ihres Bodens erhalten Sie, wenn Sie Bodenproben, die Sie an verschiedenen Stellen Ihres Gartens nehmen und miteinander vermischen, an ein Untersuchungslabor (> S. 238, Adressen) senden, das auch Gifte (wie Lindan) testet.

Den Boden verbessern

»Offener Boden ist toter Boden.« Dieser alte Gartenspruch meint, dass das Bodenleben aus einem Boden entweicht, der nicht bedeckt ist. Bodenorganismen brauchen etwas Feuchtigkeit, sonst vertrocknen sie. Deshalb sollten Sie den Oberboden immer krümelig halten, damit er bei Hitze nicht austrocknet oder bei Nässe verschlämmt. Noch besser ist eine Bodenbedeckung aus Mulch oder die Aussaat von Gründüngung.

Mulch – eine Decke für den Boden

Mulchen bedeutet, die Erde mit verschiedenstem Material zu bedecken. Die Mulchschicht

→ erhält die Feuchtigkeit im Boden,
→ aktiviert das Bodenleben,
→ reichert Humus an,
→ verbessert den Boden.

Mulchen bringt aber noch andere Vorteile:
→ Im Ziergarten ist der Einsatz von Rindenmulch zur Beikrautunterdrückung sehr praktisch. Im Unterschied zum Nutzgarten besteht ein Ziergarten aus mehrjährigen Stauden und Sträuchern, deren Wurzeln und zum Teil unterirdische Ausläufer oftmals dicht unter der Oberfläche liegen. Unkraut hacken könnte die Wurzeln schädigen.
→ Organisches Mulchmaterial wie Grasschnitt hat zudem noch Düngerwirkung.

→ Die Mulchschicht gewährt Unterschlupf für Nützlinge wie Laufkäfer und Kröten.
→ Im und unter dem Mulch findet sich allerlei Nahrung für die Nützlinge (Würmer, Larven und Maden).

Mulchen hat aber auch einige Nachteile:
→ Es gibt unterschiedliche Beobachtungen, ob ein gemulchter Garten vermehrt Schnecken anlockt oder nicht. Unter Stroh fühlen sich Nacktschnecken wohl, während sie frischen Rasenschnitt meiden. Frischer Rindenmulch mit seinen harten, rauen, ausgefransten Holzstücken hält die Schleimer für ein paar Wochen fern, doch sobald sich das Material etwas gesetzt hat, ist es auch kein Hindernis mehr.
→ Mulchmaterial wird gerne von Vögeln (Amseln) nach Nahrung durchgewühlt und dabei weit umhergestreut.
→ Der im Ziergarten oft verwendete Rindenmulch versauert den Boden. Schieben Sie auf alle Fälle den Mulch vor dem Düngen zur Seite, denn durch den hohen Nährstoffanteil und die Mikroorganismen des Kompostes wird die Rinde schneller als üblich zersetzt.
Besser ist es daher, wenn Sie die Beete statt mit Kompost mit flüssigem oder körnigem organischem Dünger versorgen.
→ Grober Mulch und Stroh entziehen dem Boden Nährstoffe; im Gemüsegarten ist dieser Nachteil gravierender als im Ziergarten.

Mulchmaterial aus dem Garten

Verwendet werden können organische Materialien wie Stroh, Grasschnitt, Laub oder Sägemehl. Küchenabfälle sind die schlechteste Wahl, da sie Ratten und Schnecken anziehen und zum Faulen neigen. Sie sind besser auf dem Kompost aufgehoben (> S. 30, Kompostbereitung).

→ **Häckselgut** eignet sich sehr gut unter Hecken oder auf größeren Flächen. Auch zwischen Zierstauden und auf Wegen ist das Ausbringen von Häckselgut sinnvoll. Im ungünstigen Fall können frische Zweige, wie die der Weide, wieder Wurzeln treiben. Lassen Sie den Gehölzschnitt vor dem Häckseln gut antrocknen.

→ **Grasschnitt** ist sehr düngend. Er wird gerne von verschiedenen Insekten und Würmern als Ablage für Eier genutzt, die wiederum vielen Nützlingen als Nahrung dienen. Sofern im Rasen nicht zu viele unerwünschte Wildkräuter stehen, ist Grasschnitt eine perfekte Bodenabdeckung unter Hecken und bei langsam wachsenden Starkzehrern wie Kohl. Durch die schnelle Verrottung (etwa zwei Monate) werden Nährstoffe in leicht pflanzenverfügbaren Konzentrationen abgegeben. Die Mulchschicht sollte allerdings nicht dicker als 5 cm sein, sonst fängt sie zu faulen an.

→ **Herbstlaub** schützt den winterlichen Boden – vor allem im Ziergarten – ideal vor Austrocknung und Kahlfrösten.

Außerdem wird es von den Bodenlebewesen langsam abgebaut und remineralisiert. Nützlinge – wie Marienkäfer – finden unter den Blättern gute Überwinterungsmöglichkeiten.

→ **Beikraut,** das Sie losgehackt haben, kommt nicht in die grüne Tonne, sondern kann als Mulch verwendet werden, sofern es noch keine Samen ausgebildet hat oder ein Wurzelunkraut ist.

→ **Kulturpflanzen,** die vereinzelt oder beschnitten werden, können als Mulch liegenbleiben, sofern sie keine Krankheiten haben, oder Schädlinge anziehen (bei Möhren die Möhrenfliege).

Gekauftes Mulchmaterial

Im Handel sind folgende Mulchmaterialien für den Garten erhältlich:

→ **Stroh** ist luftig und klebt nicht so zusammen, hat kaum Düngerwirkung und bietet Schnecken einen guten Unterschlupf. Es wird allerdings gerne im Nutzgarten als Unterlage (z. B. bei Erdbeeren) verwendet. Stroh verrottet innerhalb von einem Jahr, entzieht aber zuvor dem Boden Nährstoffe. Um das zu vermeiden, sollten Sie das Stroh mit Grasschnitt mischen.

→ **Sägemehl** säuert den Boden. Es ist deshalb gut zum Mulchen für Blaubeeren, Rhododendren und andere Moorbeetpflanzen geeignet. Sägemehl setzt sich nur langsam um, lockert aber verfestigte Böden.

→ **Rindenmulch** wird meist von Nadelhölzern angeboten, die durch ihren hohen Harzgehalt nur langsam vermodern und den Boden stark säuern.

→ **Mineralischer Mulch** aus Splitt oder Kies ist in einem Alpinum oder in Anlagen, wo ansonsten kaum Pflanzen wachsen können sinnvoll. In trockenen Ländern, wo Grünmasse selten ist, sind Steine oft die einzige Möglichkeit, den Boden vor Austrocknung zu schützen. Zwischen Gestein und Boden sollte immer ein Vlies liegen, damit sich die Schichten nicht mischen können.

So mulchen Sie richtig

→ Vor dem Mulchen sollten Sie den Boden auflockern und anfeuchten.

→ Mit grobem Mulchmaterial wie Stroh können Sie im Sommer den Boden vor zu starker Verdunstung schützen.

→ Nach dem Abernten der Flächen im Herbst (wenn es für Gründüngung zu spät ist) können Sie mit Pflanzenresten, Laub oder Stroh mulchen. So kommen die Flächen beikrautfrei über den Winter.

→ Gartenbeete mulchen Sie am besten mit feinem, schnell verrottendem Material wie Grasschnitt, dann ist die Fläche bald wieder bepflanzbar.

→ Wege, Stauden, Büsche und Bäume können Sie mit grobem, langsam verrottendem Gehölzschredder mulchen.

Gründüngung

Unter Gründüngung versteht man das Einarbeiten extra für diesen Zweck ausgewählter und ausgesäter Pflanzen.

Die Vorteile der Gründüngung sind:

→ effektive Beikrautunterdrückung durch schnelle Bodenbedeckung,

→ Minderung der Verdunstung in der hei-

Gute Gründüngungspflanzen

Name	Eigenschaften
Buchweizen	keine Unverträglichkeiten, Aussaat Sommer und Herbst auf frei werdenden Flächen
Erdklee	Stickstofflieferant, flach kriechend, gut als ganzjährige Untersaat
Lupine	Stickstofflieferant, Tiefwurzler bis 2 m, Pionierpflanze bei Neubau
Ölrettich	Schnellkeimer, bildet sehr viel Wurzel- und Grünmasse
Senf	bildet sehr viel Wurzel- und Grünmasse
Sonnenblume	Tiefwurzler bis 3 m, für verfestigte Böden, Pionierpflanze
Tagetes	einjährige Gesundungspflanze

ßen Jahreszeit durch Bodenabkühlung und Bodenbeschattung,

→ Erhaltung der Bodenfeuchtigkeit,

→ Bodengesundung durch gezielt ausgesäte Arten (z. B. Tagetes gegen Fadenwürmer),

→ Bindung der Nährstoffe, die erst mit der Einarbeitung der Pflanzen in den Boden wieder frei werden,

→ Bodenlockerung und Verbesserung der Wasserspeicherfähigkeit des Bodens. Gründüngungspflanzen können das Umgraben im Herbst ersetzen, da das Wachstum des Beikrautes verhindert und durch ihre Wurzelaktivitäten der Boden locker wird.

Wann und wie wird gesät?

Einjährige Gründüngungspflanzen können Sie während der Vegetationszeit bis August aussäen. Sie erfrieren beim ersten Frost und können dann als schützende Bodendecke den Winter über auf dem Beet liegen bleiben. Winterfeste Arten wie Weißklee, Rotklee oder Lupine bleiben den Winter über auf der Fläche stehen und werden dann im Frühjahr untergegraben.

→ Beginnen Sie im Gemüsegarten mit der Gründüngung Ende Mai bis Mitte Juni, wenn die Kulturpflanzen schon eine gewisse Höhe erreicht haben. Säen Sie zwischen die Reihen. Wenn die Gründüngung 10–20 cm hoch ist, wird sie gehackt und als Mulch genutzt.

→ Achten Sie darauf, dass sich die Gründün-

gungspflanzen mit den Kulturpflanzen vertragen. Klee und Wicken vertragen sich nicht mit Erbsen, Bohnen und Linsen, da sie aus der gleichen Familie stammen. Bei Kohl, Rettich, Mairüben und Rukola dürfen Sie weder vor der Pflanzung noch währenddessen Senf als Gründüngung einsetzen (> S. 22, Fruchtfolgen). Am besten verwenden Sie Gründüngungspflanzen, die keine verwandtschaftlichen Beziehungen zu unseren Kulturpflanzen haben.

Was wird gesät?

Die verschiedenen Gründüngungspflanzen lassen sich nach ihren unterschiedlichen Eigenschaften einteilen und einsetzen:

→ **stark düngend** sind z. B. Schmetterlingsblütler wie die Ackerbohne (> Abb. 1), die mit Hilfe bestimmter Bakterien Luftstickstoff in Wurzelknöllchen binden,

→ **Gesundungseigenschaften** haben z. B. Kapuzinerkresse, Ringelblume und Tagetes; sie vernichten schädliche Fadenwürmer (Nematoden) im Boden,

→ **tief wurzelnd** und bodenlockernd sind Inkarnatklee, Ölrettich, Sonnenblume und Winterraps,

→ **sehr schnell keimend** und schnell wachsend sind Bienenfreund (> Abb. 2), Buchweizen und Gelbsenf (> Abb. 3), sie begrünen schnell eine offene Fläche und locken zahlreiche Insekten an.

Einjährige Gründüngungspflanzen

In der Regel verwendet der Hobby-Gärtner einjährige Gründüngungspflanzen zur Bodenabdeckung und als Düngerlieferant im Zier- und Nutzgarten.

(1) Ackerbohne *(Vicia faba)* gut zur Lockerung lehmiger Böden, guter Stickstofflieferant, stark düngend

(2) Bienenfreund *(Phacelia tanacetifolia)* bewirkt eine gute Bodengare, sehr gute Bienenweide

(3) Gelbsenf *(Sinapis arvensis)* unterdrückt Beikraut, wirkt bodendesinfizierend, hält Schnecken fern

Kompostbereitung

Man kann es nicht oft genug sagen: Der wichtigste Aspekt des biologischen Gärtnerns ist ein lebendiger Boden. Dies erreichen Sie, indem Sie die Humusbildung fördern, d. h., organisches Material mit Hilfe von Bakterien, Pilzen und Würmern in Humus verwandeln lassen – entweder als Flächenkompostierung direkt auf den Beeten oder aber in einem Komposthaufen oder -kasten. Zur Flächenkompostierung zählen das Abdecken von verunkrauteten Beeten mit Mist, der dann ein Jahr lang liegt und vergeht, und das Mulchen (❯ S. 27, Mulch – eine Decke für den Boden).

→ Legen Sie die Kompoststelle vor Sonne, Wind und zu viel Regen geschützt unter Bäumen und Büschen an. Sie sollte leicht zugänglich sein und auch mit einer Schubkarre problemlos angefahren werden können.

→ Der Kompost sollte direkten Kontakt zu lebendem Boden haben, damit Bodenlebewesen ein- und auswandern können.

Komposthaufen oder Kompostkasten?

→ Traditionell wird der anfallende organische Abfall in einem Haufen (Miete) gesammelt. Dieser sollte ca. 2 m breit und maximal 1,5 m hoch sein und oben spitz zulaufen, damit Regenwasser gut ablaufen kann. Die oberste Lage besteht aus Heu oder Stroh, damit bei starkem Regen das Wasser abgeleitet wird. Achten Sie darauf, dass die Fläche möglichst eben ist, damit abfließendes Wasser nicht in den Haufen rein-, sondern darüber hinwegläuft.

→ Ein Kompostkasten (❯ S. 31, Kompost im Doppelkasten) braucht weniger Platz als ein Haufen und ist leichter handzuhaben. Er kann gemauert sein, aus starkem Stahlgeflecht oder Brettern bestehen. Wichtig ist, dass von allen Seiten ausreichend Luft an das Kompostmaterial gelangen kann.

Der Rottevorgang unterscheidet sich nicht wesentlich, ob Sie in einem Haufen oder einem Behälter kompostieren.

Kompostpflege

→ Wichtigster Punkt für einen richtigen Rotteverlauf ist die Beachtung der Feuchtigkeit (40–50%) im Haufen. Zu viel Feuchtigkeit lässt den Kompost faulen, zu wenig Feuchtigkeit beendet die Rotteprozesse. Ein Deckel auf dem Kompost schützt vor Vernässung, bei längerer Trockenheit sollten Sie immer mal wieder gründlich gießen.

→ Mischen Sie feuchte Bestandteile mit trockenen, damit nicht innerhalb des Haufens Faulstellen oder Vertrocknung auftreten.

→ Der Haufen sollte einerseits kompakt liegen, da sonst die Vertrocknung zu stark ist, andererseits muss er locker genug sein, damit genügend Sauerstoff für die Mikroorganismen vorhanden ist, die die Abfälle zu wertvollem Humus umwandeln.

→ Sie können mit verschiedenen Kompoststartern aus dem Fachhandel den Rottevorgang beschleunigen und verbessern.

→ Um Dauerhumus zu erzeugen, sollten Sie immer mal wieder etwas Kalkmehl und Tonerde auf das Kompostmaterial streuen.

Zur Kompostierung geeignetes Material

Die Qualität des Kompostes ist stark vom verwendeten Abfall abhängig. Geeignete nährstoffreiche Kompostmaterialien sind:

→ Gartenabfälle wie Grasschnitt, Heckenschnitt, Pflanzenreste, Beikräuter. Um den meist niedrigen Stickstoffgehalt des Hauskompostes zu erhöhen, sollten Sie auf jeden Fall die Reste der Bohnen- und Erbsenpflanzen (möglichst im grünen Zustand) auf den Kompost geben.

→ Küchenreste wie Gemüse und Obst, Eierschalen, Kaffee- und Teesatz,

→ Kleintiermist (z. B. von Kaninchen). Nährstoffarm sind alle toten oder verholzten Pflanzenteile wie vertrocknete Stängel, Sägemehl oder Laub und Papier.

Nicht zur Kompostierung geeignetes Material

Nicht auf den Kompost sondern in die Müll-

tonne gehören die folgenden Materialien:
- → kranke Pflanzenteile
- → samentragende Beikräuter
- → Wurzelunkräuter
- → Fleisch- und Fischreste
- → Knochen und Gräten
- → größere Mengen Zitrusschalen (gespritzt)
- → Staubsaugerbeutel
- → Katzenstreu auf mineralischer Basis.

Zusatzstoffe für die Kompostierung

Um einen möglichst gehaltvollen Humus zu schaffen, bieten sich folgende Materialien zum Untermischen an:
- → **Algen(extrakt)** enthält viele seltene Mineralien und Spurenelemente,
- → **Bentonit** ist sehr fein gemahlener, trockener Ton. Er bindet Geruchsstoffe und bildet

besonders wertvolle Ton-Humus-Komplexe,
- → **Gesteinsmehl** bringt wichtige Mineralstoffe und seltene Mineralien ein,
- → **Kalk** wird in die Humuskomplexe eingebaut und schafft einen günstigen pH-Wert,
- → **Wildkräuter** wie Brennnessel, Löwenzahn und Schafgarbe fördern die Kompostierung.

Kompost und seine Verwendung

Der Komposthaufen ist die Brutstätte für die Lebendigkeit des Bodens und damit das Herz des Biogartens.
- → Frischen Kompost (Rohkompost) können Sie nach vier Monaten als Mulchmaterial bei Starkzehrern und unter Beerensträuchern und Obstbäumen verwenden. Er enthält noch reichlich Nahrung für Mikroorganismen, sodass mit dem Rohkompost die

Bodenaktivität gesteigert werden kann.
- → Halbfertigen Kompost (6–10 Monate) können Sie zum direkten Düngen im Zier- und Nutzgarten einsetzen.
- → Fertiger Dauerhumus (Reifekompost) steht nach etwa einem Jahr Verrottung zur Verfügung. Reifekompost ist feinkrümelig und riecht etwas nach Walderde. Setzen Sie ihn als Bodenverbesserungsmittel ein und verteilen Sie ihn im Frühjahr und Sommer dünn auf die Pflanzbeete – etwa zehn Liter (ein voller Wassereimer) pro Quadratmeter Fläche. Arbeiten Sie den Kompost nur oberflächlich in den Boden ein, damit er noch genügend Sauerstoff zum weiteren Abbau erhält. Durchgesiebt und mit etwas Sand vermischt ergibt der Reifekompost eine ideale Erde zur Pflanzenanzucht.

Kompost im Doppelkasten

Sie benötigen zwei Kompostkästen: einen etwas größeren Sammelkasten (1 x 1,5 m) und einen Reifekasten (1 x 1 m). In den Sammelkasten kommen die anfallenden Abfälle sowie mögliche Zusatzstoffe. Die unterste Schicht des Kompostes sollte möglichst aus grobem Material bestehen, um den Kompost von unten gut zu belüften und überschüssiges Wasser abzuleiten. Mischen Sie nährstoffreiche, feuchte und weiche Abfälle mit nährstoffarmen, trockenen.

(1) Sammelkasten füllen
In den Sammelkasten kommt laufend organisches Material aus Haus und Garten.

(2) Umfüllen in Reifekasten
Füllen Sie um, wenn die Masse im Sammelkasten auf etwa ein Fünftel geschrumpft ist.

(3) Fertiger Dauerhumus
Werfen Sie den reifen Kompost durch ein Trennsieb, verwenden Sie nur die Feinerde.

Den Boden bearbeiten

Lässt man einen Boden in unseren Breiten unbearbeitet, wird er sich selber »bepflanzen«. Pflanzenfreien, also »offenen Boden«, findet man nur im Hochgebirge und am Meeresstrand. Wenn also der Gärtner selber entscheiden will, was bei ihm wächst, wird die Bodenpflege, also Bodenbearbeitung, Gründüngung (> S. 28) und Mulchen (> S. 27) unerlässlich.

Wie wird der Boden bearbeitet?

Sie können die verschiedenen Bearbeitungsmethoden des Bodens anhand der Tiefe der Bearbeitung unterscheiden.

→ **Hacken.** Beim Hacken wird vor allem Beikraut entfernt, der Boden gelockert und die Verdunstungskanäle unterbrochen, damit die Feuchtigkeit im Boden gehalten werden kann. Eine alte Bauernregel weist schon auf die Wichtigkeit des Hackens hin: »Einmal Hacken ersetzt dreimal Gießen«.
Gehackt wird beim Beikrautentfernen möglichst ebenerdig, dann bleiben die Wurzeln in der Erde. Sie können dort vom Bodenleben umgesetzt werden und das Wiederanwachsen wird verhindert. Bei trockenem Wetter kann das losgehackte Beikraut auf den Beeten verbleiben, bei feuchtem Wetter sollte alles außer Wurzelbeikraut auf dem Kompost landen, da es sonst wieder anwachsen kann.

→ **Umgraben.** Beim Umgraben wird die Bodenstruktur verändert, indem man die Erdschichtung umstülpt, und das Beikraut wird unter die Erde gebracht. Ein Umgraben vor dem Winter lässt bei Frost die verhärteten Bodenstrukturen platzen, sodass zum Frühjahr ein lockerer, garer Boden entsteht.

→ **Rigolen.** Hier handelt es sich um eine sehr tiefe Bodenbearbeitung, bei der die Struktur des Bodens erhalten bleibt, aber bis in doppelte Spatentiefe der Boden gelockert wird. Diese Methode wird vor allem bei verfestigtem Boden, wie Tonboden oder auch festgefahrenem Boden, angewandt. Dazu schaufelt man die mit dem Spaten ausgehobene Erde der ersten Beetreihe (obere Schicht) in Schubkarren. In dieser ausgehobenen Reihe wird die zweite Spatentiefe losgestochen und etwas bewegt, so dass sie gelockert ist. Sie darf nicht gedreht werden, da die Struktur des Bodens erhalten bleiben soll. Die zweite Reihe wird losgestochen, auf

die erste gelockerte Reihe gelegt und etwas zerbröselt. Die untere Schicht wird wieder gelockert. Und so weiter, bis zur letzten Reihe des Beetes. Hier wird nach der Lockerung der Inhalt der Schubkarren (von der ersten Reihe) eingefüllt.

Wann wird der Boden bearbeitet?

Jede Jahreszeit hat ihre typischen Aufgaben. Bodenbearbeitung während der Vegetationsperiode heißt, den Boden vor Verdunstung zu schützen, das Beikraut im Zaum zu halten und die Kulturpflanzen zu pflegen, wozu außer der Bodenbearbeitung auch das Mulchen, Düngen und Gießen gehört.

→ **Im Frühjahr** geht es zum einen darum, das über Winter gewachsene Beikraut zu entfernen, zum andern, die Beete für die Pflanzung oder die Saat vorzubereiten. So wird erst das Beikraut gejätet, dann der Boden gehackt oder gegrubbert, und die Erde mit dem Rechen oder dem Krümler fein gebröselt. Vor allem Möhren und Gurken brauchen einen gut gelockerten Boden und danken das mit reicher Ernte.

→ **Im Sommer** wird das Beikraut entfernt. Vor Trockenzeiten muss gehackt werden, um die Feuchtigkeit im Boden zu halten.

→ Bodenbearbeitung **im Herbst** ist sozusagen schon vorgezogene Frühjahrsarbeit. Reste der Kulturen werden abgeräumt, Beikraut entfernt, evtl. Gründüngung gesät.

TIPP!
Beikräuter einarbeiten

Wenn Sie Beikräuter zu tief eingraben, können sie nicht humifizieren. Stattdessen mumifizieren oder faulen sie – je nach Feuchtigkeits- und Sauerstoffgehalt.

Die wichtigsten Werkzeuge im Biogarten

Im Handel werden die verschiedensten Gartengeräte in den unterschiedlichsten Preisklassen angeboten – da fällt die Auswahl schwer. Zu den wichtigsten Werkzeugen im Biogarten gehören die Herzblatthacke, der Krail und der Sauzahn.

← **Die Herzblatthacke** ist sehr einfach in der Handhabung, da sie das Beikraut ebenerdig abschneidet und nicht abhackt. Das losgeschnittene Beikraut kann an Ort und Stelle vertrocknen und bildet eine natürliche Mulchschicht.

↓ **Der Krail** ist wichtig, um den groben Mulch, die abgetrocknete Gründüngung oder das abgehackte Beikraut abzuziehen. Bei feinerem Material können Sie für diese Arbeit auch den Rechen benutzen. Bei leichteren Böden kann der Krail auch wie ein Sauzahn genutzt werden.

← **Der Sauzahn** wird leicht durch den Boden gezogen und lockert ihn. Damit wird die Verdunstung des Bodens unterbrochen, und die Feuchtigkeit bleibt im Boden. Der Sauzahn kann auch gut als Rillenzieher genutzt werden. Werden mehrere Zinken eines Sauzahns neben- und hintereinander in einem Gerät kombiniert, nennt man ihn Kultivator.

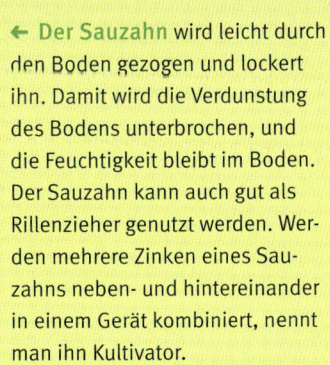

Grundausstattung

Wer einen Garten hat, der benötigt eine Grundausstattung an Gartengeräten und praktischen Helfern, die ihm die diversen Arbeiten im Garten erleichtern. Was Sie darüber hinaus noch brauchen, das werden Sie im Laufe der Zeit feststellen.

Gartengeräte zur Bodenbearbeitung mit langem Stiel

→ **Spaten:** Ein Spaten gehört zur Grundausstattung des Gärtners. Er dient zur tiefen Lockerung des Bodens (Umgraben, Rigolen), aber auch zum Ausheben von größeren Pflanzgruben für Bäume und Sträucher oder zum Abstechen von Rasenkanten.

→ **Grabegabel:** Die Grabegabel kann den Spaten ersetzen. Sie hat meist vier kräftige, starre Zinken und wird gerne zum Ernten von Wurzelgemüse oder zum Ausheben von Stauden eingesetzt.

→ **Hacke (Haue):** Zwei Hauptarbeiten werden mit der Hacke erledigt: das Lockern des Bodens und das Hacken des Beikrauts. Bei den Hacken gibt es ganz unterschiedliche Modelle: Schmale Hackblätter werden für schwere, tonige Böden benutzt, breite Hackblätter für leichte, sandige Böden. Steinige Böden lassen sich am besten mit Zinkenhacken bearbeiten. Die Pendelhacke hackt nicht nur beim Ziehen, sondern auch beim

Stoßen, hat wenig Gewicht und ist leicht zu handhaben.

→ **Rechen (Harke):** Holzrechen benutzt man zum Abziehen von Pflanzenmaterial; Eisenrechen dienen zur feinen Beetbereitung, um glatte und feinkrümelige Flächen zu schaffen, Kompost oder Dünger einzuarbeiten oder Samen abzudecken.

Handliche Kleingeräte

Wenn Sie kleinere Pflanzflächen bearbeiten müssen oder zwischen Jungpflanzen oder zarten Sämlingen arbeiten wollen, dann empfehlen sich kurzstielige Handhacken oder -grubber. Damit kommen Sie nahe an die Pflanzen heran, ohne sie zu beschädigen, und können auch in Ecken arbeiten.

TIPP!
Kupfer oder Eisen?

Für gesunde Pflanzen ist vor allem die Aktivierung einer lebendigen Bodenschicht sinnvoll, egal mit welchen Metallen gearbeitet wird. Kupfergeräte dringen einfacher in die Erde ein, sind aber stärker gefährdet, sich zu verbiegen.
Einige Autoren schreiben dem Magnetismus des Eisens eine negative Wirkung auf das Bodenleben zu, was aber bisher nicht wissenschaftlich bewiesen werden konnte.

Wurzelunkräuter können Sie mit einem Unkrautstecher leicht jäten.

Gartengeräte zum Schnitt

→ **Messer:** Ein scharfes Messer sollte immer in Griffbereitschaft sein.

→ **Gartenschere:** Eine Baum- oder Rosenschere brauchen Sie vor allem, um Stauden zu kürzen, Blütenstände zu entfernen und Gehölze zu schneiden.

→ **Baumsäge:** Mit Baum- oder Astsägen können Sie auch dickere Gehölz- und Baumteile schneiden. Für höhere Bäume eignen sich Sägen mit Teleskopstiel. Blattsägen sollten beim Ziehen sägen und eine glatte Schnittfläche hinterlassen.

Wichtiges Zubehör

Schub- und Sackkarre, Eimer und Gießkannen in verschiedenen Größen, Körbe oder Gartensäcke zum Transportieren von Schnitt- oder Erntegut sind unverzichtbar.

→ Zur Pflanzenanzucht brauchen Sie Anzuchtplatten und -töpfe, ein Pikierholz, einen Wasserzerstäuber und ausreichend Etiketten zum Beschriften.

→ Wurzelnackte Pflänzchen bringen Sie mit Hilfe eines Setzholzes gut in den Boden.

→ Zum Stützen und Stabilisieren von hohen oder ausladenden Pflanzen brauchen Sie Holzstäbe und Pflanzringe in allen Größen sowie Bast, Bindeschnur oder Bindedraht.

Richtig gießen

Wasser ist für alle Lebewesen lebenswichtig. Daher gehört das Gießen wie die Bodenbearbeitung zu den wichtigsten Gartenarbeiten.

Wie viel gießen?

Wie viel Sie gießen sollten, ist abhängig von der Bodenart, der Bepflanzung und dem Wetter.

→ Leichte Böden trocknen schneller aus als schwere, »nackte« Böden schneller als mit Mulch bedeckte.

→ Pflanzen mit viel und dünnem Laub verdunsten Wasser schneller als dickblättrige.

→ An sonnigen Tagen werden Sie mehr gießen müssen als an bedeckten, kühleren, im Sommer mehr als im Frühjahr und Herbst. Es reicht keinesfalls aus, die Pflanzen nur oberflächlich zu wässern. Die meisten Pflanzen wurzeln in Tiefen bis zu 30 cm, und in diese Schichten muss das Wasser eindringen. Der Inhalt einer 10-Liter-Liter Gießkanne durchdringt maximal einen Zentimeter der Bodenoberfläche.

Wie gießen?

→ Die beste Gießmethode ist das Gießen direkt in den Wurzelbereich der Pflanzen oder zwischen die Pflanzenreihen. Ist der Boden schon stark angetrocknet, dann gießen Sie langsam und lassen das Wasser einsickern.

→ Auch bei der Tröpfchenbewässerung gelangt das Wasser direkt an die Wurzeln. Allerdings locken die tropfenden Schläuche auch verstärkt Schnecken an. Die Schläuche können auch bei der Gartenarbeit stören.

→ Bei der Bewässerung mit dem Rasensprenger (Kopfbewässerung) verdunstet ein Großteil des ausgebrachten Wassers. Für weichblättrige Pflanzen ist Kopfbewässerung nicht geeignet, da Pilzbefall begünstigt wird.

Die wichtigsten Gießregeln

→ Verwenden Sie handwarmes Wasser. Die Pflanzen reagieren empfindlich auf zu starke Temperaturunterschiede zwischen Wasser und Luft.

→ Wässern sie weniger oft, dafür aber durchdringend. Sparsames Gießen feuchtet den Boden nur oberflächlich an, das Wasser verdunstet – vor allem an heißen oder windigen Tagen – sehr schnell. Prüfen Sie im Zweifelsfall mit einem Pflanzholz, wie weit die Feuchtigkeit in die Tiefe reicht.

→ Gießen Sie in den Wurzelbereich, sodass die Blätter nicht nass werden, das vermeidet Pilzkrankheiten.

→ Im Frühjahr, Herbst und Winter sollten Sie morgens oder vormittags gießen; im Sommer am besten frühmorgens, dann verdunstet das Wasser nicht so schnell und kann langsam in den Boden eindringen. Das Gießen am Abend lockt zu stark Schnecken an.

Sorgsamer Umgang mit Wasser

Wochen oder gar Monate ohne Niederschlag sind auch bei uns keine Seltenheit mehr. Die einzelnen Starkregenfälle mit mehr als 40 Litern je Quadratmeter gleichen das Regendefizit nicht aus. Gehen Sie also sorgsam mit dem Nass um und sammeln Sie – wenn irgend möglich – Regenwasser.

In manchen Gegenden hat das Leitungswasser auch eine hohe Härte, das vertragen viele Pflanzen nicht. Hier ist auf jeden Fall Regenwassersammeln angesagt.

Wer die Möglichkeit hat, sollte auf jeden Fall ein größeres Gefäß aufstellen, um Regenwasser aufzufangen, das sich hier auch gleich erwärmt.

Pflanzenschutz

Der Pflanzenschutz im Biogarten setzt sich intensiv mit der Lebensweise von Schädlingen und ihren natürlichen Gegenspielern, den Nützlingen, auseinander. Insbesondere Insekten sind fleißige und unentgeltlich arbeitende Helfer im Garten. Sie halten nicht nur unerwünschte Schädlinge in Schach, sondern sorgen für die Bestäubung von Obstbäumen und anderen Nutzpflanzen.

Nützlinge im Garten

Es ist nachgewiesen, dass es in naturnah bewirtschafteten Gärten weniger Probleme mit Schädlingen gibt, weil hier den Nützlingen vielfache Ansiedlungs-, Nahrungs- und Nistmöglichkeiten geboten werden. Seien Sie also nicht zu ordentlich!

So locken Sie Nützlinge an

Mit einfachen, kostengünstigen Tricks können auch Sie eine Menge für die Nützlinge tun, ohne dass sich Ihr grünes Wohnzimmer in eine Wildnis verwandelt.

→ Legen Sie in wenig genutzten Gartenecken Totholzhaufen aus Gehölzrückschnitt an.
→ Suchen Sie gezielt Vogelnährgehölze wie Pfaffenhütchen, Weißdorn oder Wildrosen aus. Schneiden Sie diese Sträucher aber nicht

Ein Insektenhotel bietet Hummeln, Wildbienen und Co. passende Rückzugsmöglichkeiten. Stellen Sie es an einem sonnigen und geschützten Platz im Garten auf.

zur Brutsaison (März–September). Hier können sich auch Igel und Co. zurückziehen.
→ Lassen Sie einzelne Gartenecken bewusst »verwildern«. Auf einer nur einen Quadratmeter großen Fläche siedeln sich bald zahlreiche Nützlinge an.
→ Gehen Sie bei der Neuanlage oder Umgestaltung iIhres Gartens behutsam vor. Lassen Sie alte Gehölze erst einmal stehen. Eine 30-jährige, gesunde Blaufichte bietet mehr (katzensichere) Nistplätze für Vögel als zehn frisch gepflanzte Obstbäume.

→ Sandsteinhaufen und Trockenmauern ohne Mörtel bieten Eidechsen gute Lebensbedingungen.
→ Hummeln bauen ihre Nester in Böschungen, Mäuselöchern und Baumhöhlen.
→ Entscheiden Sie sich für insektenanlockende Stauden.
→ Lassen Sie im Nutzgarten einzelne Gemüsepflanzen ausblühen. Blühender Kohl im Frühjahr dient als erste Bienenweide. Die Blüten von Fenchel, Karotten und Pastinaken locken Raubwanzen an, die sich wiederum von Spinnmilben ernähren.
→ Lassen Sie das Herbstlaub bis zum Frühjahr auf den Beeten liegen. Es ist ideal für Regenwürmer, und unter den Blättern sammeln sich im Herbst viele Marienkäfer an.
→ Lassen Sie vertrocknete, oft innen hohle Staudenstängel stehen: Hier können viele Nützlinge überwintern.
→ Auf abgeernteten Gemüsebeeten können Sie noch bis zum September Gründüngung aussähen. Phazelia zum Beispiel bietet bis zum Frost noch eine reiche Insektenweide.
→ Verzichten Sie auf Kunstdünger. Er verätzt die empfindliche Haut von Regenwürmern und schafft bei häufiger Anwendung ein ungünstiges Bodengefüge.
→ Wenn eine Schädlingsbekämpfung unvermeidlich ist, dann wählen Sie unbedingt umweltverträgliche und nützlingsschonende Pflanzenschutzmittel aus.

Nützliche Insekten

→ **Florfliegen:** Die ausgewachsenen hellgrünen Florfliegen ernähren sich von Nektar und Pollen, ihre Larven (❯ Abb. 1) von Blattläusen. Wichtiges Rückzugsgebiet ist eine Hecke mit Hundsrosen und Weißdorn.

→ **Gallmücken:** Gallmückenlarven ernähren sich fast nur von den verschiedenen Blattlausarten, die erwachsenen Tiere nur vom Honigtau (Ausscheidungen der Blattläuse). Die Eiablage erfolgt mitten in Blattlauskolonien. Jedes Weibchen legt 80–200 Eier. Die 3–5 mm großen, farblos bis orangefarbenen Larven können im Laufe ihrer Entwicklung 20–80 Blattläuse vertilgen. Sie sind von Mai bis Ende September aktiv. Die wärmeliebenden Gallmücken leben in Obstgärten und bevorzugen eine abwechslungsreiche

Heckenlandschaft. Sie verpuppen sich im humosen, ungestörten Boden. Eine Mulchauflage fördert ihre Entwicklung.

→ **Laufkäfer:** Die 1,5 bis über 4 cm großen, schwarzen, flugunfähigen Käfer leben dicht am oder unter dem Boden. Sie haben ein breites Nahrungsspektrum aller am Boden lebenden Schädlinge und machen sogar vor Schnecken nicht halt. Sie verzehren das Dreifache ihres Körpergewichtes. Laufkäfer bevorzugen eine geschlossene Pflanzendecke.

→ **Marienkäfer:** Marienkäfer gehören zu den allerbesten Blattlausvertilgern, weil sich sowohl die Käfer als auch ihre Larven (❯ Abb. 2) von Blattläusen ernähren. Wichtige Lebensräume sind Hecken, Grasbüschel, Naturwiesen oder Lesesteinhaufen.

→ **Ohrwürmer:** Ohrwürmer sind Allesfresser, bevorzugen jedoch tierische Kost (Blattläuse, Spinnmilben). Sie gehen nur an Blätter und Blüten, wenn sie nichts anderes finden. Sie sind von Ende April bis Ende Oktober aktiv. Ohrwürmer sind nachtaktiv und tagsüber unter Blättern, in Mauerritzen oder Erdspalten versteckt. Sie lassen sich leicht in mit Holzwolle gefüllten Tontöpfen anlocken (❯ Abb. S. 157).

→ **Raubmilben:** Raubmilben leben sowohl im Boden als auch auf Pflanzen. Sie ernähren sich von Spinnmilben, kleinen Insekten, Insekteneiern und von im Boden lebenden Nematoden und anderen Mikroorganismen. Im Gegensatz zu anderen Nützlingen bleiben sie ihrem Standort recht treu. Lassen Sie daher Ernterückstände noch für ein paar Tage auf dem Beet liegen.

Die besten Blattlausvertilger

Zu den besten Blattlausvertilgern, die in unseren Gärten vorkommen, und die wir unbedingt schützen sollten, gehören die Larven der Florfliege, Marienkäfer und ihre Larven und die Larven der Schwebfliegen. Marienkäfer und Florfliegen überwintern bei geeigneten Schutzmöglichkeiten (liegengebliebenes Laub, Hecken, Gartenhäuschen) bei uns im Garten.
Von den Schwebfliegen ziehen viele Arten zum Überwintern in den Süden.

(1) Florfliegenlarve
Die Larven der hellgrünen Florfliegen können bis zu 100 Blattläuse pro Tag vertilgen.

(2) Marienkäferlarve
Im Laufe ihrer dreiwöchigen Entwicklung verzehren die Larven bis zu 800 Blattläuse.

(3) Schwebfliegenlarve
Innerhalb von 1–2 Wochen können die 1–2 cm großen Larven 400–700 Blattläuse fressen.

→ **Raubwanzen:** Raubwanzen ernähren sich u. a. von Schmetterlingslarven, Käfern, Blattläusen und Fliegen. Sie leben in naturnahen Hecken mit krautigem Unterwuchs.

→ **Schlupfwespen:** Die artenreiche Gattung der Schlupfwespen legt ihre Eier in anderen Insekten ab. Sie sind wichtige Gegenspieler von Blattläusen und Schadraupen. Ein wichtiger Lebensraum sind Hecken, wildere Gartenteile und Brennnesselfelder.

→ **Schwebfliegen:** Auch die Larven der Schwebfliegen (> S. 37, Abb. 3) ernähren sich von Blattläusen. Ein Weibchen kann im Laufe seines Lebens 500–1000 Eier legen. Die erwachsenen Tiere leben von Honigtau, Blütenpollen und Nektar. Wichtige Nahrungspflanzen sind Doldenblütler, Hahnenfuß-gewächse, Korbblütler, Rosen, Weidenkätzchen und Gräser.

Weitere Nützlinge

Auch Kröten, Eidechsen, Vögel, Fledermäuse und andere kleine Säugetiere haben Schädlinge in ihrem Nahrungsrepertoire und können so das natürliche Gleichgewicht im Garten wieder herstellen.

→ **Kröten:** Die braunen Erdkröten gehören zu den wichtigsten Schädlingsvertilgern unter den Amphibien. Sie ernähren sich von Schnecken, Würmern und Insekten. Ihr Revier kann bis zu 450 Quadratmeter umfassen. Bieten Sie ihnen kühle Rückzugsmöglichkeiten unter Holzstapeln, Steinen oder großen Blätter an und stehende Gewässer (Gartenteich) zum Ablaichen im Frühjahr.

→ **Eidechsen:** Eidechsen fressen u. a. Blattläuse, Zikaden und kleine Ackerschnecken. Sie lieben sonnige und warme Rückzugsgebiete wie Totholz, Baumstämme, Steinhaufen oder -mauern.

→ **Vögel:** Die heimische Vogelwelt spielt eine wichtige Rolle bei der Schädlingsvertilgung. Nicht umsonst liegt die Brutperiode in der insektenreichsten Zeit im Jahr. Daher ist es im Garten wichtig, Vogelnährgehölze wie Wildrosen und höhere Hecken sowie ältere Bäume als Rückzugsgebiete anzulegen und zu belassen.

→ **Fledermäuse:** Fledermäuse erbeuten Spinnen, Käfer, Falter, Stechmücken sowie viele andere Insekten. Durch die moderne Bebauung sind ihre Lebensräume stark zurückgegangen. Tagsüber ziehen sich die nachtaktiven Jäger z. B. in Dachspeicher, an Dachvorsprünge, Holzbalken oder in Bäume zurück. Es gibt im Handel spezielle Fledermauskästen (> Abb. S. 193).

→ **Igel:** Igel fressen z. B. Käfer, Insektenlarven, Schnecken und Asseln, aber auch junge Mäuse. Sie sind auf dichte Hecken, Sträucher, Reisig oder Laubhaufen als Rückzugs- und Winterquartier angewiesen. Alternativ

Der Zugang zum Igelhaus sollte trocken sein. Vor Nässe und Kälte schützen größere Zweige, Baumstämme, Herbstlaub und Pflanzen.

werden auch Komposthaufen, Bretterstapel oder die im Handel angebotenen Igelhäuser (❯ Abb. S. 38) angenommen.

Käufliche Nützlinge einsetzen

Gegen Schädlinge wie Spinnmilben, Woll- und Schmierläuse, Blattläuse oder Trauermücken können Sie auch Nützlinge kaufen. Der Einsatz dieser Nützlinge hat sich vor allem im Gewächshaus bewährt.
Die Nützlinge müssen beim ersten Auftreten der Schädlinge eingesetzt werden. Sie können diese Nützlinge über den Gartenfachhandel oder das Internet beziehen (❯ S. 238, Adressen). Am Beispiel des Australischen Marienkäfers, der gegen Woll- und Schmierläuse eingesetzt wird, wird jedoch deutlich, dass mit ausländischen Nützlingen – die allesamt gefräßiger sind als ihre heimischen Verwandten – sehr sorgsam umgegangen werden sollte. Der Australische Marienkäfer breitet sich nämlich zunehmend in unserer Natur aus, verdrängt heimische Arten und richtet mit seinen bitteren Ausscheidungen im Weinbau an den Trauben große Schäden an.
Erfolgreich bewährt haben sich dagegen Fadenwürmer (Nematoden), die gegen die wurzelfressenden Larven des Dickmaulrüsslers (❯ S. 77, Erste Schädlinge bekämpfen) eingesetzt werden. Die Fadenwürmer dringen in die in der Erde lebenden Larven ein und töten diese durch giftige Ausscheidungen.

Schädlinge im Garten

Zu den Pflanzenschädlingen gehören Rehe, Kaninchen, Wühlmäuse, Schnecken, Käfer und deren Larven. Die größten Schäden verursachen allerdings Insekten wie Blattläuse, Spinnmilben, Schmetterlingsraupen, Thripse und Zikaden. Diese Schädlinge stechen nicht nur das Pflanzengewebe an und saugen es aus oder fressen es auf – sie können mit ihrem Speichel auch gefährliche Viren- und Bakterienkrankheiten oder auch Pilzsporen übertragen.

Vorbeugende Maßnahmen

Mit gesunden Pflanzen und einer rechtzeitigen Ursachenbehebung (❯ Kasten unten) ersparen Sie sich viel lästige Arbeit bei der Bekämpfung von Schadinsekten:

➜ Achten Sie auf robuste Sorten (❯ S. 44, Die richtige Sortenwahl).

➜ Fangen Sie bereits im März mit dem Bewässern Ihres Gartens an. Wassermangel ist die Hauptursache für den Läusebefall.

➜ Tolerieren Sie erste Blattlauskolonien an Hecken. Holunder und Co. machen sich nichts aus Blattläusen, die jetzt eine wichtige Futterquelle für die ersten Nützlingsgenerationen (Marienkäfer, Vögel) sind.

➜ Vermeiden Sie zu dicht stehende Pflanzen. Sie konkurrieren zu stark um Licht, Wasser und Nährstoffe.

➜ Düngen Sie lieber weniger als zu viel, denn Blattläuse stehen auf hochgeschossene, weiche Triebe. Eine Bodenanalyse (❯ S. 26, Den Boden erkennen) gibt Ihnen eine sichere Antwort auf die vorhandenen Nährstoffe.

➜ Achten Sie auf die Standortansprüche der Pflanzen. Oft zeigen viele von ihnen mit verkümmertem Wuchs oder verfärbten Blättern an, dass ihnen ihr Standort nicht gefällt.

➜ Locken Sie mit einheimischen Blütenpflanzen, gemischten Wildhecken und verschiedenen Nist- und Überwinterungshilfen Nützlinge in Ihren Garten. Beliebte Nahrungsquellen sind auch blühendes Gemüse wie Schnittlauch, Kohl und Zwiebel oder Gründüngungspflanzen wie Bienenfreund und Ölrettich (❯ S. 28, Gründüngungspflanzen).

Ursachen für einen verstärkten Schädlingsbefall

Lang anhaltende Trockenheit und eine nicht standortgerechte Pflanzenwahl sind die häufigsten Ursachen für Schädlingsbefall. Gesunde Pflanzen bilden schnell Abwehrstoffe, gestresste Pflanzen sind dazu nicht in der Lage und werden deshalb zuerst von Schädlingen befallen.

Eine weitere Rolle spielt eine zu geringe oder zu hohe Düngergabe, vor allem was den Stickstoff anbelangt.

Feind Nr. 1: Nacktschnecken

Die Nacktschnecken gehören durch ihre ungezügelte Fraßtätigkeit zu den größten Schädlingen im Zier- und Nutzgarten. Vor allem die Spanische Wegschnecke hat sich bei den Gärtnern sehr unbeliebt gemacht.

(1) **Ein Schnek-kenzaun** sollte lückenlos sein, seine Außenkanten um 45° nach innen gebogen.

(2) **Indische Laufenten** sind fleißige Schneckenvertilger – mögen aber auch zartes Grün!

(3) **Schnecken-korn** ist das letzte Mittel der Wahl, wenn die Schnecken in großen Mengen auftreten.

Schädlinge direkt bekämpfen

Manchmal vermehren sich die Schädlinge trotz der beste Pflege zu stark. Eine Ursache hierfür kann das Wetter sein. Nach besonders rauen Wintern sind die Nützlinge meist stark dezimiert. Von den Schädlingen haben die Robustesten überlebt, die wiederum vermehren sich besonders fleißig. Bis die Nützlinge eingreifen können, haben sie bereits beträchtliche Schäden verursacht. Hier hilft jetzt nur noch eine gezielte und direkte Bekämpfung.

➔ **Blattläuse:** Es gibt unzählige Arten von Blattläusen. Gegen manche wie die Grüne Pfirsichblattlaus hilft schon ein kräftiger Wasserstrahl. Oft zeigen auch 2 %ige Schmierseifenlösungen eine gute Wirkung ebenso wie ein Kaltwasserauszug aus Brennnesseln oder Knoblauch (❯ S. 114, Pflanzenschutz mit sanften Mitteln). Stark befallene Triebe sollten Sie sofort abschneiden und über den Hausmüll entsorgen.

Wenn das alles nichts nützt, müssen Sie – wie bei den zäheren Spinnmilben, Thripsen, Woll- und Schmierläusen auf jeden Fall – zu nützlingsschonenden Pflanzenschutzmitteln auf der Basis von Neem-, Raps- oder Mineralöl oder Phyrethrum greifen.

➔ **Schild- und Wollläuse:** Weiße Fliege (Mottenschildlaus), Schild- und Wolllaus sind hartnäckiger. Sie können aber meist gut mit ölhaltigen Pflanzenschutzmitteln wie Neem- oder Rapsöl dezimiert werden. Im Kleingewächshaus lohnt sich der Einsatz käuflicher Nützlinge (Schlupfwespen oder Gallmücken).

➔ **Schnecken:** Schnecken sind der Feind Nummer 1 im Gemüsegarten. Egal ob Nackt- oder Gehäuseschnecken: Die unerwünschten Schleimer haben eine Vorliebe für jegliches frische Grün. Die grauen und schwarzen Ackerschnecken fressen sich ungeniert in Salatherzen, zarte Radieschen und sogar in Tomaten oder Paprikafrüchte! Im Gemüsegarten helfen regelmäßiges Absammeln, offene, ständig geharkte Beetreihen, das Auslegen von Brettern, unter denen sich die nachtaktiven Tiere verkriechen. Schneckenzäune (❯ Abb.1) und Fallen haben nur eine begrenzte Wirkung. Igel, Erdkröten und Eidechsen fressen kleinere Schnecken. Sehr effektive Schneckenjäger sind Indische Laufenten (❯ Abb. 2), die sich auch über die Schneckeneier hermachen. Die flugunfähigen Vögel brauchen jedoch eine Schutzhütte und ausreichend Wasser. Vielleicht können Sie sie aber für kurze Zeit auch ausleihen. Als biologische Gegenspieler werden parasitäre Nematoden(❯ S. 39 , Käufliche Nützlinge einsetzen) angeboten. Ihr Wirkungsgrad liegt bei 60 %. Schneckenkorn (❯ Abb. 3) ist meist das letzte Mittel, wenn die Schnecken überhandnehmen. Achten Sie unbedingt darauf, nützlingsschonendes Schneckenkorn zu verwenden! Im Ziergarten sollten Sie es schon ab Ende Februar auslegen, dann sind die Schnecken noch nicht voll ausgewachsen, das Futterangebot noch rar, so dass das Schneckenkorn sehr effektiv wirkt.

→ **Spinnmilben:** Spinnmilben treten oft bei trockener, heißer Witterung auf. Die grünen, im Hungerzustand orangefarbenen Tiere sitzen auf den Blattunterseiten, die sich silbrig grau verfärben. Wichtigste Gegenspieler sind Raubmilben, Raubwanzen, Weberknechte, Gallmücken, Florfliegen und Marienkäfer.

→ **Thripse:** Thripse sind viel kleiner als Blattläuse und mit bloßem Auge kaum zu erkennen. Ihre Saugschäden führen zu Blatt- und Blütenverkrüppelungen. Sie werden von Blumenwanzen, Florfliegen, Marienkäfern, Raubmilben und Schlupfwespen verspeist.

→ **Wühlmäuse:** Wühlmäuse können im Garten oftmals große Schäden anrichten. Eine effektive Bekämpfung dieser Nager gibt es leider nicht, obwohl die unterschiedlichsten Bekämpfungsmethoden angeboten werden. Mit Drahtgeflecht können Sie einen Teil des Wurzelballens frisch gesetzter Bäume und Sträucher schützen. Auch Zwiebeln und Knollen finden Schutz in Drahtkörben. Erfolgversprechend sind Lebendfallen, die allerdings regelmäßig kontrolliert werden müssen. Leider gehören Wühlmäuse auch nicht unbedingt zu den Lieblingsspeisen unserer Stubentiger.

Pflanzenkrankheiten

Geschwächte Pflanzen sind nicht nur für Schädlinge, sondern auch für eine ganze Reihe von Krankheiten, die von Viren, Bakterien oder Pilzen verursacht werden, anfällig.

Bakterienerkrankungen

Bakterienkrankheiten werden durch Wind, Regen, Insekten oder Gartengeräte übertragen. Sie befallen verletztes Gewebe oder geschwächte und gestresste Pflanzen. Die produzierten Gifte behindern das Wachstum

Von Feuerbrand infizierte Triebspitzen vertrocknen am Baum und sehen wie verbrannt aus.

oder verstopfen die Leitungsbahnen. Dies führt zum Absterben von Pflanzengewebe oder zu Wucherungen. Wurzelbefall entsteht vor allem auf nassen, tonigen Böden.

→ **Feuerbrand** (*Erwinia amylovora*) ist eine gefährliche Bakterienkrankheit, die in Obstanlagen große Schäden anrichten kann. Betroffen sind vor allem Äpfel, Birnen, Eberesche, Feuerdorn, Quitte oder Weißdorn. Befallene Pflanzenteile, vor allem Neuaustriebe und Blüten, welken und werden schwarz. An den Infektionsstellen ist Bakterienschleim zu sehen. Jungpflanzen können innerhalb weniger Wochen absterben, bei älteren kann der Krankheitsverlauf über ein Jahr dauern. Feuerbrand ist meldepflichtig und muss bei den zuständigen Behörden (Gemeinde, Pflanzenschutzamt) angezeigt werden. Eine chemische Bekämpfung ist nicht möglich. Befallene Stellen müssen schnell abgeschnitten und verbrannt werden.

→ **Pseudomonas-Befall** im Nutzgarten löst bei Bohnen Fettflecken, bei Gurken die eckige Blattfleckenkrankheit aus. Bekämpfungsmaßnahmen gibt es keine.

Virenerkrankungen

Viren sind oftmals für Kümmerwuchs und verkrüppelte, anormal geformte, verfärbte Blätter verantwortlich. Die Erreger werden über Insekten und Berührung übertragen. Sie töten ihre Wirte nicht, zerstören aber mit ihrer parasitären Lebensweise die Vitalität der Pflanze. Leider werden viele Viren bereits mit dem Saatgut eingeschleppt. Wenn die Pflanzen optimal versorgt sind, fallen die Viren äußerlich kaum auf. Sie können nur in speziellen Labors eindeutig nachgewiesen werden. Befallene Pflanzen sollten über den Hausmüll entsorgt werden, da es noch keine Gegenmittel gibt. Die Übertragung von Viruserkrankungen erfolgt häufig durch pflanzensaugende Insekten wie Blattläuse.

→ **Gurkenmosaikvirus** – diese Viren können bis zu 200 verschiedenen Pflanzen befallen. Sie erkennen die Krankheit an den gelb gescheckten, blasig aufgetriebenen Blättern und einem verminderten Wachstum.

→ **Möhrenröte** erkennt man an den erst gelben, dann rötlichen Blättern. Sie wird von Blattläusen von wilden Möhren oder Giersch als Zwischenwirte übertragen.

→ **Scharka** ist eine bekannte Viruserkrankung bei Zwetschgen. Sie äußert sich in missgestalteten, fleckigen Früchten, die schon vor der Reife vom Baum fallen (> S. 140, Obstbaumkrankheiten).

→ **Tabakmosaikvirus** führt an zahlreichen essbaren Nachtschattengewächsen zu starken Wachstumsstörungen. Es verursacht an Tomaten unregelmäßige Blattaufhellungen (Chlorosen). Paprikapflanzen bekommen verdickte Adern, verbräunte Blattstiele und verkrüppelte feste Blätter.

Pilzkrankheiten

Pilze gehören zu den verbreitetsten Krankheitserregern, vor allem in regenreichen Gebieten. Stark pilzgefährdet sind wiederum gestresste Pflanzen. Stressfaktoren können sein: extreme Trockenheit oder Nässe, kaltes oder zu heißes Wetter, Nährstoffmangel, Verletzungen oder ein zu enger Stand.

→ **Baumkrebs** (*Nectria galligena*) kann bei feuchtem Wetter in Rindenverletzungen eindringen und zum Absterben führen. Auch diese Krankheit kann durch die richtige Sortenwahl vermieden werden.

→ **Echter Mehltau** (*Erysiphales*) ist eine Erkrankung des Spätsommers oder Herbstes, wenn die Nächte kühl und feucht werden. Auf der Blattoberseite bildet sich ein weißer Rasen. Das Pilzgeflecht wächst in die Pflanze hinein und entzieht ihr Nährstoffe und Wasser. Befallen werden sehr viele Pflanzenarten im Zier- und Nutzgarten. Befallene Pflanzenteile sollten Sie abschneiden: Bei schlimmeren Schäden sollten Sie die ganze Pflanze mit einem umweltschonenden Fungizid tropfnass einsprühen. Ein altes Hausmittel ist das Spritzen mit einer Backpulverlösung (ein Teelöffel Backpulver auf 5 l Wasser).

→ **Falscher Mehltau** (*Peronosporales*) entsteht meist in einem feuchten Sommer. Besonders gefährdet sind Gurken. Auf der Blattoberseite bilden sich schnell größer werdende braune Stellen, auf der Blattunterseite

Unter den Zierpflanzen ist vor allem der Phlox sehr mehltauanfällig.

ein grauer Pilzrasen. Zuerst werden die älteren Blätter befallen. Wenn Sie diese schnell und regelmäßig entfernen, können Sie die Vernichtung der Pflanzen hinauszögern und die Fruchternte verlängern. Auch eine frühe, geschützte Aussaat oder eine entsprechende Sortenwahl (z. B. fruchtreiche Sorten) schaffen kräftige Pflanzen, die einen hohen Ertrag liefern, noch bevor sie befallen werden.

→ **Kohlhernie** (*Plasmodiophora brassicae*) kann alle Kreuzblütler befallen. Die Wurzeln befallener Pflanzen wachsen wulstig dick, sodass die Nährstoffversorgung der Pflanze be-hindert wird. Kranke Wurzeln verfaulen, wenn sie nicht rechtzeitig entfernt werden, und verseuchen den Boden auf viele Jahre. Staunässe, Verdichtung und saurer Boden fördern die Erkrankung. Beachten Sie auch die Fruchtfolge (> S. 22, Fruchtfolgen).

→ Schorf (*Ventuna inaequalis*) ist ein weitverbreiteter Obstbaumpilz, der sortenabhängig mehr oder weniger stark auftritt. Pilzkrankheiten beim Obst können Sie minimieren, wenn Sie der Obstbaumschnitt viel Luft und Licht in die Krone bringt.

Nährstoffmangel

In einem gesunden, ökologisch aufgebauten Boden ist Nährstoffmangel eigentlich kein Thema – umfangreiche Untersuchungen im gesamten Bundesgebiet haben sogar ergeben, dass viele Gartenböden eher mit Nährstoffen überversorgt sind; trotzdem möchten wir auf die wichtigsten Mangelsymptome eingehen.

→ Bormangel führt zum Braun- und Hohlwerden der Wurzeln (Herzfäule). Die Blätter wellen sich, und Verwachsungen entstehen. Ein trockener Boden und Kalk verhindern die Aufnahme von Bor.

→ Eisenmangel macht sich vor allem an jungen Blättern bemerkbar: Sie vergilben bei grün bleibenden Blattadern. Ein Pseudo-Eisenmangel kann auch durch Kupfer- oder Manganüberschuss hervorgerufen werden.

→ Kaliummangel zeigt sich an braunen Blatträndern. Eine zu starke Stickstoffdüngung kann u. a. zu Kaliumangel führen.

→ Kalziummangel verursacht Blütenendfäule, besonders betroffen sind Tomaten und Paprika. An der Blütenspitze entstehen verhärtete, schwarze Faulstellen. Kalziummangel wird durch unregelmäßiges Gießen oder zu starkes Wachstum begünstigt.

→ Kupfermangel ist erkennbar an der Spitzenchlorose der jüngeren Blätter. Durch schlechte Wasserversorgung der Zellen kommt es zur Welke.

→ Magnesiummangel: An den Blatträndern zeigen sich Nekrosen (Zellen sterben ab), und Chlorosen (Bleichwerden der Blätter) treten auf. Auch hier kann eine zu starke Stickstoff-

düngung den Magnesiummangel bewirken.

→ Manganmangel verursacht gelbe Blattflecken bei Mangold und Rote Bete oder Tüpfelchlorosen bei Tomaten und Bohnen.

→ Phosphormangel zeigt sich durch Kümmerwuchs, die Blätter werden dunkelgrün, auch rötlich. Ton und Humus binden Phosphor, Knochen speichern ihn.

→ Stickstoffmangel zeigt sich ebenfalls durch Kümmerwuchs. Zuerst vergilben die älteren Blättern, dann die jüngeren. Vor allem Sandböden weisen oft Stickstoffmängel auf. Für eine zielgerichtete und effiziente Düngung sollten Sie alle 4–5 Jahre eine Bodenanalyse auf Nährstoffgehalt in einem Fachlabor machen lassen (> S. 26, Die professionelle Bodenanalyse).

Nährstoffe sind lebensnotwendig

Die wichtigsten Pflanzennährstoffe sind:

Stickstoff (N), Phsophor (P), Kalium (K), Magnesium (Mg) und Kalzium (Ca). Diese Nährstoffe sind in unterschiedlichen Menge im Boden enthalten. Einige Pflanzen (Leguminosen) können mit Hilfe von Bakterien Stickstoff direkt aus der Luft holen und in den Wurzeln binden.

Einige Nährstoffe wie Bor (B), Eisen (Fe), Kupfer (Cu), Mangan (Mn), Molybdän (Mo) und Zink (Zn) sind zwar auch notwendig für die Pflanzen, werden aber nur in sehr geringen Mengen benötigt. Sie werden daher auch als Spurenelemente bezeichnet.

Bei der Verfügbarkeit der Nährstoffe spielt der pH-Wert des Bodens (> S. 25, Der pH-Wert des Bodens) eine wichtige Rolle, auch trockener Boden verhindert die Nährstoffaufnahme der Pflanze.

Für alle Nährstoffe ist ein ausgewogenes Verhältnis notwendig. Zu wenig schadet den Pflanzen, aber auch zu viel.

Die richtige Sortenwahl

Ein Biogarten unterscheidet sich von anderen Gärten vor allem durch seine heimischen oder insektenfreundlichen Gewächse und durch nachbaubare, frei abblühende Gemüsesorten (❯ Nachbaubarkeit).

Was sind Biosorten?

Nach einem Jahr Anbau auf Biozertifiziertem Boden erhält man die Anerkennung des Saatgutes als Biosaatgut. Aber eine Biosorte ist erst dann eine wirkliche Biosorte, wenn sie in langjähriger Züchtungsarbeit an die Bedingungen eines biologisch gepflegten Bodens angepasst wurde und z. B. eine größere Wurzelmasse entwickelte und eine bessere Nährstoffverwertung aufweist.

Welche Sorteneigenschaften braucht der Biogärtner?

→ **Kältetoleranz** ist in unseren Breiten für wärmebedürftige Pflanzenarten wie Melonen, Paprika und Gurken wichtig.

→ **Die Toleranz gegen Krankheiten,** z. B. die Fäule bei Tomaten und Kartoffeln, ist in den Sorten unterschiedlich stark ausgeprägt.

→ **Lange Ernteperioden** sind Eigenschaften, auf die Biozüchter verstärkt achten und entsprechende Sorten züchten.

→ **Winterfeste Sorten** von Feldsalat, Grünkohl, Haferwurz, Kerbelrübe, Mangold, Porree, Postelein, Rosenkohl und Schwarzwurzel sind für die Selbstversorgung wichtig, damit man auch den Winter über frisches Grün aus dem Garten ernten kann.

→ **Lagerfähigkeit** ist ebenfalls eine wichtige Eigenschaft, die von Biogärtnern wieder vermehrt gewünscht wird. Gute Lagerfähigkeit ist wichtig für Wurzelgemüse wie Kartoffeln, Möhren und Sellerie, aber auch für Chicorée, Kopfkohl, Rettich und Zwiebeln.

→ **Freilandtauglichkeit** ist auch eine wichtige Eigenschaft für den Hobbygärtner, deshalb haben sich einige Biozüchter darauf spezialisiert, den Gärtnern Sorten zur Verfügung zu stellen, die auch ohne Gewächshaus gute Erträge liefern.

Nachbaubarkeit

Unter Nachbaubarkeit sind Pflanzen zu verstehen, die sich aus ihrem eigenen Saatgut sortenecht weiter vermehren lassen. Immer mehr Gärtner wollen deshalb auch ihr eigenes Saatgut ernten. Zum einen, um unabhängiger zu werden, zum andern, um die Pflanzen in ihrer Sortenentwicklung zu beobachten und sie an die eigenen Bodenbedingungen anzupassen. Dafür ist es wichtig, auf Sorten zu achten, die auch in der Lage sind, ihre Eigenschaften an die folgenden Generationen weiterzugeben – was bei den meisten im Handel erhältlichen Sorten (F_1-Hybriden) leider nicht mehr der Fall ist. Auch sind genveränderte Sorten weltweit auf dem Vormarsch. Dies kann vor allem bei windbestäubten Arten (z. B. Mais) zu ungewollten Kreuzungen mit den eigenen Pflanzen im Garten führen und mögliche patentierte Gene in die eigenen Pflanzen bringen.

Tipps zur Pflanzenauswahl

Es ist nicht leicht, aus dem riesigen Pflanzenangebot, die richtigen Pflanzen für Ihren Garten zu finden. Folgende Tipps können Ihnen bei der Pflanzenauswahl helfen:

→ Beobachten Sie ihren Garten bezüglich der Lichtverhältnisse. Sind die Beete von Bäumen oder Häusern beschattet oder liegen sie in freier Lage? Zu welcher Tageszeit und für wie lange ist Ihr Gartenteil sonnig? Hat Ihr Garten Senken, in denen sich kalte Luft sammeln kann? Dann sollten Sie dort keine wärmeliebenden Pflanzen anbauen.

→ Lernen Sie ihren Gartenboden kennen (❯ S. 26, Den Boden erkennen).

→ Kaufen Sie nach Möglichkeit in Gärtnereien ein, die noch vor Ort produzieren.

→ Besuchen Sie lokale Pflanzentauschbörsen. Zum einen werden die Pflanzen preisgünstiger angeboten, und die meist engagierten Hobbygärtner haben viele Extratipps zu grünen Schätzen parat.

→ Probieren geht über Studieren. Jeder Garten hat seine eigenen Gesetzmäßigkeiten, die aus der Kombination verschiedener Standortbedingungen bestehen.

→ Geben Sie nachbaubaren Sorten, die über ihr eigenes Saatgut vermehrt werden können, den Vorzug.

→ Gerade auch bei der Obstbaumwahl sollten Sie sich genau über die Bedürfnisse der Sorten – was Standort und Boden anbelangt – informieren, da die Bäume ja lange an einem Ort bleiben und mit zunehmendem Wachstum nur schlecht umgepflanzt werden können.

Welche Gemüse- und Obstarten für meinen Garten?

→ Puffbohnen lieben kühles Wetter, können aber auch eine Trockenzeit überstehen, da sie sehr tief gehende Wurzeln bilden.

→ Erbsen können Trockenzeiten überstehen, noch besser aber gelingt das der selten angebauten Platterbse.

→ Starkzehrer wie Kohl und Kartoffeln brauchen einen fetten Boden.

→ Gelbe oder Rote Bete sowie Mangold und Sellerie brauchen das ganze Jahr über einen feuchten Boden, sonst bleiben sie klein oder werden krank.

→ Paprika, Melonen und Gurken lieben einen heißen Sommer, wobei aber vor allem Paprika genügend Wasser braucht, sonst wirft er die Früchte ab.

→ Alle *Allium*-Arten wie Knoblauch, Porree und Zwiebeln haben nur kurze Wurzeln, die bei längeren Trockenperioden Wasser brauchen. Hier ist ein rechtzeitiges Mulchen mit Grasschnitt anzuraten.

Resistent oder tolerant?

Einzelne Faktoren in der Pflanze sind zuständig für die Resistenz gegen ganz bestimmte Erregertypen. Da diese Resistenzen aber nach einer gewissen Zeit von den Erregern geknackt werden, müssen vom Züchter neue Resistenzen eingezüchtet werden – dies ist die klassische Züchtungsmethode konventioneller Züchter.

Ganz anders ist der Arbeitsansatz der biologischen Züchter. Hier liegt der Fokus nicht auf dem Erreger und der dazugehörigen Resistenz, sondern das Augenmerk liegt auf der Gesamtheit der Pflanze. Hier geht es darum, die Pflanze zu stärken, indem z. B. die Wurzelmasse erhöht wird. Es wird auch auf ein langsames Wachstum geachtet, um stärkere Zellstrukturen zu schaffen und so den Erregern keinen Ansatzpunkt zu liefern.

→ Bei den Obstbäumen sollten Sie zum einen darauf achten, die Bedürfnisse der Obstbaumsorten mit den Bedingungen in Ihrem Garten zu vergleichen. Dazu zählen die Bodenbeschaffenheit und die klimatischen Verhältnisse in Ihrem Garten. Zum anderen sollten die Sorten robust genug sein, um ohne Spritzmittel gesunde Früchte zu erzeugen.

Was sind alte Sorten?

Heute wird vor allem in der Biozüchtung was die Sorten anbelangt, wieder vermehrt auf die Bedürfnisse der Hausgärtner und Endverbraucher geachtet. Somit sind es zwar »Neue Sorten«, die angeboten werden, aber mit den vielfältigen Eigenschaften der »guten alten Sorten« wie

→ verschiedene Geschmackseigenschaften

→ unterschiedliche Kocheigenschaften

→ traditionelle Vielfalt z. B. der Farben

→ unterschiedliche Konsistenzen

→ Winter-Lagerfähigkeit von Rüben

→ lang anhaltende Ernteperioden für die Hausgartenernte

→ Winterfestigkeit von Grünkohl, Lauch, Rosenkohl u. a. für die Winterernte

→ Anpassung der Sorten an hiesige Klima- und Bodenbedingungen

→ Freilandeignung der Sorten

→ optimale Nutzung organischer Nährstoffe.

Der phänologische Jahreskalender

Nach dem phänologischen Kalender des Deutschen Wetterdienstes (> Abb. S. 47) ist das Jahr in zehn Phasen aufgeteilt.

Anfang und Ende dieser phänologischen Jahreszeiten sind – im Gegensatz zu den astronomischen oder kalendarischen Jahreszeiten – nicht auf den Tag genau festgelegt. Sie sind abhängig von Entwicklungen in der Natur, die jedes Jahr zu ganz unterschiedlichen Terminen einsetzen können.

Jeder phänologischen Jahreszeit lassen sich Zeigerpflanzen zuordnen. So beginnt der Vollfrühling z. B. mit der Apfelblüte – und die tritt jedes Jahr und in jeder Region zu unterschiedlichen Terminen auf.

Schöner Nebeneffekt dieser Form der Zeiteinteilung ist der, dass Sie mit dem phänologischen Kalender bewusster in die Natur blicken, mehr von ihr erleben, mehr von ihr wahrnehmen und sich wieder ein wenig stärker mit Mutter Natur verbunden fühlen.

Die zehn Jahreszeiten

→ Der **Vorfrühling** zeigt sich mit dem Beginn der Haselnussblüte. Christrosen, Leberblümchen, Märzenbecher, Schlüsselblumen, Schneeglöckchen und Winterling öffnen ihre Blüten. Und die ersten Meisen suchen nach passenden Nistgelegenheiten.

→ Es folgt der **Erstfrühling**, der durch die gelben Blütenmassen der Forsythie signalisiert wird. Die Schlehen überziehen sich mit einem weißen Blütenschleier, und das frischgrüne Laub von Birke und Buche entfaltet sich. In den Gärten blühen Tulpen, Hyazinthen und Narzissen in leuchtenden Farben.

→ Im **Vollfrühling** erfüllt der Duft des Flieders und der Maiglöckchen die Luft. Waldmeister und Bärlauch überziehen den Waldboden. Und viele Wiesen sind gelb vom Löwenzahn. Felsen-Steinkraut und Gänsekresse bilden dichte Blütenteppiche.

→ Im **Frühsommer** blühen Schwertlilien auf feuchten Wiesen und an Teichrändern. Die Pfingstrosen öffnen ihre großen Blütenköpfe. Auf den cremefarbenen Blütendolden des Holunders sitzen die verschiedensten Insekten, und in den Teichen quaken die Wasserfrösche um die Wette.

→ Im **Hochsommer** stehen die Linden in voller Blüte und berauschen mit ihrem Duft. In den Gärten erstrahlen die Sommerblumen in voller Blütenpracht, und an Weg- und Straßenrändern ziehen rote Mohnblüten den Blick auf sich. Erdbeerstauden, Himbeer-, Johannisbeer-und Stachelbeersträucher locken mit reifen Früchten.

→ Im **Spätsommer** stehen die Rosen in voller Blüte, und die Kräuter duften in allen Variationen. Aprikosen, Mirabellen, Pfirsiche und Zwetschgen sind reif, das haben auch die Wespen gemerkt.

→ Die Obsternte geht im **Frühherbst** weiter. Jetzt hängen auch Apfel- und Birnenbäume voll reifer Früchte. Holunder und Sanddorn sind ebenfalls erntereif. In den Kronen der Eberesche streiten sich schon die Drosseln um die Früchte.

→ Der **Vollherbst** kündigt sich mit der Laubfärbung an. Jetzt werden Bucheckern, Eicheln und Nüsse langsam reif und schon fleißig von Eichhörnchen und Eichelhäher als Wintervorrat eingesammelt. In den Gärten haben Astern nun ihren großen Auftritt.

→ Der **Spätherbst** leitet über zur Ruhezeit im Pflanzen- und Tierleben. Vögel und Kleinsäuger suchen Fallobst, Kastanien und Nüsse als Wintervorrat. Im Garten steht noch Endivie und Kohlgemüse auf dem Beet.

→ Der **Winter** beschließt das Jahr. Doch auch jetzt zeigt sich noch Leben im Garten: Feldsalat, Grünkohl, Porree und Rosenkohl liefern auch im Winter frische Kost. Der Winterjasmin erfreut uns schon zu Weihnachten mit seinen gelben Blüten.

Spätherbst:
Blattverfärbung
Eiche, allgemeiner
Blattfall

Vollherbst:
Früchte Eiche,
Ernte Spätkartof-
feln, allgemeine
Blattverfärbung

Frühherbst:
Früchte Schwarzer
Holunder und
Rosskastanie

Spätsommer:
Ernte Frühäpfel und
Frühzwetschgen

Hochsommer:
Blüte Sommerlinde

Winter:
Blüte Zaubernuss,
Beginn Christrose

Vorfrühling:
Blüte Schneeglöckchen,
Krokus und Haselnuss

Erstfrühling:
Blüte Forsythie und
Kornelkirsche

Vollfrühling:
Apfelblüte,
Felsenbirne

Frühsommer:
Blüte Schwarzer Holunder,
Beginn Rosen

Winter
85 Tage

Spätherbst
21 Tage

Vollherbst
40 Tage

Frühherbst
25 Tage

Spätsommer
23 Tage

Hochsommer
45 Tage

Frühsommer
23 Tage

Vollfrühling
30 Tage

Erstfrühling
35 Tage

Vorfrühling
38 Tage

Der phänologische
Jahreskalender

DEZEMBER
NOVEMBER
OKTOBER
SEPTEMBER
AUGUST
JULI
JUNI
MAI
APRIL
MÄRZ
FEBRUAR
JANUAR

So finden Sie sich zurecht

Im Praxisteil dieses Quickfinders finden Sie alle Informationen zum biologischen Gärtnern. Angefangen vom Boden, seiner Bestimmung und Bearbeitung über die wichtigsten Gartengeräte und das richtige Gießen bis hin zum biologischen Pflanzenschutz, den Nützlingen und Schädlingen im Garten, die biologische Bekämpfung der verschiedenen Pflanzenkrankheiten und die richtige Sortenwahl.

Innerhalb der zehn phänologischen Jahreszeiten gliedert sich dieser Quickfinder in die drei Bereiche: allgemeine Gartenpraxis – Ziergarten – Nutzgarten.

 Allgemeine Gartenpraxis

In dieser Rubrik werden grundsätzliche Tätigkeiten, die im Garten vorkommen, beschrieben. Hierzu gehören u. a. Bodenbearbeitung, Pflanzenanzucht und -vermehrung, Schädlingsbekämpfung, Düngemaßnahmen, Unkrautbekämpfung und pflegerische Maßnahmen, die sich nicht konkret auf bestimmte Pflanzenarten oder -gruppen beziehen. Hier geht es um Grundlagen der Gartenarbeit, sozusagen das »Kleine Einmaleins des Hobbygärtners«.

Es geht aber auch um das Anlegen und Pflegen von Wegen im Garten, das Anlegen von Beetumrandungen, einer Wildblumenwiese oder einer Wildhecke und das Anlocken von Nützlingen im Garten.

 Ziergarten

In dieser Rubrik erfahren Sie, welche Maßnahmen im Zierpflanzenbereich anstehen. Meist werden sie für bestimmte ziergartentypische Pflanzengruppen – Bäume, Sträucher, Stauden, Sommerblumen – erörtert. Viele Fragen, z. B. zu Krankheiten oder Schädlingsbefall, entzünden sich aber auch an einer ganz bestimmten Pflanze.

Sehr viel Wert wird aber auch auf das Anpflanzen von Wildstauden und Wildblumen und das Ernten von Samen gelegt.

 Nutzgarten

In dieser Rubrik geht es um alles, was Sie für den kulinarischen Genuss im Laufe des Jahres im Garten säen, pflanzen und pflegen, später selbstverständlich auch ernten und verwerten möchten. Dazu gehören alle gängigen Gemüsesorten und Kräuter, aber auch alte und relativ unbekannte Arten und neue Sorten, die Sie im Freiland und unter Glas anbauen können, ebenso wie Obst und Beeren, Wildfrüchte und Nüsse.

Aufbau der Texte

Die GU-Gartenexperten erklären Gartenarbeiten, die in den jeweiligen Jahreszeiten ganz allgemein oder speziell im Zier- oder Nutzgarten anfallen. Diese Tätigkeiten sind alphabetisch sortiert. Zum besseren Verständnis tragen weitere Elemente bei:

➜ **Bilder:** An entscheidenden Stellen unterstützen Bilder den Text. Mitunter ist es äußerst kompliziert, Sachverhalte nur in Worten darzustellen. Besonders Abfolgen von Arbeiten lassen sich weitaus besser mit Bildern ausdrücken. In diesen Fällen finden Sie zu den wichtigsten Themen Stepfolgen, die anschaulich darstellen, wie Sie bestimmte Arbeiten erledigen sollten.

➜ **Tippkästen und Tabellen:** Wer auf einen Blick ein Maximum an Informationen sucht, wird in den farblich unterlegten Tippkästen und Tabellen fündig werden. Hier erhalten Sie ergänzende Erläuterungen mit Praxisbezug, vorbeugende Hinweise oder auch Listen, die Ihnen bei der Pflanzenauswahl helfen noch etwas mehr.

➜ **Frage & Antwort:** Am Ende eines jeden Jahreszeiten-Kapitels finden Sie Antworten auf häufig gestellte Fragen, die in der jeweiligen Saison im Garten aktuell sind. Diese zusätzlichen Expertentipps aus der Praxis sollen Ihnen die Arbeit im Garten erleichtern.

➜ **Beobachtungsseiten:** Zu Beginn jeder

Saison – also Frühling, Sommer, Herbst und Winter – geben wir Ihnen einen kurzen Überblick, was Sie in dieser Jahreszeit in Ihrem Garten im Tier- und Pflanzenreich beobachten können.

→ Sonderseiten: Sie finden sich in den verschiedenen Kapiteln zwischen Ziergarten und Nutzgarten. Auf diesen Sonderseiten werden wichtige Arten und Sorten, alte und neue, für den Biogarten – sowohl im Zier-, als auch im Nutzgartenbereich – abgebildet und kurz beschrieben.

Immer wieder oder nur einmal?

→ Viele Tätigkeiten müssen im Laufe des Gartenjahres nur einmal erledigt werden oder sind nur erfolgreich, wenn sie zu einer bestimmten Zeit auch abgeschlossen sind – so etwa der Schnitt bei Beerensträuchern oder Obstbäumen, das Mulchen von Erdbeeren oder das Anlegen von Leimringen gegen den Frostspanner.

→ Es gibt aber auch Arbeiten, bei denen der Gärtner einen relativ weiten Handlungsspielraum hat, wann sie genau vorgenommen werden können – Gehölze können Sie beispielsweise über einen längeren Zeitraum pflanzen, bestimmte Gemüsesorten über mehrere phänologische Jahreszeiten aussäen oder auspflanzen.

→ Wieder andere Tätigkeiten muss man wiederholt ausführen, damit der Garten und die Pflanzen sich optimal entwickeln können. Hierzu zählen: Gießen, Beikraut hacken, Gemüse anhäufeln oder vereinzeln, Mulchen oder Schnecken, Dickmaulrüssler und Blattläuse bekämpfen.

→ Arbeiten, die über einen längeren Zeitraum oder wiederholt anfallen, werden im Buch grundsätzlich dann angesprochen, wenn sie zum ersten Mal erforderlich sind. In den folgenden Kapiteln werden sie nur noch am Rande erwähnt oder nur noch einmal angesprochen, wenn sich inhaltliche Änderungen ergeben, also wenn Sie beispielsweise bei den Radieschen von einer schnell wachsenden Frühlingssorte auf eine trockenheitstolerantere Sommersorte umsteigen sollten.

Zur raschen Übersicht, wann was gesät wird oder gepflanzt werden kann, finden Sie auf den Seiten 228/229 die entsprechenden Aussaat- und Pflanzkalender.

Fachchinesisch?

Um den einen oder anderen Fachbegriff kommt kein Ratgeber herum. Da es mitunter bei den konkreten einzelnen Fragen zu umständlich oder zu umfangreich wäre, alles zu erläutern, schließt sich ab Seite 218 ein kleines Glossar an. Damit kann jeder Leser ein wenig in die Gärtnersprache eintauchen. Sie werden sehen, wie schnell die Begriffe in Ihren eigenen Sprachgebrauch übergehen!

Schnell gefunden

So unterschiedlich Sie Ihre Fragen auch stellen mögen, so vielfältig ist der Zugang zum Expertenwissen des Quickfinders.

→ Sie können sich zu Beginn jeder der zehn Jahreszeiten das jeweilige Kapitel in Ruhe zu Gemüte führen. Die Stanzung am Rand des Buches macht das gezielte Auffinden der Seiten ganz leicht, und die Einteilung in die drei Gartenbereiche erfolgt immer in der Reihenfolge Allgemeine Gartenpraxis – Ziergarten – Nutzgarten. Die Symbole vor jedem Stichwort kennzeichnen die drei Rubriken.

→ Sind Sie auf der Suche nach einem bestimmten Thema, beispielsweise zur Pflanzung? Dann orientieren Sie sich am besten im Quickfinder (Seite 4–17). Hier finden Sie mit Hilfe von Schlagwörtern direkt zu der jeweiligen Tätigkeit und können dann weiter auswählen, ob Sie an Informationen zum Thema Aussaat von Gemüse oder Schnitt von Obstbäumen interessiert sind.

→ Wer ganz schnell konkrete Hilfe braucht, kann im Stichwortregister navigieren und dann auf den jeweiligen Seiten nachschlagen. Verweise zu verwandten Themen finden sich stets am Ende eines behandelten Themas (❯ S. 33, Die wichtigsten Werkzeuge im Biogarten). So erschließen sich Ihnen schnell die gewünschten Themen – und es bleibt Ihnen ein Maximum an Zeit, Ihren Garten zu pflegen, aber auch zu genießen! ❉

Das Biogarten-Jahr

Sie sind sich nicht sicher, wann eine bestimmte Gartenarbeit am besten zu erledigen ist? Dann schlagen Sie im Quickfinder nach. Er verweist Sie direkt auf die richtige Saison. Oder Sie möchten wissen, welche Tätigkeiten in einem bestimmten Zeitraum im Garten anfallen? Nichts leichter als das: In den zehn phänologischen Jahreszeiten sind alle wichtigen Gartenarbeiten für jede Jahreszeit zusammengestellt. Jedes dieser Kapitel gliedert sich in drei Rubriken: allgemeine Gartenpraxis, Ziergarten und Nutzgarten. Innerhalb dieser Rubriken sind alle Tätigkeiten in Form von Schlagwörtern alphabetisch sortiert. Sie sind nach folgendem Schema aufgebaut:

1 **Symbol:** Es kennzeichnet die Rubrik, der diese Gartenarbeit zuzurechnen ist.

2 **Schlagwort:** Das Schlagwort benennt die Tätigkeit, die zum jetzigen Zeitpunkt zu tun ist.

3 **Kurztext:** Er beschreibt die Tätigkeit genauer – auch ihre Bedeutung im Kontext mit der Jahreszeit.

4 **Erläuterung:** Die GU-Gartenexperten liefern das nötige Hintergrundwissen und erklären, wie die Tätigkeiten fachgerecht ausgeführt werden. Außerdem verraten sie Tipps aus ihrer täglichen Praxis.

5 **Seitenverweise:** Sie verweisen auf in Bezug stehende Tätigkeiten in derselben oder in anderen Jahreszeiten sowie auf das Glossar.

1 **2**

🍦 Schnecken bekämpfen

Auch wenn Sie nur hier und da eine Schnecke im Garten sehen, sind Bekämpfungsmaßnahmen jetzt am wirkungsvollsten.

Die einfachste und zu dieser Zeit effektivste Maßnahme ist das mäßige, aber breitflächige Ausstreuen von nützlingsschonendem Schneckenkorn. Noch sind die gefräßigen Schleimer sehr klein. Dadurch kann das Gift des Schneckenkornes gut wirken, und Sie brauchen nicht so viel davon auszustreuen.

→ Prüfen Sie vor allem Frühbeete ganz genau auf Schnecken und Schneckeneier. Streuen Sie prophylaktisch etwas Schneckenkorn aus. Die bald eingesetzten Jungpflanzen sind ein zartes Futter und schnell aufgefressen.

→ Ein Schneckenzaun muss mindestens zehn Zentimeter unter und über der Erde gebaut, lückenlos, im oberen Teil um 45 Grad gebogen und frei von Pflanzenbewuchs sein.

❯ S. 40, Feind Nr. 1: Nacktschnecken

3

4

5

Vorfrühling

Die ersten warmen Tage und Sonnenstrahlen locken uns in den Garten. Kornelkirsche, Krokusse, Christrosen, Schneeglöckchen oder Winterlinge sorgen für die ersten Blüten im Garten. Zum Glück stehen viele bewegungsintensive Gartenarbeiten an, die uns das Werken bei kühlen Temperaturen erleichtern. Wem es draußen noch zu ungemütlich ist, der widmet sich der Gartenplanung, der Pflege der Gartengeräte oder der Aussaat im Haus.

Das lässt sich im Biogarten beobachten

Mit den ersten warmen Sonnenstrahlen schmilzt der Schnee, und überall beginnt es zu sprießen. Bäume und Sträucher sind mit einem hellgrünen Schleier überzogen. Schneeglöckchen, Märzenbecher und Schlüsselblumen zeigen den Beginn des Frühjahrs an.

Frühling im Tierreich

Lockende Blüten: Die Blüten von Kornelkirsche und Weiden, Huflattich und Krokus locken die ersten Hummeln und Wildbienen an, und wenn die Sonne besonders warm scheint, sieht man auch schon einmal einen Zitronenfalter oder Kleinen Fuchs auf der Suche nach süßem Nektar umherflattern.

Nützlinge erwachen: Unter dem Herbstlaub oder aus anderen geschützten Stellen krabbeln die ersten Nützlinge wie überwinterte Marienkäfer, Florfliegen oder Laufkäfer hervor. Sie müssen nicht lange nach Nahrung Ausschau halten, denn auch die Blattläuse sind schon wach und machen sich auf die Suche nach frischem Grün. Sie sind auch willkommene Nahrung für Ohrwürmer und verschiedene Weichkäfer und deren Larven. Und auch Meisen, Bachstelzen und Rotschwänze freuen sich über die saftigen Läuse.

↑ **Vogelgezwitscher:** Noch wenn es dunkel ist, fangen die Vögel mit dem wärmeren Wetter mit ihrem Gezwitscher an. Von Tag zu Tag gesellen sich mehr Stimmen hinzu, denn die ersten Zugvögel kommen wieder zurück. Neue und ungewohnte Töne bringen die zurückkehrenden Stare aus ihrem Winterquartier im Süden mit.

← **Auf dem Weg zum Laichgewässer:** Grasfrösche und Erdkröten verlassen ab April ebenfalls ihre Winterquartiere. Gut, dass sich die Regenwürmer jetzt wieder direkt an der Bodenoberfläche befinden, und hin und wieder eine Schnecke oder Assel ihren Weg zum Laichgewässer kreuzt.

🌳 Frühling im Pflanzenreich

Frühlingserwachen: In unseren geschützt liegenden Gärten beginnt die Pflanzenwelt schon etwas früher aus dem Winterschlaf zu erwachen. Christrosen, Leberblümchen, Schneeglöckchen und Winterlinge strecken als Erste ihre leuchtenden Blüten aus dem Boden hervor, dicht gefolgt von den früh blühenden Zwiebelgewächsen wie Narzisse, Osterglocken, Traubenhyazinthe und Tulpe.

Blütenpracht, wohin man schaut: Zur blütenreichsten Zeit im Frühlingsbeet gehört der Spätfrühling: Akelei, Lungenkraut, Mond- und Nachtviole, Pfingstrosen und Wiesen-Margeriten stehen jetzt in voller Blüte. Im Wald ist der Boden kurz vor dem Laubaustrieb der Bäume mit quadratmetergroßen Teppichen aus Buschwindröschen, Immergrün, Goldnessel, Maiglöckchen, Sternmiere und Waldmeister bedeckt.

↑ Zwiebelblumen in Hülle und Fülle: Wer im Herbst Zwiebel- und Knollenblumen in den Boden gesteckt hat, der kann sich jetzt an einem wahren Blütenrausch der Farben und Formen erfreuen. Dazwischen decken Duftveilchen, Goldlack, Primeln, Stiefmütterchen und Vergissmeinnicht den Boden ab.

→ Es riecht nach Knoblauch im Wald: In den Buchenwäldern entfalten sich die frischgrünen Blätter, und der Bärlauch streckt seine dunkelgrünen Blätter dem Licht entgegen. Bald werden die ersten Sammler eintreffen, denn er hat wieder den Weg in die Küche gefunden.

🔍 Das lässt sich in der Natur beobachten

Zunehmend grüner und bunter wird es in der Natur. Bei den Gehölzen werden die früh blühenden Haselnüsse und Kornelkirschen von Ahorn, Berberitzen, Felsenbirnen, Felsenkirsche, Schlehen und Weißdorn abgelöst. Ahorn, Clematis, Hartriegel, Holunder und Wildrosen entfalten ihre Blätter in den verschiedensten Grüntönen. Spätestens, wenn der Flieder, Holunder und die gelben Strauchkronwicke sowie der orangegelbe Blasenstrauch blühen, haben auch die letzten spät treibenden Gehölze wie Eiche und Walnuss ihr dichtes Blattwerk ausgebildet. Die Wiesen erblühen je nach Standort in den unterschiedlichsten Farben: Löwenzahngelb, lila, wenn das Wiesen-Schaumkraut vorherrscht, oder rosa in feuchten Lagen, wo der Knöterich sich breitgemacht hat.

Die Luft ist erfüllt vom Summen und Brummen der Insekten und vom Gezwitscher der Vögel, die ihr Revier markieren oder auf Partnersuche sind.

Aussaat in Haus und Freiland

Der Zeitpunkt der Anzucht ist von den späteren Kulturbedingungen und dem Licht abhängig. Wer ein Kleingewächshaus hat, der kann 3–4 Wochen früher beginnen als jemand, dem nur die Fensterbank zur Verfügung steht.

Ausgesät wird in nährstoffarme Erde. Zu viele Nährstoffe wirken keimhemmend und können sogar die feinen Wurzeln verätzen. Bei ganz empfindlichen Arten, vor allem bei Gemüsepflanzen und Kräutern, lohnt es sich, die selbst hergestellte Erde vorher zu sterilisieren. Bei kleinen Mengen geht das am einfachsten für eine Stunde in einem Bratenschlauch bei 100 °C im Backofen.

Aussaat in Töpfe und Saatschalen

→ Füllen sie kleine Töpfe oder Saatschalen bis 3 cm unter den Rand mit Anzuchterde und drücken Sie zuerst die Ränder, dann die ganze Fläche leicht an.
→ Gießen Sie die Aussaatgefäße gut an und lassen Sie sie vor dem Einsäen etwas abtrock-

Decken Sie die Anzuchtgefäße mit einer Glasscheibe ab, damit die Feuchtigkeit nicht zu schnell verdunstet.

nen. Damit erreicht die Erde eine Grundfeuchtigkeit zum Quellen der Samenkörner.
→ Verteilen Sie das Saatgut gleichmäßig auf der Fläche, und halten Sie zwischen den einzelnen Samen genügend Abstand, damit die aufgehenden Keimlinge nicht gleich zu dicht stehen.
→ Stecken Sie ein Etikett mit Art- und Sortennamen sowie Aussaatdatum in das Anzuchtgefäß. So können Sie kontrollieren, ob das Saatgut auch richtig aufgeht.
→ Bedecken Sie die Samen am besten mit gesiebtem Sand, und übersprühen Sie die Anzuchtgefäße nochmals vorsichtig mit lauwarmem Wasser. Die feine Sandschicht schützt die Samen vor Austrocknung und verhindert Mooswachstum und Pilzbefall.
→ Sorgen Sie für gleichmäßige Feuchtigkeit indem Sie die Anzuchtgefäße mit Glas (alte Fenster) abdecken (> Abb.).

Unterschiedliches Keimverhalten

Pflanzen haben ganz unterschiedliche Keimverhalten. Um welche Art von »Keimer« es sich handelt, steht in der Regel auf dem Samentütchen.
→ **Frostkeimer** (> S. 177, Frostkeimer säen) brauchen unsere typischen Wintertemperaturen mit Frösten und wärmeren Tagen.
→ **Kaltkeimer** sind gemäßigter, nicht alle

Klassische Kaltkeimer

Deutscher Name	Botanischer Name
Akelei	*Aquilegia vulgaris*
Christrose	*Helleborus niger*
Eisenhut	*Aconitum napellus*
Küchenschelle	*Pulsatilla vulgaris*
Lungenkraut	*Pulmonaria officinale*
Ochsenzunge	*Anchusa azurea*
Pfingstrose	*Paeonia officinalis*
Sonnenhut	*Rudbeckia purpurea*
Stiefmütterchen	*Viola wittrockiana*

wollen unbedingt Frost, aber doch Temperaturen um 5–10 °C.
→ **Warmkeimer** wie Tomaten und Paprika brauchen Temperaturen um 20 °C.
→ **Lichtkeimer** dürfen nur hauchdünn abgedeckt werden, damit die gequollenen Samen nicht austrocknen.
→ **Dunkelkeimer** – das sind die meisten Gartenpflanzen – bevorzugen eine mindestens samenkorndicke Abdeckung.

Aussaat ins Freiland

→ Mehrjährige Wildpflanzen sowie Kalt- und Frostkeimer können Sie jetzt schon an einen vor Wind und Frost geschützten Platz im Freiland aussäen.
→ Mit der Aussaat einjähriger Blumen sollten Sie noch bis April oder Mai warten.
→ Wildpflanzen säen Sie am besten dann aus, wenn die Pflanzen von Natur aus ihre Samen ausbilden. ❊

Frühbeet als Hochbeet anlegen

Der Boden ist im Februar (je nach Region) entweder noch gefroren oder aber sehr feucht. Deshalb sollten Sie nicht auf ihm herumlaufen, da dies die Struktur des Bodens verdichtet. Beginnen Sie die Gartensaison doch mit dem Bau eines Frühbeetes.

In einem Frühbeet können Sie schon relativ zeitig im Jahr nicht ganz so kälteempfindliche Pflanzen wie Salat oder Kohlrabi auspflanzen und so die Gemüse- und Salatsaison verlängern. Auf dem Beet ist an ein Auspflanzen der wärmeliebenden Gemüse meist erst nach den Eisheiligen zu denken. Ein Frühbeet ist aber nicht nur ein geschützter Platz für Pflanzen, es ist auch ein Lieblingsaufenthaltsort für Schnecken und deren Eier, aus denen just zum Frühjahr die gefräßigen Jungschnecken schlüpfen.
Ein hoch gelegenes Frühbeet dagegen mit rauen Brettern wird nicht gerne von Schnecken begangen. Zudem erwärmt sich der Boden im Hochbeet durch die Schichtung schneller als der Boden im Gartenbeet. Und drittens können Sie das Hochbeet ohne Bücken bepflanzen, pflegen und abernten. Warum also nicht das Frühbeet hochlegen?

Das hochgelegene Frühbeet

→ Die Grundfläche Ihres Frühbeetes richtet sich nach der Größe der gebrauchten Fenster, die Sie bekommen. Manchmal kann man sogar Doppelglasfenster günstig erstehen. Die Höhe der Fenster entspricht der Tiefe des Hochbeetes (ca. 1,20–1,50 m).
→ Markieren Sie sich die Grundfläche und

schlagen Sie dann an den Ecken vier stabile Pfosten etwa 20 cm tief in die Erde.
→ Bauen Sie nun aus groben, ca. 2 cm dicken Brettern – am besten aufgrund der längeren Haltbarkeit aus Lärche oder Eiche – einen Kasten um die Pfosten.
→ Setzen Sie so viele Bretter übereinander, wie hoch Sie das Beet wünschen. Die beste Arbeitshöhe liegt bei ca. 80–100 cm.
→ Gegen Wühlmäuse empfiehlt sich ein engmaschiges Drahtgeflecht am Boden, das noch etwa 20 cm an den Holzwänden hinaufreichen sollte.
→ Befüllen Sie den Kasten zuerst mit grobem organischem Material (zerkleinerte Zweige, Pflanzenstängel). Darüber schichten Sie Grassoden und unverrottete Gartenabfälle. Darüber kommt dann eine ca. 30 cm dicke Schicht Pferdemist, die für die Erwärmung des Kastens sorgt und die Pflanzen vor Spätfrösten schützt. Darauf verteilen Sie eine ca. 10 cm dicke Schicht Gartenerde. Den Abschluss bildet ca. 10 cm feiner Kompost.
→ Füllen Sie den Kasten nicht bis zum Rand auf, sondern lassen Sie einige Zentimeter frei. Zwar setzt sich die Schichtung relativ schnell, aber Sie sollten auch genügend Platz zum Pflanzen haben.
❯ S. 31, Kompost und seine Verwendung ❋

 ## Gartengeräte prüfen

Wenn Sie noch keine Zeit gefunden haben, dann sollten Sie jetzt ihre Gartengeräte prüfen. Ist alles funktionstüchtig, geschmiert und geölt?

Bei gutem Wetter wird jetzt bald die Gartenarbeit beginnen – wenn dann das Werkzeug nicht in Ordnung ist oder wichtige Gerätschaften oder Materialien fehlen, können manche Gartenarbeiten nicht rechtzeitig erledigt werden.
→ Sitzen die Stiele der Arbeitsgeräte fest?
→ Müssen die Schneiden von Hacke und Spaten geschliffen werden?
→ Sind alle Schneidgeräte gut gängig und geölt, die Schneiden geschärft? Müssen eventuell Klingen oder Federn ausgetauscht oder ersetzt werden? Dann sollten Sie die Ersatzteile jetzt gleich bestellen.
→ Sind Stöcke, Stäbe und Stangen zum Festbinden in Ordnung und noch in ausreichender Menge vorhanden?
→ Haben Vliese, Folien und Netze den Winter über irgendwelche Schäden genommen?
→ Springen alle motorbetriebenen Gartengeräte problemlos an? Jetzt haben die Reparaturbetriebe noch ausreichend Zeit, und Sie müssen nicht Schlange stehen.
→ Sind Gießkannen und Wasserschläuche noch dicht und alle Anschlüsse vorhanden?
→ Haben Sie letztes Jahr festgestellt, dass Ihnen irgendein Werkzeug fehlt oder durch ein besseres ersetzt werden könnte?
❯ S. 34, Grundausstattung ❋

Kompost sieben

Wie hat der Kompost den Winter überstanden? Nun können Sie schon den Reifekompost sieben und Anzuchterde vorbereiten.

Zum Sieben des Reifekompostes reicht ein Drahtgeflecht mit 2 cm großen Löchern. Sieben Sie das Material am besten gleich in eine Schubkarre, dann können Sie es leicht dorthin bringen, wo Sie es benötigen.
Das grobe abgesiebte Material mischen Sie dann zwischen den umgesetzten Kompost aus dem Sammelkasten.
❭ S. 31, Kompost im Doppelkasten

Kompost als Anzuchterde
Wenn Sie Kompost als Anzuchterde verwenden wollen, dann sollten Sie ihn noch etwas feiner sieben. Da Sie in der Regel keine großen Mengen an Anzuchterde benötigen, können Sie sich mit einem Drahtsieb aus der Küche behelfen.
Als Erde für die Voranzucht (dem Stadium von der Keimung bis zum ersten echten Blatt) ist es gut, faserreiches Material (aus Laubkompostierung) mit Lehmerde und Kompost zu mischen. Etwas Sand in der Erde verhindert das Verklumpen, so kann das Gießwasser richtig aufgenommen werden. Zu viel Sand lässt den Erdballen beim Herausnehmen zerbröseln. Die Wurzeln liegen blank, und die Pflanze braucht lange, um sich von diesem Schock zu erholen.
❭ S. 31, Kompost und seine Verwendung ✳

Nistkästen aufhängen

Für Höhlenbrüter wie Meisen und Stare sind Nistkästen wertvolle Ersatzlösungen für die immer seltener werdenden natürlichen Höhlen.

Wie lieben es die Vögel?
➜ Bringen Sie die Nistkästen an Bäumen, Stangen oder Hauswänden in einer Höhe von 3–4 m an.
➜ Das Einflugloch sollte nach Osten ausgerichtet sein, damit Eier und Brut vor Regen und Wind geschützt sind.
➜ Achten Sie darauf, dass es einen freien Zuflug zum Nistkasten gibt.
➜ Bringen Sie am Baum oder der Stange, an der der Nistkasten hängt, einen Schutz vor Katzen und Mardern an oder unterpflanzen Sie mit stacheligen Rosen. Es gibt eine Vielzahl an unterschiedlichen Kästen für Höhlen- und Halbhöhlenbrüter; auch Spezialkästen für Falken oder nachtaktive Flieger wie Eulen und Fledermäuse. (❭ S. 238, Adressen) ✳

Die Meisen freuen sich sicherlich über einen sauberen Nistkasten, in dem sie gefahrlos ihre Brut aufziehen können.

Saatgut prüfen

Um nicht unnötig Zeit zu investieren und Anbaufläche zu belegen, sollten Sie vor der Aussaat älteres Saatgut auf seine Keimfähigkeit testen.

Es ist nicht gesagt, dass zwei bis drei Jahre altes Saatgut nicht mehr auskeimt. Wir empfehlen Ihnen aber, die Keimfähigkeit von Saatgut, das älter als drei Jahre ist, auf jeden Fall mit einer Probeaussaat zu testen.

Keimtest: Probeaussaat
➜ Legen Sie für den Keimtest eine flache Schale mit saugfähigem Küchenpapier aus und feuchten Sie dieses an.
➜ Verteilen Sie nun ca. 20 Samen auf dem Papier und decken Sie die Schale dann ab.
➜ Stellen Sie die Keimprobe warm (ca. 20 °C) und hell auf.
Gemüse keimt relativ schnell, wobei Kohlgewächse ca. 3–4 Tage brauchen, Tomaten und Paprika ca. 5–8 Tage. Möhren brauchen noch etwas länger. Kräuter und Wildpflanzen können bei einzelnen Samen Keimverzögerungen von mehreren Wochen aufweisen.
Wenn sich jedoch nach 2–3 Wochen noch kein einziger Keim blicken lässt, ist es besser, sich frisches Saatgut zu besorgen.
➜ Gekeimte Samen können gleich gesät werden.
Für Keimfähigkeit und Sortenreinheit von gekauftem Samen sind gesetzlich Mindeststandards vorgegeben.
❭ S. 147, Samen aufbewahren ✳

Schnecken bekämpfen

Auch wenn Sie nur hier und da eine Schnecke im Garten sehen, sind frühzeitige Bekämpfungsmaßnahmen am effektivsten.

Die einfachste und zu dieser Zeit effektivste Maßnahme ist das mäßige, aber breitflächige Ausstreuen von nützlingsschonendem Schneckenkorn. Noch sind die gefräßigen Schleimer klein. Dadurch kann das Gift des Schneckenkornes gut wirken, und Sie brauchen nicht so viel davon auszustreuen.

→ Prüfen Sie vor allem Frühbeete ganz genau auf Schnecken und Schneckeneier und streuen Sie prophylaktisch etwas Schneckenkorn aus. Die bald eingesetzten oder auskeimenden Jungpflanzen sind ein zartes Futter und schnell aufgefressen.

→ Wenn Sie kein Schneckenkorn verwenden wollen, sollten Sie eine schneckenunfreundliche Umgebung schaffen: Feinkrümelige trockene Erde ohne Verstecke meiden sie.

→ Locken Sie schneckenfressende Nützlinge wie Erdkröten, Eidechsen und Igel mit Totholz-, Laub- oder Steinhaufen an. Seien Sie bei der Arbeit im Garten – vor allem dem Aufhacken des Bodens oder dem Entfernen von altem Laub – vorsichtig: Die braungraue Erdkröte ist im feuchten Gartenboden kaum zu erkennen, und Igel halten sogar in flachen Laubhaufen auf dem Gemüsebeet noch Winterruhe.

> S. 38, Weitere Nützlinge, Abb. Igelhaus
> S. 40, Feind Nr. 1: Nacktschnecken ✳

Weiden schneiden

Wer seinen Garten mit Weiden als Windschutz umpflanzt hat, für den ist jetzt die richtige Zeit zum Schnitt.

Aus Weiden – Kopf- oder Korbweiden – lässt sich eine gute und preiswerte Windschutzhecke anlegen, zumal sich die Weiden ganz leicht über Stecklinge vermehren lassen.

→ Bei einjährigen Pflanzen beginnen Sie mit dem Schnitt in einer Höhe von ca. einem Meter, um eine angenehme Arbeitshöhe beim Schneiden zu haben. Durch Wucherungen an den Schnittstellen steigt diese Höhe im Laufe der Jahre an.

→ Für Stecklinge werden ein- bis zweijährige Stöcke mit einer Länge von ca. 50 cm geschnitten und direkt an Ort und Stelle bis zur Hälfte in die Erde gesteckt. Im Laufe des Jahres treiben sie aus.

→ Für das Korbflechten werden von der echten Korbweide (*Salix vimimalis*) zu Beginn des Saftflusses (man erkennt dies an der Schwellung der Knospen) die längsten geraden, unverzweigten Triebe geschnitten.

→ Solange die Ruten noch frisch sind, können sie einfach »gehäutet« werden. Schneiden Sie dazu an der dicksten Stelle die Rinde an und ziehen Sie sie bis zur Spitze ab. Dafür gibt es auch spezielle Messer.

→ Am besten ist es, wenn Sie die frisch geschnittenen Ruten gleich verflechten. Sie können sie aber auch trocknen. Vor der Verwendung müssen sie dann gut eingeweicht werden, damit sie nicht brechen. ✳

Bei der Silberweide (*Salix alba*), einer Kopfweide, sind die Ränder der lanzettlichen Blätter leicht gesägt.

Bei der Korbweide (*Salix vimimalis*) sind die Blätter glattrandig, der Blattrand ist etwas eingerollt.

59

❀ Düngen im Ziergarten

Zur Austriebszeit und vor der Blüte brauchen die Pflanzen den meisten Dünger – vor allem Stickstoff zum Wachsen. Der optimale Zeitpunkt zum Düngen ist dann, wenn die Triebe der im Frühjahr blühenden Zwiebelblumen wenige Zentimeter aus dem Boden ragen.

Düngen Sie nicht ungezielt, sondern lassen Sie vorher Ihren Boden auf seinen Nährstoffgehalt untersuchen. Eine Bodenuntersuchung gibt Aufschluss, wie viel und welche Nährstoffe Ihr Gartenboden wirklich benötigt. Für einen relativ geringen Betrag können Sie an spezielle Untersuchungsanstalten Bodenproben einschicken und auswerten lassen (❯ S. 26, Die professionelle Bodenanalyse).

Düngen mit Kompost

Achten Sie unbedingt darauf, nicht zu viel zu düngen! Überdüngte Pflanzen sind gegenüber Schädlingen und Krankheiten anfälliger und blühen später.

Für den Ziergarten eignet sich Kompost am besten zum Düngen. Kompost fördert die Humusbildung, sorgt damit für ein reicheres Bodenleben, für eine bessere Bodenstabilität und führt durch seine langsame Zersetzung den Pflanzen Nährstoffe optimal zu. Kompost hat in der Regel sehr ähnliche Nährwerte wie guter organisch-mineralischer Dünger. Bringen Sie ihn auf den gejäteten Beeten aus – je nach den Nährstoffbedarf der vorhandenen Pflanzen. Prachtstauden wie Rittersporn oder Sonnenbraut brauchen eher 2–3 Liter Kompost je Quadratmeter, während genügsamere Pflanzen wie Pfingstnelken, Sonnen-

röschen oder Teppichthymian sich mit der Hälfte zufriedengeben.

Zwiebelblumen düngen

Gerade prächtige Zwiebelpflanzen wie Narzissen oder Tulpen brauchen kurz vor ihrem Aufblühen ausreichend Nahrung. Ihnen genügt eine schwache organische Flüssigdüngergabe von 1–2 %. ❊

Wenn die Osterglocken gerade aus dem Boden spitzen, dann ist die richtige Zeit zum Düngen.

❀ Gehölzschnitt

Der Gehölzschnitt kann noch so lange in der Ruhezeit erfolgen, bis die Blattknospen deutlich anschwellen.

Die Knospen werden im Laufe des Vorfrühlings rundlicher, und zwischen den braunen Schuppen ist immer mehr hellgrün zu sehen. Lange vor dem Blattaustrieb nehmen die Gehölze schon vermehrt Wasser auf.

→ Bei Ahorn und Birke tritt der Pflanzensaft schon sehr früh aus den Schnittwunden. Wenn Sie das bemerken, sollten Sie den Rückschnitt auf den nächsten Winter verschieben, denn jetzt werden die Pflanzen damit zu stark geschwächt.

→ Im Frühjahr blühende Gehölze wie Duftjasmin oder Flieder bilden schon im Herbst ihre Blütenknospen. Sie werden erst nach der Blütezeit gegen Ende des Vollfrühlings zurück geschnitten.

Wohin mit dem Schnittgut?

Oft entsteht beim gärtnerischen Frühjahrsputz viel Grünschnitt. Es wäre schade, dieses wertvolle Material zur Grünabfuhrstelle zu bringen, denn es kann z. B. als Totholzhaufen Unterschlupf für Nützlinge sein. Sie können es auch häckseln, das spart Platz und sorgt für eine schnelle Verrottung. Das Häckselgut kann als Mulch unter Hecken und auf Gartenwegen landen. Kleinere Mengen können Sie gut unter den Kompost mischen. Größere Mengen kompostieren Sie am besten getrennt. ❯ S. 27, Mulchmaterial aus dem Garten ❊

Gießen

Trockenheit im Frühjahr kann Ihre Pflanzen stressen und damit besonders anfällig für Krankheiten und Schädlinge machen.

Immer häufiger bleiben in vielen Gegenden Deutschlands die üppigen Frühjahrsniederschläge aus. Kaltes windiges Wetter entzieht dem Boden zusätzlich Wasser. Für unsere Pflanzen, die jetzt vor dem Austrieb am meisten Wasser brauchen, ist diese Trockenheit schädlich. Die Pflanzen reagieren auf diesen Stress mit einem geringen Wachstum und sind gegenüber Schädlingen anfälliger. Nach dem Rückschnitt, dem Jäten und vor allem vor dem Düngen bietet sich ein ausgiebiges Wässern an.

→ Wenn Sie sich unsicher sind, ob Sie nun gießen sollen oder nicht, dann graben Sie mit einer Handschaufel 20–30 cm tief in den Boden und fühlen Sie dann, ob die Erde feucht genug ist.

→ Wenn Sie in einem Gebiet wohnen, in dem es regelmäßig Frühjahrstrockenheit gibt, dann sollten Sie möglichst früh säen, Jungpflanzen haben kurze Wurzeln und vertrocknen deshalb eher.

→ Vor allem Zwiebelgewächse brauchen bei Trockenheit regelmäßige Wassergaben.

→ Zu den durstigen Zierpflanzen gehören um diese Zeit alle Laub austreibenden Gehölze, besonders Ahorn, Buche, Eberesche und Haselnuss.

❯ S. 35, Richtig gießen ✳

Jäten

Schon sind die ersten unerwünschten Beikräuter wie Ackerdisteln und Löwenzahn sichtbar. Jetzt können sie noch relativ einfach gejätet werden.

→ Kontrollieren Sie besonders unter Gehölzen, in Staudenhorsten und Pflanzenpolstern. Oft siedeln sich hier ungewollte pflanzliche Mitbewohner an, die Sie beim Laubaustrieb nur noch schlecht sehen und die sich dann auch nur noch sehr schwer entfernen lassen.

→ Zum Jäten im Ziergarten eignet sich am besten ein stabiler Unkrautstecher, mit dem Sie die bis zu 20 cm langen Wurzeln von Löwenzahn und Disteln am sichersten entfernen können. Wenn Sie hacken, dann können Sie leicht einmal die unterirdischen Austriebe und Wurzeln von Stauden schädigen.

→ Entsorgen Sie Beikraut im Zweifelsfall über die örtliche Grünabfuhr oder kompostieren Sie es in einem separaten Komposter. Bei deren Kompostierung entstehen viel höhere Verrottungstemperaturen und eventuelle Keime werden damit gleich mit abgetötet. In den kleineren Gartenkompostbehältern werden die Temperaturen von 60 °C selten erreicht, und manches »Unkraut« wird mit dem ausgebrachten Kompost wieder auf den Beeten verteilt. Blätter und Sprossteile verrotten sehr gut, aber Wurzeln und Samen können über Monate und Jahre im Kompost lebensfähig bleiben.

❯ S. 30, Kompostbereitung ✳

Mulchen

Wer sich in den kommenden Monaten viel Arbeit mit Gießen und Jäten sparen will, sollte jetzt mulchen.

Noch können sich die kaum fünf Zentimeter langen Austriebe der ersten Frühjahrspflanzen gut an die erweiterte Bodenschicht anpassen, und beim Ausbringen des Materials wird die Pflanzendecke geschont. Der beste Mulch wird selbst hergestellt aus Häckselmaterial, gemischt mit Grasschnitt und Laub. Da Rindenmulch dem Boden zunächst Nährstoffe entzieht, sollte zuvor eine stickstoffbetonte Ausgleichsdüngung mit einem organischen Mehrnährstoffdünger (z.B. Animalin) erfolgen. Auf Dauer kann der vorwiegend aus Nadelbaumrinde hergestellte Mulch den Boden auch versauern. Mit einer dünnen Schicht Gartenkalk von etwa 100 g pro Quadratmeter können Sie die saure Wirkung des Rindenmulches ausgleichen.

❯ S. 24, Bodenlebewesen

TIPP!
Kompost kontra Rindenmulch

Vermeiden Sie es, Rindenmulch nach einer Kompostdüngung auszubringen. Der hohe Nährstoffgehalt des Kompostes sorgt für ein schnelles Verrotten des Mulches, denn die Mikroorganismen nutzen den Stickstoffanteil des Kompostes zuerst, um den Holzanteil an der Bodenoberfläche abzubauen.

Rosen schneiden und pflegen

Gegen Ende der Kornelkirschenblüte oder zu Beginn der Forsythienblüte können Sie die Rosen zurückschneiden. Die neuen Austriebe sollten dabei noch nicht länger als fünf Zentimeter sein. Oft ist das Laub noch rotbraun gefärbt.

Der richtige Rosenschnitt

Verwenden Sie scharfes, sauberes Schnittwerkzeug. Ausgefranste Schnittflächen sind Eintrittspforten für diverse Krankheitserreger.

(1) Beschädigte und erfrorene Rosentriebe müssen bis ins gesunde Holz zurückgeschnitten werden.

(2) So zurück geschnitten, kann die Rose wieder eine gute Form annehmen.

(3) Die Schnittstelle sollte leicht schräg nach außen verlaufen.

Rosen schneiden

Sie sollten Ihre Rosen nicht im Herbst, sondern im zeitigen Frühjahr, wenn keine Starkfröste mehr zu erwarten sind, schneiden. Das hat den Vorteil, dass die Pflanzen zum einen im Herbst über die Blätter noch Reservestoffe einlagern können, zum andern macht es nicht viel aus, wenn die Triebe an den Spitzen Frostschäden erleiden. Sie sehen im Frühjahr, wie die Rose »über den Winter gekommen ist«, und können entsprechende Schnittmaßnahmen vornehmen. Ausnahmen bilden einmal blühende Strauch- und Kletterrosen. Die sollten Sie im Sommer nach der Blüte zurückschneiden.

→ Graubraune bis schwarze und vertrocknete Rosenzweige deuten auf Frost- bzw. Trockenschäden vom Winter hin. Schneiden Sie die beschädigten Triebe bis auf ein paar Zentimeter ins gesunde Holz zurück.

→ Entfernen Sie alle alten, schon graubraunen oder sehr dünnen Triebe (❯ Abb. 1).

→ Achten Sie darauf, dass Triebe nicht aneinanderreiben oder sich kreuzen.

→ Lassen Sie je Rose 3–5 Triebe stehen und kürzen Sie diese um ein bis zwei Drittel ein (❯ Abb. 2).

→ Schneiden Sie Triebe mit schwarzbraunen Flecken (Befall von Sternrußtau) weit zurück. ❯ S. 117, Pilzkrankheiten an Rosen

→ Schneiden Sie die Triebe 2 cm über der Knospe ab, Rosentriebe trocknen an ihren Schnittstellen immer etwas ein. Schneiden Sie schräg (❯ Abb. 3), damit Wasser von der Schnittfläche ablaufen kann.

Rosen pflegen

Schon beim Frühjahrsrückschnitt können Sie erkennen, wie gesund Ihre Rosen sind. Sind die Triebe kräftig und grün, dann ist alles in Ordnung. Manche Mangelerscheinungen können Sie bereits jetzt schon erkennen. Lange, dünne und stark verästelte Triebe deuten auf eine geringe Düngung im Vorjahr oder einen ungünstigen, oft zu schattigen Standort hin.

→ Den **Nährstoffmangel** können Sie mit einer kräftigen Frühjahrsdüngung (2–3 l Kompost oder 50–100 g organischer Mehrnährstoffdünger pro Pflanze) gut ausgleichen. Achten Sie darauf, dass der Boden vor der Düngung ausreichend feucht ist. Wässern Sie im Zweifelsfall Ihre Rosenbeete gründlich. In trockenen Böden reagieren die Rosen mit verbrannt aussehenden Blättern durch Versalzungsschäden auf die Düngung.

→ Bei **ungünstigem Standort** sollten Sie die Rose gleich umsetzen. Die Triebe sollten im Verhältnis zur Wurzel maximal doppelt so lang sein, damit die Pflanze nicht zuviel Wasser verliert.

❯ S. 181, Wurzelnackte Gehölze pflanzen

→ Wenn die jungen Triebe schon dicht mit **Läusekolonien** besiedelt sind, stehen die Rosen meistens zu trocken. Gießen Sie Ihre Rosenbeete schon ab Mitte Februar. ✳

Stauden schneiden und pflegen

Kurz vor dem neuen Laubaustrieb ist die beste Zeit zum Staudenrückschnitt. Warten Sie nicht zu lange, denn jetzt geht diese Arbeit am schnellsten – und das Ergebnis kann sich sehen lassen.

Wenn der Schnee abgetaut und der Boden nicht mehr ganz so feucht ist, sollten Sie sich an den Rückschnitt und die Pflege Ihrer Stauden machen. Durch Kälte und Nässe sind die über Winter stehen gebliebenen oberirdischen Teile so unansehnlich geworden, dass ihr Rückschnitt nicht schwerfällt.

Stauden zurückschneiden

→ Verwenden Sie zum Rückschnitt eine scharfe Rosenschere. Zum einem können Sie damit genauer arbeiten, zum anderen können Sie das klein geschnittene Schnittgut direkt in einen großen Plastikkübel geben.
→ Achten Sie beim Rückschnitt darauf, die vertrockneten Staudenstängel möglichst bodengleich abzuschneiden, damit Sie sich nicht bei den folgenden Gartenarbeiten wie Jäten die Hände verletzen. Außerdem können sich so die neuen Triebe besser entfalten.
→ Lassen Sie für die Nützlinge ein paar etwa 10 cm lange hohle Stängel oder noch attraktive Samenstände als Rückzugsmöglichkeit liegen. Optisch fallen sie nicht auf und sie werden in den folgenden Tagen schnell von frischem Grün überwuchert.

Winterschutz entfernen

Nach schneereichen Winter ist das vorjährige Laub zusammengedrückt, und die neuen Austriebe haben es schwer, durch den dichten Blätterfilz durchzukommen. Schieben Sie dickere Laubschichten vorsichtig zur Seite, damit die neuen Austriebe Luft und Licht bekommen und nicht faulen.

Das inzwischen fast verrottete Herbstlaub zwischen den Pflanzen können Sie liegenlassen. Die Blätterschicht hemmt das Wachstum unerwünschter Beikräuter und fördert das Bodenleben. Unter den graubraunen Blattgerippen hat sich durch die Aktivität der Bodenorganismen eine feine dunkelbraune Humusschicht gebildet – ideale Startbedingungen für Ihre Stauden.

Sobald das erste Grün aus dem Boden spitzt, ist es Zeit, Stauden, Gräser und Halbsträucher zurückzuschneiden.

Polsterstauden ausputzen?

Akzeptieren Sie bei Polsterstauden wie Blaukissen (*Aubrieta*), Gänsekresse (*Arabis caucasica*), Krustensteinbrech (*Saxifraga apiculata*) oder Pfingstnelken (*Dianthus gratianopolitanus*) die noch etwas farblos wirkenden Triebe. In wenigen Wochen beginnt ihre Blütezeit, die den traurigen Anblick schnell vergessen machen.

Gräser zurückschneiden

Gräser sollten Sie bis auf 5 cm zurückschneiden. Danach können Sie die vorjährigen Halme des Horstes vorsichtig mit einer kleinen Handharke durchputzen. Die neuen Austriebe erhalten dadurch mehr Licht und danken es mit einem kräftigen, gesunden Wachstum. Die ausgedünnten Halme sind ein beliebtes Nistmaterial für unsere heimischen Vögel. Legen Sie sie am Rand des Gartens ab.

Rückschnitt von Halbsträuchern

Im Sommer blühende Halbsträucher wie Currykraut (*Helichrysum italicum*), Eberraute (*Artemisia*), Heidekraut (*Calluna*), Lavendel (*Lavandula*), Salbei (*Salvia*), Schmetterlingsflieder (*Buddleja*) oder Thymian (*Thymus*) können Sie nun um ein bis zwei Drittel zurückschneiden, falls Sie das noch nicht im Herbst getan haben.

› S. 164, Halbgehölze schneiden

Bei ausgesprochenen Frühlingsblühern wie Schleifenblume (*Iberis*) oder Sonnenröschen (*Helianthemum*) warten Sie mit dem Rückschnitt am besten bis nach der Blüte im April/Mai. ✽

Auriga

Mittelgroße, leuchtend orangefarbene, saftige Früchte mit süß-säuerlichem Aroma und fester Haut. Bis 2,5 m hoch werdend. Ernte ab Ende Juli.

Berner Rosen

Ihr Aroma ist eine perfekte Mischung aus Süße und Würze. Die etwa 1,6 m hohe Sorte bewahrt selbst in kühlen Sommern ihr feines Aroma. Die weiche Schale ist sehr dünn.

Black Plum (Schwarze Pflaume)

Ab Juli bis zum Frost reifende, braunrote, ovale, 3–5 cm große, wenig platzempfindliche Tomate mit fruchtig-würzigem Aroma. Über 2,5 m hohe Pflanze, 2–3 triebig.

Green Zebra

Mittelgroße, saftige, grün-gelb gestreifte Tomate mit intensiv fruchtig-würzigem, leicht salzigem Aroma. Ernte ab Ende Juli, sehr ertragreich. Über 2,5 m hoch werdend.

Harzfeuer

Pflegeleichte, 1,8 m hohe Stabtomate für das Freiland. Frühe, rote, runde, mittelgroße, wohlschmeckende Tomate. Keine Hybride, das Original hat keinen Grünkragen.

Johannisbeertomate

Buschige, bis 1 m hohe Pflanze für den Topf. Frühe, sehr reiche und lange anhaltende Ernte. Bildet Hunderte von Miniaturfrüchten mit intensiv süß-würzigem Aroma.

Bulgarische Ochsenherztomate

Rosarote, große, runde bis flachrunde oder herzförmige Tomate mit dünner Schale, wenig Kernen und süß-fruchtigem Aroma. Bis 1,4 m hohe Stabtomate.

Cerise, gelb

Gelbe, 2–3 cm große Cocktailtomate mit langen Rispen. Ernte ab Mitte Juli, Aroma würzig-süß. Wüchsige, über 2 m hoch werdende Stabtomate.

De Berao

Robuste Freilandtomate mit gelben, rosafarbenen, roten und schwarzen, 5–7 cm großen, gleichförmig und ebenmäßig geformten Früchten. Fein-süßer Geschmack.

Rote Ochsenherztomate

Birnen- bis beutelförmige, bis 15 cm große, dunkelrote Fleischtomate, sehr würzig-aromatisch mit feiner Süße. Ernte ab Ende Juli. Bis 2 m hohe Stabtomate.

Roter Pfirsich

Sehr wohlschmeckende, dunkelrote Tomate mit flaumig behaarter, weicher Schale. Geschmack angenehm würzig, süß fruchtig. 2 m hohe Pflanze mit blaugrünem Laub.

Striped Roman

Sehr auffällige, rot-gelb gestreifte bis zu 15 cm lange Flaschentomaten mit fruchtig-süßem Geschmack. Über 2,5 m hoch mit schmalem, in sich gedrehtem Laub.

65

Anbauplanung

Es ist sehr sinnvoll und effektiv, sich einen Anbauplan vom Nutzgartenbereich anzulegen. Wenn Sie das im Winter noch nicht erledigt haben, ist jetzt – vor der Aussaat im Haus – noch Zeit dafür.

Mit einer guten Anbauplanung können Sie selbst in einem kleinen Nutzgarten eine reichhaltige Ernte erwarten. Vor dem Säen und Pflanzen sollten Sie wissen:
→ Was möchte ich anbauen?
→ Wie viel Platz brauche ich dafür?
→ Wie viel Saatgut brauche ich dafür und woher bekomme ich das?
→ Wie lange bleiben die einzelnen Gemüse- und Salatsorten auf dem Beet? Wann kann ich was nachpflanzen?
→ Was verträgt sich mit wem, und was nicht?

Mit eine guten Mischkultur sparen Sie Platz, halten Schädlinge fern und erzielen darüber hinaus noch eine gute Optik.

Saatguteinkauf
Nachdem Sie Ihre Keimtests durchgeführt haben, wissen Sie, welche Sorten Sie neu einkaufen müssen. Kaufen Sie Ihr Biosaatgut bei Züchtern, die ihre Pflanzen in einer langjährigen Biozüchtung entwickelten.

Platzbedarf
Wenn Sie Wurzel- und Blattgemüse gemischt auf ein Beet setzen, dann sparen Sie Platz, weil die eine Gemüsesorte unter dem Boden Platz benötigt, die andere über dem Boden. Hoch wachsende Pflanzen wie Stangenbohnen sollten Sie eher im nördlichen Teil Ihrer Beete ansiedeln, das verringert die Beschattung der anderen Pflanzen.

Mischkultur
Pflanzen Sie Arten nebeneinander, die sich gut vertragen (❯ S. 22, Mischkultur), das fördert das Wachstum und hält in einigen Fällen sogar Schädlinge und Krankheiten fern.

Fruchtfolge
Bei der Fruchtfolge sollten Sie beachten, dass Starkzehrer als erstes nach einer Düngung anzubauen sind, danach die Mittelzehrer und dann die Schwachzehrer. Erbsen und Bohnen produzieren sogar noch Stickstoff. (❯ S. 22, Fruchtfolgen). ✳

 ## Beerenobst schneiden

Wer im letzten Jahr nicht dazu gekommen ist, seine Beerensträucher zu schneiden, der sollte das jetzt tun.

→ Schneiden Sie bei den Himbeeren die abgeernteten Ruten direkt über dem Boden ab. Lassen Sie von den Jungtrieben nur die kräftigsten 1–2 pro Wuchsstelle stehen, und binden Sie sie an.
→ Die leckeren Loganbeeren (zufällige Kreuzung zwischen Him- und Brombeere) brauchen ein Gestell, an dem sie fruchten können, da ihre Triebe bis 5 m lang werden und alleingelassen im Beikraut untergehen. Schlagen Sie dazu mit einem Abstand von 2 m zwei Stangen in die Erde (Höhe 1,5 m) und setzen Sie rechts und links eine Pflanze ein. Verbinden Sie die Stangen oben mit einer Längslatte. Da herum können Sie dann die langen Triebe winden.
→ Rote Johannisbeeren fruchten am zwei- und dreijährigen Holz (❯ S. 221, Glossar). Sie sollten daher nur die ältesten, schwache und herunterhängende Triebe entfernen.
→ Schwarze Johannisbeeren fruchten am einjährigen Holz (❯ S. 219, Glossar), deshalb können Sie alles alte Holz wegschneiden und nur die einjährigen Ruten stehen lassen. Alte Triebe erkennen Sie an der graubraunen Färbung.
→ Stachelbeeren werden lediglich etwas ausgedünnt, d. h. schwache und herunterhängende Triebe abgeschnitten und stark wachsende Seitentriebe eingekürzt. ✳

Obstbäume pfropfen

Sie haben wenig Platz in Ihrem Nutzgarten, möchten aber verschiedene Obstsorten anbauen? Kein Problem. Versuchen Sie es doch einmal mit Pfropfen, d.h., ziehen Sie verschiedene Sorten auf einem Baum.

Rindenpfropfung

Die einfachste Art der Pfropfung ist die Rindenpfropfung mit geradem Schnitt auf dem Pfropfreis.

(1) Pfropfstelle vorbereiten
Die Schnittfläche sollte schräg verlaufen, damit Regen abfließen kann.

(2) Edelreis einsetzen
Die Pfropfstelle ist vorbereitet, das Pfropfreis kann eingesetzt werden.

(2) Pfropfen
Die Pfropfstelle wird mit Bast umwickelt und mit Baumwachs geschützt.

Wer mit dem Pfropfen (Umveredeln) beginnt, sollte es zunächst bei Apfel oder Birne versuchen – da klappt es am besten. Gepfropft wird immer Apfel auf Apfel und Birne auf Birne. Sie können ohne Weiteres Edelreiser (gesunde, einjährige Triebe) verschiedener Sorten auf einen Baum aufpfropfen – am besten Sorten, die nacheinander reifen. Verwenden Sie zum Schnitt der Reiser und Absägen der Pfropfstelle unbedingt sauberes und scharfes Werkzeug!

Edelreiser schneiden

→ Schneiden Sie noch während der Vegetationsruhe im Vorfrühling Edelreiser von der gewünschten Apfel- oder Birnensorte. Sie muss gesund sein und gut getragen haben. Das Edelreis bestimmt die Obstsorte, die der Baum tragen soll.

→ Schneiden Sie die Edelreiser an der Sonnenseite des Baumes, weil sie da schon gut ausgereift sind.

→ Geschnitten wird an frostfreien Tagen, um Quetschverletzungen zu vermeiden.

→ Die Edelreiser sollten 20–25 cm lang sein und 3–5 Augen (> S. 218, Glossar) haben.

→ Bewahren Sie die Edelreiser feucht und kühl auf (am besten in Plastik eingewickelt und beschriftet), bis Sie die Pfropfstelle am Baum vorbereitet haben.

Pfropfstelle vorbereiten

→ Sobald der Saftfluss an dem zu bepfropfenden Apfel- oder Birnbaum beginnt – zu erkennen am Schwellen der Knospen –, sägen Sie einen stärkeren Ast kurz über einem Seitentrieb ab (> Abb. 1). Achten Sie darauf, dass der Pfropf später auch Sonne abbekommt.

→ Machen Sie mit einem scharfen Messer nun von der Sägefläche aus einen Schnitt in die Rinde, und heben Sie diese dann rechts und links von dem Schnitt sacht an. Wenn der Saftfluss eingesetzt hat, löst sich die Rinde sehr leicht.

Pfropfen

→ Schneiden Sie das Edelreis auf der Gegenseite der Knospe längs schräg nach unten an. Dieses angeschnittene Stück schieben Sie mit der Schnittfläche zum Aststumpf unter die angehobene Rinde des Baumes, sodass die Knospe nach außen zeigt (> Abb. 2).

→ Umwickeln Sie nun die Pfropfstelle mit Bast und streichen Sie sie mit Baumwachs ein (> Abb. 3). Es ist ganz wichtig, dass Sie auch die Spitze des eingefügten Edelreises mit Wachs bestreichen, damit die Knospe nicht austrocknet.

→ Nach ungefähr sechs Wochen sollten Sie den Bast abnehmen, damit das Dickenwachstum nicht behindert wird.

→ An der Pfropfstelle bilden sich meist viele neue Triebe. Schneiden Sie diese so bald wie möglich ab, damit die Kraft des Triebes ganz dem Edelreis zur Verfügung steht und es auch ausreichend Licht bekommt. ✳

Frage & Antwort

Um die Reaktionen der Pflanzen im eigenen Garten zu verstehen, ist es wichtig zu wissen, mit was für Temperaturen in welchen Teilen des Gartens zu rechnen ist. Ebenso sollten Sie den Feuchtigkeitsgehalt des Bodens im Blick behalten.

? Wie kann ich das Kleinklima in meinem Garten beeinflussen?

→ Steinhaufen oder auch Mauern speichern Wärme und schaffen Unterschlupf für allerlei Nützlinge.

→ Ein Teich kann frostige Nächte abpuffern und im Sommer durch Verdunstung für Abkühlung sorgen.

→ Durch Bepflanzung von Gartenzäunen oder Hecken können Winde abgehalten werden und auch die Nachtwärme so länger im Garten gehalten werden.

→ Noch kleinere Einheiten können Sie durch Beetumrandungen mit niedrigen Stauden schaffen. Diese können aus Zierpflanzen oder aber auch aus Kräutern wie Schnittlauch oder Lavendel bestehen.

? Der Schnee ist kaum abgetaut, da reden manche schon vom Gießen. Soll bzw. muss ich jetzt schon wässern?

Winter und Vorfrühling sind in den meisten Regionen Deutschlands feuchte, niederschlagsreiche Zeiten, in denen es nur äußerst selten passiert, dass der Boden austrocknet. Allerdings können Stauden leiden, wenn der Boden gefroren ist und den Pflanzen kein Wasser zur Verfügung steht. Wenn zusätzlich noch die Sonne scheint und die grünen Pflanzenteile Wasser verdunsten, kann die Pflanze vertrocknen, allerdings nur, wenn die Wurzeln nicht unter die Frostgrenze im Boden reichen. Sie können das schnelle Durchfrieren des Bodens hinauszögern, wenn Sie den Boden um die Stauden herum mulchen. Wenn Sie die Pflanzen ganz oder teilweise einhüllen, wird die Verdunstung verringert. Manche Gegenden bleiben komplett schneefrei, sodass die Pflanzen verstärkt der Austrocknung ausgesetzt sind.

? Die frostigen Tage gehen jetzt dem Ende zu. Kann ich trotzdem noch Frostkeimer aussäen?

Frostkeimer brauchen nicht unbedingt Frost, aber eine gewisse Zeit kühle Temperaturen. Sie sollten auf jeden Fall die Frostkeimer jetzt im Haus in Töpfe säen. Dies bewirkt eine Quellung der Samen, ohne die die Keimhemmungen nicht aufgehoben werden. Nach 2–3 Tagen können Sie die Töpfe dann ins Freie stellen. Dann müssten die niedrigen Temperaturen, die im Februar und März noch zu erwarten sind ausreichen, um die Keimhemmung aufzuheben.

? Kann ich Anzuchterde auch selbst herstellen, ich habe sehr schönen Kompost im Garten?

Sie können sich Ihre Anzuchterde selbstverständlich mit Ihrem eigenen Kompost herstellen. Er sollte aber mindestens drei Jahre abgelagert sein. Frischer Kompost hat noch zu viele Nährstoffe, die würden die zarten Pflanzenwurzeln verbrennen. Mischen Sie Kompost, Mutterboden und Sand. Das Mischungsverhältnis müssen Sie selbst austesten, da entwickelt jeder Hobbygärtner sein individuelles Erdmischungsrezept. Die Erdmischung sollte auf alle Fälle locker, aber im feuchten Zustand noch knetbar sein.

Für die Anzucht besonders empfindlicher und pilzgefährdeter Arten wie Gurke, Paprika und Tomate sollten Sie eine besonders nährstoffarme Anzuchterde verwenden. Um die Erde möglichst keimfrei zu machen, füllen Sie kleine Mengen in einen Bratschlauch und sterilisieren Sie das Ganze im Backofen etwa eine Stunde lang bei 100 °C.

? Es gibt so viele verschiedene Erden im Angebot. Sind teure Pflanzerden auch die besten?

Nicht immer ist ein hoher Preis eine Garantie für eine optimale Zusammensetzung der Pflanzerde. Qualitätserden besitzen das RAL-Gütezeichen. Die Abkürzung steht für den 1925 gegründeten »Reichs-Ausschuss für Lieferbedingungen«. Dieser steht für eine unabhängige technische Qualitätskontrolle und damit auch für den Verbraucherschutz.

Gute Erde riecht nicht oder angenehm nach Walderde. Sie ist eher braun als schwarz gefärbt und hat eine hohe Strukturstabilität, was für eine optimale Nährstoff-, Wasser- und Luftversorgung steht. Wer sich über die Qualität seiner Pflanzerde im Unklaren ist, sollte einen Kressetest durchführen: Gartenkresse keimt bei guter Erde innerhalb von Tagen und kostet je Packung nur wenige Cent. Dort, wo die Kresse gut gedeiht, können auch die wertvollen Gemüse- oder Zierpflanzen ausgesät werden. Ähnliches gilt auch für Gartenboden oder selbst hergestellte Erden.

? Ich habe gehört, dass man schon im Februar Tomaten und Paprika im Haus vorziehen soll. Warum so früh?

Tomaten und Paprika brauchen sehr lange Zeit, um Früchte zu bilden. Wenn sie vorgezogen werden, kommen Sie schon im Sommer in den Genuss der ersten reifen Früchte. Sollten Sie nur begrenzt Fensterplatz zur Verfügung haben, denken Sie daran: Die Jungpflanzen im Haus müssen in größere Töpfe umgesetzt werden, benötigen also noch mehr Platz.

Tomaten sollten erst im März ausgesät werden, im Februar ist oft noch zu wenig Licht da. Im März sind die Tage länger und das Licht intensiver – die Pflanzen holen den Zeitverlust mit einem gesunden Wachstum schnell auf.

→ Tomaten keimen nach 5–10 Tagen und können nach 3–4 Wochen in Einzeltöpfe pikiert werden.

→ Paprika hat eine längere Keimdauer und keimt erst nach 2–4 Wochen.

→ Auch Sellerie und Lauch haben eine sehr langsame Entwicklung und erreichen bis zur Erntereife oftmals nicht ihre volle Größe. Sie sollten sie daher auch im Haus vorziehen.

? Ich habe seit Kurzem einen Schrebergarten mit einigen Bäumen und Sträuchern. Welche Geräte brauche ich unbedingt?

→ Auf jeden Fall sollten Sie immer ein Taschenmesser griffbereit haben, wenn Sie in den Garten gehen. Es gibt immer etwas abzuschneiden oder einzukürzen.

→ Das wichtigste Gerät des Biogärtners ist auf jeden Fall die Hacke, um das Beikraut zu hacken und den Boden zu lockern.

→ Das zweitwichtigste Gerät ist die Handgrabegabel für Pflanz- und Jätarbeiten.

→ Nicht ganz so wichtig sind Krail oder Rechen, mit denen Sie Mulch, Gründüngung und Pflanzenmaterial von den Beeten ziehen können.

→ Mit einer Grabegabel können Sie recht leicht den Boden tief lockern.

→ Der Sauzahn wird genutzt, um während der Vegetationsperioden den Boden zwischen den Reihen zu lockern.

→ Einen Spaten brauchen Sie, um Grasland urbar zu machen, einen Baum zu pflanzen, die Beete tief zu rigolen oder um einen sehr harten Boden (Ton) im Herbst umzugraben, sodass er durch die Frostgare im Frühjahr überhaupt bearbeitbar wird.

→ Für den Transport von diversem Material (Erde, Pflanzenschnitt, Erntegut) werden Sie eine Schubkarre brauchen.

→ Für das Stutzen der Sträucher und Bäume sind eine gute Gartenschere und eine Baumsäge nötig.

→ Wenn Ihr Garten mit einer Hecke umgeben ist, dann lohnt sich die Anschaffung einer Heckenschere.

Was Sie dann noch alles an Kleinmaterial brauchen, wird die Arbeit in Ihrem Garten zeigen: Bindematerial, Stützstäbe, Gießkanne, Eimer, Schutzvlies, Sprühflaschen für Jauchen, Brühen und Tees.

Erstfrühling

Jetzt blühen Felsenbirne, Buschwindröschen, Scharbockskraut, Schlüsselblumen, Tulpen und Veilchen. Birken und Weiden zeigen ihre ersten grünen Blätter. Frühmorgens ertönt vielfältiges Vogelgezwitscher – die Natur ist erwacht. Der Boden hat sich erwärmt und kann nun bearbeitet werden. Die im Haus vorgezogenen Samen haben gut ausgekeimt und brauchen jetzt besondere Zuwendung. Es gibt viel zu tun!

Beete vorbereiten

Sobald sich der Boden erwärmt hat und etwas abgetrocknet ist, können Sie mit der Vorbereitung der einzelnen Pflanzflächen beginnen.

Beikrautfreie Beete müssen nur leicht gelockert werden. Das geht am besten mit dem Sauzahn, einer Hacke oder einem Pendelhackkrümler. Auf die Flächen, auf die Starkzehrer kommen, sollten Sie Dauerhumus einarbeiten (ca. 20 Liter pro Quadratmeter).

Beikraut auf den Beeten einarbeiten

Flächen, die verunkrautet aus dem Winter kommen, sollten Sie folgendermaßen für die Aussaat vorbereiten:

→ Hacken Sie die Beikräuter ebenerdig ab und legen Sie sie in Längshaufen ab.

→ Heben Sie vor den Längshaufen einen kleinen Graben aus, in den sie dann die Beikrauthaufen schieben und gut festtreten.

→ Darauf kommt eine dünne Lage halbreifer Kompost, der die Kompostierung der Pflanzenmasse initiieren soll.

→ Schaufeln Sie dann die ausgehobene Erde auf das Pflanzenmaterial und treten Sie das Ganze fest.

→ Krümeln Sie nun den Boden rechts und links der angehäuften Reihe etwas – jetzt können Sie hier säen oder pflanzen.

Die sich langsam umsetzende Pflanzenmasse dient nun das ganze Jahr als Dünger.

❯ S. 33, Die wichtigsten Werkzeuge im Biogarten ❊

Die Raupen des Kleinen Fuchs leben ausschließlich von Brennnesselblättern.

Jäten – ein Dauerthema im Garten

Das Jäten als Gartenarbeit wird Sie über alle Jahreszeiten im Garten begleiten. Führen Sie es so gut wie möglich im Frühjahr aus, dann haben Sie im Sommer weniger zu tun und haben mehr Zeit zum Genießen Ihres Gartens.

Das Jäten geht am besten, wenn der Gartenboden feucht, aber nicht nass ist. Die langen Wurzeln von Disteln und Löwenzahn lassen sich jetzt besonders leicht und vollständig aus der Erde ziehen. Im trockenen Boden brechen die Wurzeln leicht ab, und die verbleibenden Teile wuchern munter weiter.

→ Eine Mulchschicht aus dem ersten Rasenschnitt oder aus Häckselgut unterdrückt viel Beikraut und hält den Boden länger feucht.

→ Achten Sie darauf keine Blüten- und Samenstände in den Kompost zu geben. In den haushaltsüblichen Kompostbehältern können sie über Jahre keimfähig bleiben.

Beikräuter – nicht nur unnütz

→ Es gibt sehr viele Beikräuter, die Sie in Ihrer Küche verwerten können. Die zarten jungen Blätter von Brennnessel, Giersch und Vogelmiere schmecken gut in frischen Salaten oder Kräutersoßen.

→ Die Blätter von Brennnesseln oder Beinwell ergeben einen perfekten Dünger für Ihre Gemüsebeete. Solange die Triebe noch nicht blühen, können Sie sie abschneiden und in den Boden in ca. 20 cm Tiefe eingraben.

→ Sie können aber auch aus den Blättern eine Jauche oder Brühe ansetzen, mit der Sie düngen oder Schädlinge fernhalten können.

→ Lassen Sie in einer Ecke Ihres Gartens auf alle Fälle einige Brennnesseln stehen. Sie sind eine beliebte Nahrungspflanze für die Raupen verschiedener Schmetterlinge wie Tagpfauenauge und Kleiner Fuchs.

Und wenn auch einige Disteln aufwachsen dürfen, können Sie vielleicht den farbenprächtigen Distelfink in Ihren Garten locken.

❯ S. 114, Pflanzenschutz mit sanften Mitteln ❊

Pflanzen einsetzen

Gehen Sie beim Pflanzen immer davon aus, den neuen Gartenmitbewohnern ihr Einwachsen so einfach wie möglich zu machen. Mit dieser Vorstellung sind die Arbeitsschritte beim Pflanzen leicht nachzuvollziehen.

Das Pflanzloch vorbereiten

→ Das Pflanzloch sollte mindestens doppelt so breit und tief wie das Wurzelwerk Ihrer neuen Pflanzen sein. Je lockerer der Boden ist, desto leichter können sich die jungen Wurzeln verzweigen und weiterentwickeln.

→ Sand und drei- bis vierjähriger Gartenkompost lockern schwere Böden. Urgesteinsmehl und Kompost verbessern die Wasserhaltefähigkeit bei leichten Böden.

→ Beim Umpflanzen hat es sich bewährt, eine Handvoll zerkleinerter Blätter von Beinwell, Brennnesseln oder Acker-Schachtelhalm in das Pflanzloch zu geben. Die Kieselsäure dieser Blätter sorgt für ein stabileres und robusteres Pflanzenwachstum.

Einpflanzen

→ Containerpflanzen wachsen viel zügiger an, wenn Sie die Ballen mit einer Handhacke lockern und eventuell die unteren Zentimeter abschneiden. Werden die Pflanzen einfach so, wie sie sind, umgesetzt, wachsen sie trotz größeren Wurzelraumes nicht weiter (› Abb. 2).

→ Achten Sie bei wurzelnackten Gehölzen darauf, dass keine Wurzeln abknicken. Abgeknickte Wurzeln können schnell faulen.

→ Halten Sie die Pflanze ins Pflanzloch und füllen Sie nun Erde auf. Durch ein leichtes Schütteln der Pflanze kann sich die Erde besser um die Wurzeln setzen (› Abb.3).

→ Größere Bäume oder Sträucher brauchen einen trichterförmig angelegten Gießrand.

Wässern

→ Tunken Sie Containerpflanzen vor dem Einpflanzen so lange in einem Eimer mit Wasser, bis keine Luftblasen mehr aufsteigen. Die torfhaltigen Pflanzensubstrate trocknen schnell aus und nehmen nur schwer wieder Wasser auf. Nicht selten vertrocknen neu gesetzte Pflanzen mit trockenem Ballen, obwohl sie angegossen wurden (› Abb. 1).

→ Gießen Sie die neu gesetzten Pflanzen auch bei Regenwetter gut an, damit sich Hohlräume im Boden schließen können (› Abb. 4).

Bodenabdeckung

Frisch angelegte Beete können Sie mit einer Mulchschicht aus 5 cm Rinde oder feinem Häckselgut gegen übermäßige Austrocknung bedecken. Die Mulchschicht unterdrückt auch die Keimung unerwünschter Beikräuter. Sie sollte aber nur eine Zwischenlösung sein, bis die Pflanzen von selbst den Boden mit ihrem Laub bedecken. Die Mulchschicht hat sich innerhalb von 2–3 Jahren zur einer millimeterdünnen Humusschicht zersetzt. ❋

Pflanzen – leicht gemacht

(1) Wässern
Wässern Sie den Erdballen vor dem Pflanzen einige Zeit. Er sollte gut durchfeuchtet sein!

(2) Auflockern
Lockern Sie feste und dicht bewurzelte Topfballen im unteren Drittel und an den Seiten gut auf.

(3) Einpflanzen
Lockern Sie den Boden des Pflanzloches gut auf, damit die Pflanze leichter einwurzeln kann.

(4) Gießen
Legen Sie bei großen Pflanzen einen Gießrand an, und füllen Sie ihn randvoll mit Wasser auf.

Stecklingsvermehrung

Der Vorteil der Pflanzenvermehrung durch Stecklinge liegt in der sortenechten Vermehrung, d. h., die Stecklinge haben dieselben Eigenschaften wie die Mutterpflanzen.

Gut über Stecklinge lassen sich jetzt vermehren: Katzenminzen, Herbstastern und Staudenphlox, aber auch zahlreiche Halbsträucher wie Lavendel, Rosmarin, Salbei oder Thymian.
Die Pflanzen sollten 10 bis maximal 30 cm hoch sein und dürfen noch keine Blütenansätze (rundliche Knospen an der Triebspitze) gebildet haben.
Verwenden Sie zum Schneiden der Stecklinge ein scharfes Messer, um eine gute Schnittfläche zu erreichen.

Stecklinge schneiden

→ Schneiden Sie nur von gesunden und gut genährten Pflanzen Stecklinge ab.
→ Wichtig ist, dass der Steckling sich gerade noch biegen lässt, aber nicht zerbricht. Holzige oder zu weiche Pflanzentriebe bewurzeln kaum und faulen schnell.
→ Die Stecklinge sollten 5–8 cm lang sein und schon 2–3 Blattpaare haben. Zu lange Blätter sollten Sie wegen der hohen Verdunstung um die Hälfte einkürzen.
→ Die Schnittfläche sollte glatt und leicht angeschrägt sein. Dadurch ist der Kallus bildende Kambiumteil größer (> Kasten Info). Achten Sie auf scharfes Schnittwerkzeug und führen Sie einen sogenannten ziehenden Schnitt aus. Die Schnittkante des Messers

zieht sich dabei von außen nach innen. Nach einigen Versuchen geht diese Bewegung wie von selbst.
→ Schneiden Sie mehr Stecklinge als nötig, denn es bewurzeln nicht immer alle. Die Anwachsquote liegt bei 50–80 %.

Stecklinge einsetzen

→ Stecken Sie die geschnittenen Stecklinge möglichst 0,5–1 cm tief gleich nach dem Schnitt in kleine Töpfe mit nährstoffarmer Aussaaterde. Statt Aussaaterde können Sie auch normale Blumenerde zur Hälfte mit Sand mischen.
→ Zur Kontrolle können Sie vorsichtig an den Stecklingen ziehen. Sie sollten dabei einen leichten Widerstand merken. Dann

Nur gut geschnittene und vorbehandelte Stecklinge wachsen auch gut an. Sie können das dann am neuen Blattaustrieb erkennen.

sitzt die Pflanze richtig. Locker sitzende Stecklinge haben keinen direkten Erdkontakt und können nicht (gut) anwurzeln.
→ Drücken Sie dann die Erde drum herum gut fest, und gießen Sie die Stecklinge an.
→ Eine dünne Sandschicht als oberste Lage schützt die Erde vor dem Vermoosen.
→ Die Stecklinge brauchen nun einen windgeschützten Standort – am besten im Frühbeetkasten oder Kleingewächshaus.
→ Decken Sie die Töpfchen die ersten Tage mit einer feuchten Zeitungsseite ab oder stülpen Sie durchsichtige Plastiktüten über die Töpfe – ohne Wurzeln verdunsten die Stecklinge viel Wasser.
→ Kontrollieren Sie Ihre Stecklingsplatten regelmäßig auf die richtige Feuchtigkeit. Die Erde sollte feucht, aber keinesfalls tropfnass sein. ✳

INFO

Das **Kambium** befindet sich dicht unter der Rinde von Stielen und Wurzeln. Es sorgt für den Wasser- und Nährstofftransport der Pflanzen. Hier werden auch die meisten Bewurzelungshormone gebildet.

Kallus ist ein dickes, cremeweißes Gewebe, das die Vorstufe zu den neuen Wurzeln bildet. Es wird an der Schnittfläche am Kambium gebildet.

Wege im Garten anlegen und pflegen

Wege im Garten sind nützlich, um trockenen Fußes an die Gemüsebeete oder Zierpflanzenrabatten zu kommen, um gut mit der Schubkarre Material transportieren und den Kompostkasten füllen zu können.

Der Vorteil von Wegen

Genauso wichtig wie die Gartenaufteilung ist die Frage, mit welchen Mitteln diese Bereiche begehbar sind und eventuell sinnvoll voneinander abgegrenzt werden. Vor allem pflegeintensive Beete sollten von allen Seiten gut zugänglich sein. Hauptwege sollten mit einem Schubkarren befahrbar und damit mindestens 60–100 cm, Nebenwege mindestens 40–60 cm breit sein.

→ Im Ziergarten sind fest installierte Wege sinnvoll, da die Gestaltung dieses Gartenbereiches über Jahre die gleiche Struktur hat.

→ Im Nutzgarten haben fest installierte Wege den Vorteil, dass dann die Beete nicht mehr begangen werden und dadurch nicht verfestigen. Diese Wege nehmen allerdings auch Platz in Anspruch, und die Planung der Bepflanzung wird etwas schwerer, denn einige Kulturen wie Erdbeeren und Kartoffeln benötigen große Flächen. Einfacher ist es in diesem Falle, die gesamte Nutzgartenfläche jedes Jahr neu aufzuteilen und zu verteilen. Bei Jät- und anderen Arbeiten in der Reihe können Sie ein Brett zwischen die Reihen legen, um die Verfestigung zu minimieren.

Um alle Bereiche des Gartens jederzeit problemlos erreichen zu können, sind gut begehbare Wege unerlässlich.

Wegmaterial

→ Fest installierte Wege können Sie auf billigste und nachhaltigste Art und Weise mit langsam verrottendem Material wie Holzhäcksel oder Rindenmulch belegen.

→ Sie können auch Rasen stehen lassen. Dieser sollte allerdings kurz gehalten werden, damit sich dort keine Schnecken aufhalten möchten.

→ Wenn Sie Bretter auf die Wege legen, verfestigt sich der Boden dort nicht so stark und Beikraut wird unterdrückt. Zudem verkriechen sich Schnecken unter den Brettern und können gut abgesammelt werden.
Vorsicht: Im Morgentau oder nach Regenschauern können solche Bretter rutschig werden, allerdings nicht so rutschig wie festgetretener nasser Lehmboden!

→ Raue Oberflächen von Platten oder Brettern sind bei Nässe griffiger als glatte.

Pflege der Wege

Je nach Belag entstehen folgende Pflegearbeiten an den Wegen:

→ Beginnen Sie frühzeitig mit dem Jäten – auch zwischen den Plattenfugen.

→ Entfernen Sie Algenbelag oder Moos von Platten, Brettern und Steinen.

→ Füllen Sie zusammengesacktes oder zersetztes Häckselgut auf.

→ Überprüfen Sie die Wegplatten auf ihre Trittsicherheit, damit sie nicht zur Stolperfalle werden. Wackelige Platten müssen angehoben und der Untergrund begradigt werden.

→ Suchen Sie so oft wie Ihnen möglich Steinfugen, Mulchwege und Bretter – das sind bevorzugte Plätze – nach Schneckeneiern ab. ❈

Aussaat ein- und zweijähriger Sommerblumen

Jetzt können Sie schon an einem geschützten Platz im Freiland die zahlreichen ein- und zweijährigen Sommerblumen aussäen.

→ Achten Sie beim Einkauf von Sommerblumen der Insekten zuliebe auf Pflanzen mit ungefüllten Blüten.

→ Wählen Sie für die Aussaat Ihrer Sommerblüher ein freies Beet in möglichst sonniger und Wind geschützter Lage.

Einjährige Sommerblumen

Deutscher Name	Botanischer Name
Bartnelke	Dianthus barbatus
Bechermalve	Lavatera trimestris
Duft-Steinrich	Lobularia maritima
Duft-Wicke	Lathyrus odoratus
Fuchsschwanz	Amaranthus caudatus
Gold-Kosmee	Cosmos sulphureus
Kapuzinerkresse	Tropaeolum majus
Levkoje	Matthiola incana
Löwenmäulchen	Antirrhinum majus
Maßliebchen	Bellis perennis
Ringelblume	Calendula officinalis
Schmuckkörbchen	Cosmos bipinnatus
Sonnenblume	Helianthus annuus
Spinnenblume	Cleome spinosa
Studentenblume	Tagetes erecta
Vergissmeinnicht	Myosotis sylvatica
Zier-Tabak	Nicotiana × sanderae
Zinnie	Zinnia elegans

→ Lockern Sie den Boden auf und feuchten Sie ihn vor der Aussaat gut an.

→ Große Samenkörner wie die von Platterbsen, Sonnenblumen und Wicken keimen besser und schneller, wenn sie für ein paar Stunden im Wasserbad vorquellen können.

→ Schnittblumen säen Sie am besten in Reihen (Reihenabstand 10–20 cm) aus. Da nicht jedes Korn aufgeht, ist es besser, etwas dichter zu säen und später auszudünnen.

→ Blumenmischungen säen Sie am besten breitwürfig aus. Auf den Saatgutpäckchen stehen gewöhnlich die Flächenangaben.

→ Schneckensicherer ist es, wenn Sie die Blumen zunächst in Aussaatschalen säen und erst nach ein paar Wochen verpflanzen, wenn sie schon eine gewisse Größe erreicht haben. Bis zum Keimen sind die Schalen gut im Frühbeet untergebracht. Etikettieren Sie die verschiedenen Aussaatgefäße mit Datum und Sortenname.

→ Dunkelkeimer sollten Sie samenkorndick mit Erde bedecken, Lichtkeimer werden nicht abgedeckt. Ob es sich um Dunkel- oder Lichtkeimer handelt, ist auf der Samentüte vermerkt.

→ Sehr feines Saatgut können Sie mit Quarzsand mischen und mit dem Salzstreuer ausbringen. Das garantiert ein gleichmäßiges Aussaatergebnis.

❯ S. 178, Einjährige Sommerblumen abräumen ✿

 ## Düngen

Falls der Vorfrühling zu kühl war, können Sie das Düngen jetzt nachholen.

Für die Düngung ist entscheidend, ob es sich bei den Pflanzen um Starkzehrer (Prachtstauden) oder Schwachzehrer (Wildpflanzen) handelt. Wichtig ist außerdem, welchen pH-Wert die Pflanzenarten bevorzugen. Dementsprechend kann der Boden mit sauer wirkenden Düngern für Rhododendrongewächse oder mit einer Extraportion Kalk für Kalk liebende Arten wie Staudenpfingstrosen aufgewertet werden.

Wildpflanzen brauchen viel weniger Dünger. Oft muss der Boden für ihr Gedeihen mit Sand abgemagert werden.

❯ S. 25, Der pH-Wert des Bodens

Dünge- und Bodenverbesserungsmittel

Generell ist eine organische Düngung mit Kompost, Hornspänen oder aufgearbeiteten Ernterückständen (z. B. Maltaflor) für Pflanzen und Umwelt verträglicher.

→ Bei stark ausgemergelten Böden ist die Zugabe von Bodenorganismen sinnvoll. Fachgeschäfte führen inzwischen eine gute Auswahl an Bodenverbesserungsmitteln.

→ Brachliegende Beete sollten bis zu ihrer Nutzung immer mit einer dünnen Schicht aus Mulch, Stroh, Rasenschnitt oder Gründüngungspflanzen bedeckt sein. Die Erde darunter bleibt länger feucht, feinkrümeliger und gesünder. ✿

Einkauf von Pflanzen

 ## Erste Schädlinge bekämpfen

Der lange Winter hat uns hungrig auf frisches Grün gemacht. In lokalen Staudengärtnereien und Baumschulen finden Sie Pflanzen, die an Ihre Region angepasst sind.

Informieren Sie sich bereits vor dem Einkauf über die Standortansprüche der gewünschten Pflanzen und schildern Sie dem Pflanzenberater den späteren Platz in Ihrem Garten. Meistens haben Verkaufsgärtnereien ihre Pflanzen schon nach den entsprechenden Standorten wie Steingarten, Heidegarten, sonniger oder schattiger Standort sortiert. Nehmen Sie sich bei der Auswahl ausreichend Zeit, die angebotenen Pflanzen nach folgenden Punkten zu begutachten:

→ Achten Sie auf eine gute Bewurzelung des Topfballens. Die Wurzeln sollten die Erde komplett halten, dürfen aber nicht dicht verfilzt sein. Das deutet darauf hin, dass die Pflanze schon zu lange im Topf stand.

→ Achten Sie auf gesunde, schädlingsfreie Pflanzen. Blattflecken deuten oft auf Pilzkrankheiten hin. Solche Pflanzen sollten Sie am besten stehen lassen.

→ Gute Stauden stehen in einem mindestens 9 cm großen Topf und haben 3–5 deutlich erkennbare Knospen oder Triebe. Ähnliches gilt auch für Rosen und andere Gehölze.

→ Polsterstauden wie Gänsekresse, Grasnelken oder Krustensteinbrech sollten den Topf ausfüllen.

› S. 44, Die richtige Sortenwahl ✽

Mit dem pflanzlichen Wachstum treten auch die ersten Schädlinge im Garten auf. Dazu gehört der Dickmaulrüssler. Er und seine Larven machen sich über die verschiedensten Pflanzen her – über und unter der Erde.

Typische Anzeichen für das Auftreten des Dickmaulrüsslers sind buchtenförmige Fraßspuren an hartlaubigen Pflanzen wie Bergenien, Liguster, Elfenblumen und Rhododendron. Den dämmerungs- und nachtaktiven Käfer werden Sie selten sehen (› S. 166, Dickmaulrüssler bekämpfen).

Während der 10–12 mm große schwarzgraue Schadkäfer durch seine Fraßaktivität den Pflanzen eher optische Einbußen zufügt, sind seine 5–10 mm großen, cremeweißen Larven mit dem braunen Kopf weitaus schädlicher. In ihrer Entwicklungszeit von Frühjahr bis zum Herbst fressen sie an den Pflanzenwurzeln knapp unter der Bodenoberfläche. Die

Im Frühjahr fressen vor allem die Larven des Dickmaulrüsslers an den Pflanzenwurzeln und richten gehörigen Schaden an.

Wasser- und Nährstoffzufuhr der Pflanze wird dadurch unterbrochen, und das Laub beginnt zu welken. Pflanzenpolster von Fetthenne (*Sedum*), Schattenglöcken (*Heuchera*), Schaumblüte (*Tiarella*) oder Waldsteinie (*Waldsteinia*) können ohne Widerstand vom Boden abgehoben werden.

Geschwächte Pflanzen oder Pflanzen, die zu wenig Wurzelraum zur Verfügung haben, werden bevorzugt befallen. Oft ist dies bei vielen Kübelpflanzen der Fall.

Biologische Bekämpfung mit Nematoden

Die Larven des Dickmaulrüsslers können Sie am wirkungsvollsten mit parasitären Nematoden (im Fachhandel erhältlich) bekämpfen. Diese nur wenige Mikrometer kleinen Nützlinge werden in Gesteinsmehl geliefert, ins Gießwasser eingerührt und in den Wurzelbereich befallener Pflanzen gegossen.

→ Voraussetzung für eine gute Wirkung sind Bodentemperaturen über 10 °C und eine ausreichende Bodenfeuchte.

→ Gießen Sie die Nützlinge nur bei bedecktem Wetter oder abends aus, damit die kleinen Tierchen nicht vertrocknen.

→ Lassen Sie den Boden in der Folgezeit nicht austrocknen!

› S. 39, Käufliche Nützlinge einsetzen ✽

Gießen zur Austriebszeit

Wind und Sonne entziehen dem Boden Feuchtigkeit. Damit die Pflanzen ihr Laub kräftig entwickeln können, brauchen sie gerade in ihrer fortgeschrittenen Austriebszeit viel Wasser.

Sind die Monate März und April zu trocken, dann quälen sich die meisten Pflanzen den ganzen Sommer über mit verringertem Wachstum und einer erhöhten Schädlingsanfälligkeit herum. Bei akutem Wassermangel entwickeln sogar die Zwiebelpflanzen wie Hyazinthen, Osterglocken oder Narzissen ihre Blütenknospen nicht mehr weiter.
→ Wässern Sie daher Ihre Zierpflanzen und -gehölze im Frühjahr alle 2–3 Tage. Gießen Sie in den Wurzelbereich, dann geht kaum Wasser durch Verdunstung verloren und dringt direkt in den Wurzelbereich vor.
→ Achten Sie darauf, dass der Boden nach dem Wässern mindestens 10 cm tief – lieber noch mehr – durchfeuchtet ist. Die meisten Pflanzenwurzeln sind in 10–40 cm Tiefe.

→ Schützen Sie den Boden mit frischem Rasenschnitt oder anderem Mulchmaterial gegen starke Austrocknung.

Wassermangel an Gehölzen
An Gehölzen wirkt sich Wassermangel im Frühjahr besonders drastisch aus: Die Pflanzen reagieren mit kleinerem Laub und locken viele Blattläuse an, die die frischen Blätter mit klebrigem Honigtau überziehen. Bei drastischem Wassermangel vertrocknen die Knospen oder die jungen, noch nicht entfalteten Blätter. In Folge treten allgemeine Nährstoffmangelerscheinungen und Kümmerwuchs auf, von denen sich das Gehölz nur schwer erholt.
❯ S. 35, Richtig gießen ❇

TIPP!
Regenwasser statt Leitungswasser
Es ist vollkommen klar, dass Sie vor allem zur Austriebszeit im Frühjahr reichlich gießen müssen, damit die Pflanzen einen guten Start ins Gartenjahr bekommen. Trotzdem sollten Sie sorgsam mit dem kostbaren Gut Wasser umgehen.
→ Zum Gießen sollten Sie lieber aufgefangenes Regenwasser als Wasser aus der Leitung verwenden. Leitungswasser ist teuer aufbereitetes Trinkwasser und zum Gießen viel zu schade.
→ Aufgefangenes Regenwasser ist weicher als Leitungswasser und meist auch gut temperiert.
→ Leiten Sie nach langer Trockenheit den ersten Regenguss vom Dach noch nicht in Ihr Regenfass. Das Wasser enthält meist eine Menge Schadstoffe, die sich im Laufe der Zeit auf dem Dach angesammelt haben.

❀ Pflanzen

Ihr Boden fühlt sich handwarm an? Dann können Sie jetzt mit dem Pflanzen beginnen.

→ Kaufen Sie erst dann Pflanzen ein, wenn Sie die vorgesehene Pflanzfläche schon vorbereitet haben (❯ S. 72, Beete vorbereiten). Die neu erworbenen Pflanzen sollten nicht übermäßig lang im Topf bleiben. Ihre Topfballen sollten noch nicht komplett mit dichtem Wurzelwerk ausgefüllt sein, sondern zu etwa 10–20 % aus undurchwurzelter Erde bestehen – ein Zeichen für frische Jungpflanzen!
→ Vorgetriebene Pflanzen sind frostempfindlicher. Mit einer leichten Abdeckung aus Vlies oder dünnem Stoff können Sie sie vor Spätfrösten schützen. Besser ist es allerdings, Sie kaufen empfindliche Pflanzen erst, wenn kein starker Frost mehr zu erwarten ist.
→ Typische Freilandstauden und Gehölze können Sie schon jetzt pflanzen. Für wurzelnackte Gehölze und Rosen wird es auch schon höchste Zeit. Sie stehen kurz vor ihrem Laubaustrieb, und die Wurzeln sollten unbedingt in den Boden.
→ Denken Sie daran, das sich die meisten Pflanzen noch weiterentwickeln, in die Höhe und die Breite wachsen. Pflanzen Sie daher nicht zu dicht! Schnell werden Ihre Beete zu voll, und die Blumen nehmen sich gegenseitig Luft und Licht weg. Sollten später dennoch Lücken im Beet sein, dann füllen Sie diese einfach mit ein- und zweijährigen Sommerblumen aus. ❇

Sommerblumen pikieren

Drei bis vier Wochen nach der Aussaat haben die Sämlinge Ihrer Sommerblumenaussaat ihre ersten Laubblätter gebildet und stehen nun dicht an dicht. Zu dicht, um sich weiterentwickeln zu können. Jetzt ist es Zeit, die Pflänzchen in einzelne Töpfe umzusetzen.

Nach dem Vereinzeln und Umsetzen der Sämlinge (dem sogenannten Pikieren) sind die jungen Saugwurzeln der Pflanzen gestört und können erst einmal kein Wasser und keine Nährstoffe aufnehmen. Es lohnt sich daher, wenn Sie einige Tage vor dem Umsetzen die Pflanzen mit einer schwachen Flüssigdüngung versorgen. Verwenden Sie dazu eine 1–2 %ige Düngelösung. Was für die

Nährstoffe gilt, das gilt erst recht für den Wasserhaushalt. Wässern Sie einen Tag vor dem Pikieren nochmals gut.

→ Bereiten Sie vor dem Verpflanzen der Sämlinge schon die Töpfe vor, in die sie umgesetzt werden sollen. Füllen Sie die Töpfe mit Erde und gießen Sie diese gut an. Die Erde ist nach einer halben Stunde normalerweise so gut abgetrocknet, dass Sie die zu

vereinzelnden Sämlinge nun problemlos einsetzen können.

→ Sie können die Sämlinge vorsichtig aus ihren Aussaatgefäßen herausziehen. Oftmals brechen die zarten Triebe oder die Würzelchen bei dieser Aktion aber ab. Besser, Sie verwenden einen Pikierstab, mit dem Sie die Sämlinge aus der Erde »hebeln« (> Abb. 1).

→ Die Wurzeln sollten nicht länger als der neue Topf sein. Ist dies der Fall, dann sollten Sie sie vorsichtig einkürzen.

→ Drücken Sie in die mit Erde gefüllten Töpfe mit dem Pikierholz ein Loch, setzen Sie die Pflanzen ein und drücken Sie dann von der Seite Erde an (> Abb. 2).

→ Danach die Pflanzen angießen. ✻

Sämlinge vereinzeln

(1) Ausheben
Hebeln Sie die Pflänzchen vorsichtig mit einem Pikierstab oder Löffelstiel aus der Erde.

(2) Einpflanzen
Setzen Sie den Sämling so ein, dass er gerade nach oben, die Wurzel gerade nach unten zeigt.

Stauden pflegen

Im April und Mai ist noch Zeit, Stauden zurückzuschneiden und schon Zeit, die ersten hoch wachsenden Stauden zu stützen.

Stauden zurückschneiden

Für den Rückschnitt alter Staudenstängel oder Gräserbüschel ist es Anfang April – zur Hauptblütezeit von den frühen Narzissensorten – auch noch nicht zu spät, doch die Arbeit ist durch das fortgeschrittene Wachstum der Pflanzen nun schon etwas umständlicher. Erst gegen Ende des Erstfrühlings ist das ganze Ausmaß der Winterschäden ersichtlich. Haben Pflanzen immer noch graubraune Triebspitzen, werden diese bis zum gesunden, noch grünen Holz zurückgeschnitten. > S. 63, Stauden zurückschneiden

Stauden stützen

→ Buschig wachsende Stauden wie Pfingstrosen können Sie mit einem großzügigen Metallring locker stützen. So sehen die Pflanzen sehr natürlich aus. Alternativ können Sie auch Stützen aus rund gebogenen, trocken abgelagerten Haselnusstrieben verwenden.

→ Einzelne Blütenstängel wie die des Rittersporns stützen Sie mit einem einzelnen Stab ab. Als Bindematerial eignen sich am besten dünner, mit Pappe umwickelter Draht oder Bast. Scharfkantige Kunststoffe können die Stängel oftmals verletzen. ✻

79

Antalya dan

Milde Peperoni Schärfe 0
15–20 cm lange, rote, süß-würzige Peperoni.
100–150 cm hoch, gut freilandtauglich, ab
August reich tragend.

Apfelpaprika

Würzige Paprika Schärfe 1–2
3–7 cm große, grüngelbe bis orangefarbene,
dickwandige Paprika. Robuste, Freiland taug-
liche, 30–60 cm hohe Pflanze.

Bolivian Rainbow

Zierchili Schärfe 6–7
23 cm große, orangefarbene, violette oder
rote, breit-keilförmige Früchte. Kompakte,
30–50 cm hohe Pflanze. Freilandgeeignet.

Habanero

Chili Schärfe 10
Rote oder gelbe Schoten, trotz der Schärfe
etwas süßes Aroma. Ernte ab Ende August.
Pflanze 60–120 cm hoch. Topfhaltung.

Pequin Miniature

Chili Schärfe 8–10
Kaum 2 cm lange, keilförmige Frucht mit sehr
würzigem Aroma. 30–50 cm hohe Pflanze
mit reichem Fruchtansatz.

Sweet Black Hungariann

Spitzer Blockpaprika Schärfe 0
Früh reifender, schwarzer, spitzer bis herzför-
miger Paprika. Ernte ab August. Freilandtauglich. 40–50 cm hoch.

Bujan

Blockpaprika Schärfe 0
Rote, dickwandige, saftig süße Paprika. Ernte ab August bis Spätherbst; ertragreich. 40–50 cm hoch. Am besten Topfhaltung.

Cayenne

Scharfe Peperoni Schärfe 5–8
5–20 cm lange, schmale Schoten in Gelb, Orange und Rot. Wuchshöhe je nach Sorte 40–150 cm. Ernte schon ab Ende Juli.

Ferenc Tender

Spitzpaprika Schärfe 0
Ertragreiche Freilandpaprika mit gelborange-roten, keilförmigen, 5–10 cm langen Früchten. Dickfleischig, fruchtig-würzig.

Sweet Chocolate

Länglicher Blockpaprika Schärfe 0
Schokofarbene, blockige oder spitze Früchte. Saftig, dickwandig und süß-fruchtig. Sehr früher und reicher Ertrag. Freilandtauglich.

Tomatenpaprika

Gemüsepaprika Schärfe 0
Plattrunde, rote, dickwandige, süß-würzige Früchte. Mittelfrühe Sorte, Ernte ab August. Freilandtauglich.

Ungarischer Glockenpaprika

Glockenpaprika Schärfe 2–7
Grüne bis rote, glockige Früchte. Ernte ab Ende August. 120–180 cm hoch. Freilandtauglich.

81

Antreiben

Im Frühjahr sehnt sich der Mensch nach frischem Grün auf dem Teller. Treiben Sie dazu Schösslinge an.

Sehr lecker schmecken junge, getriebene Stängel von Rhabarber und Meerkohl (*Crambe maritima*) – eine alte kultivierte Wildpflanze unserer Breiten. Sie können mit dem Antreiben schon im März beginnen.

Antreiben von Meerkohl und Rhabarber

→ Füllen Sie einen großen Topf (10–20 l) aus Steingut oder Plastik locker mit Stroh und stülpen Sie diesen dann umgedreht über die Wurzelstöcke von Meerkohl und/oder Rhabarber.

→ Töpfe aus Plastik sollten Sie mit einem Stein beschweren, damit sie nicht beim nächsten Windstoß davonfliegen.

→ Nach 2–3 Wochen haben sich die ersten Triebe gebildet. Schneiden Sie einige davon bodennah ab und verwenden Sie sie als Salat oder kurz gedünstet.

Eine andere Art der Treiberei besteht darin, eine durchsichtige Haube (aus Glas und Plastik im Handel) auf bestimmte, im Freien überwinterte Wurzeln zu stellen. Unter diesen Hauben erhöht sich die Temperatur, und die Wurzeln bilden früher als normal ihre neuen Triebe. Diese Methode bietet sich an für Haferwurz, Schwarzwurzel, Süßdolde oder Wurzelpetersilie, sofern einige Exemplare den Winter überlebt haben. ❋

 ## Aussaat im Freien

Wenn sich der Winter mit Dauerfrost verabschiedet hat und der Boden einigermaßen erwärmt und abgetrocknet ist, können Sie in wärmeren Regionen schon die ersten Nutzpflanzen im Freien aussäen.

→ Vom Kohl ist der **Kohlrabi** der kälteverträglichste. Er kann schon Anfang April unter Schutz gesät werden; ab Mitte April können Sie Kohlrabi dann schon direkt ins Freiland säen.

→ Auch die **Palerbsen** können tiefe Temperaturen vertragen. Anfang April ist ihre Zeit.

→ Im Haus vorgezogenen **Porree** können Sie nach dem Keimen ins Freie stellen, niedrige Temperaturen lassen ihn lediglich langsamer wachsen.

→ Als Erstes kann die **Puffbohne** in die

Der Folientunnel ist ein richtiges Mini-Gewächshaus mit feuchtwarmem Klima.

Erde. Sie liebt kühle Temperaturen und ist die kältetoleranteste Bohnen-Art.

→ **Radieschen** werden in Abständen von einer Woche von Ende März bis Ende April ins Freiland gesät.

→ **Rüben** wie Mairübe, Möhre sowie Bete und Pastinake können Sie Anfang bis Mitte April aussäen.

→ **Sellerie** könnte schon Ende März ins Frühbeet oder unter Folie gestellt werden, das Problem ist allerdings, dass die Wahrscheinlichkeit des Schossens vor der Rübenbildung steigt, wenn die Pflänzchen Frost abbekommen.

→ Auch **Salat** keimt lieber bei kühlen Temperaturen. Sie können viele Sorten schon Ende März unter Schutz säen.

→ Mitte April ist die Zeit für die meisten **Würzkräuter** wie Schnittlauch Petersilie, auch Wurzelpetersilie, Schabziegerklee, Bockshornklee und Koriander.

Schutz unter Folie und Vlies

Alles, was jetzt schon im Freien gesät oder gepflanzt wird, sollten Sie bei stärkeren Frösten mit Lochfolie oder Abdeckvlies aus dem Gartenfachhandel schützen. Auch wenn die Samen und Pflanzen kalte Temperaturen vertragen, können sie mit Schutz doch besser gedeihen und sind eher zu nutzen. ❋

Beerenobst vermehren

Es gibt verschiedene Methoden, Beerensträucher zu vermehren – über Absenker, Steckhölzer oder Stecklinge.

Vermehrung durch Absenker

Brombeeren, Himbeeren, Johannisbeeren und Stachelbeeren lassen sich leicht durch Absenker vermehren.

Die einfachste Methode wäre es, einen Trieb auf den Boden zu biegen, Erde darüber zu häufeln und mit einem Stein oder Drahtklammern (› Abb.) so zu beschweren, dass er am Boden liegen bleibt. Die Stelle, die in die Erde kommt, muss unbedingt Augen (› S. 218, Glossar) haben – aus ihnen entwickeln sich dann Wurzeln und neue Triebe. Wenn das geschehen ist, können Sie den Absenker von der Mutterpflanze abschneiden.

Wenn Sie eine Pflanze haben wollen, die Sie dann überall im Garten auspflanzen können, sollten Sie diese gleich im Topf heranziehen. Das geht folgendermaßen:

→ Biegen Sie vorsichtig einen bodennahen Trieb, den sogenannten Absenker, des Beerenstrauches herunter und binden Sie eine Schnur daran fest.

→ Ziehen Sie die Schnur von oben durch das Bodenloch eines größeren Tontopfes oder einer Schale – die auf dem Boden unter dem Strauch steht –, sodass der Trieb in die Schale hineingezogen wird. Vorsichtig ziehen, damit der Trieb nicht beschädigt wird.

→ Befestigen Sie die Schnur mittels eines kleinen Holzstabes nun quer unter der Scha-

le, damit der Trieb in der Schale bleibt, und füllen Sie dann die Schale mit Erde auf.

→ Die Schale mit dem Trieb bleibt bis zum nächsten Jahr unter dem Busch stehen.

→ Achten Sie darauf, dass genügend Licht an den Absenker gelangt (evtl. darüberstehende Äste beschneiden).

→ Halten Sie die Erde in der Schale stets gut feucht.

→ Wenn sich neue Austriebe zeigen, dann ist der Absenker bewurzelt, und Sie können ihn von der Mutterpflanze trennen. Ein starker Anreiz zur Wurzelbildung wird erzeugt, wenn die Rinde des Triebes angeritzt wird.

Vermehrung durch Stecklinge

Von Stachelbeeren und Johannisbeeren können Sie jetzt Stecklinge schneiden, die dann in die Erde gesteckt, schnell bewurzeln.

→ Von vorjährigen Trieben werden kräftige, noch nicht verholzte Triebe in einer Länge von 10 cm geschnitten. Sind die Triebe länger, können sie auch ohne Weiteres noch einmal halbiert werden.

→ Knipsen Sie von zwei Dritteln des Triebes die unteren Blättchen oder Knospen ab und stecken Sie dann die Triebe in dieser Länge an Ort und Stelle, wo sie stehen sollen, in die Erde.

→ Wenn die Stelle noch nicht frei ist oder Sie den Platz noch nicht bestimmt haben, kön-

nen Sie die Stecklinge auch in einen Topf mit Erde stecken, darin bewurzeln lassen und dann im Herbst auspflanzen.

Vermehrung durch Steckhölzer

Die Vermehrung durch das Schneiden von Steckhölzern wird in der Regel im Spätherbst oder an frostfreien Wintertagen vorgenommen (› S. 195, Steckhölzer schneiden).

Leicht durch Steckhölzer vermehren lassen sich Johannisbeeren, Jostabeeren und Stachelbeeren. Die Johannisbeere 'Heinmanns Späte' vermehren Sie besser mit Absenkern, da sie schlecht bewurzelt. ✱

Sie können den Absenker statt mit einem Stein auch mit Drahtklammern am Boden befestigen.

Gurken vorziehen

Nun werden auch Gurken, Melonen und Kürbisse ausgesät. Sie brauchen bis zur Auspflanzgröße nur etwa drei Wochen.

Ende April werden Gurken, Kürbisse und Melonen gesät, sofern Sie noch einen Platz am Fensterbrett frei haben. Sie lieben die Wärme und sollten auf jeden Fall im Haus angezogen werden. Wenn die Fensterbretter mit Auberginen, Paprika und Tomaten belegt sind, müssen Sie mit der Aussaat noch etwas warten. Gurken und Melonen sollten Sie aber spätestens Mitte April aussäen, damit Sie bis Mitte Mai für die Pflanzung im Freiland möglichst starke Pflanzen vorgezogen haben.

→ Besorgen Sie sich aus dem nächsten Baumarkt zwei Anzuchtplatten für das Fensterbrett mit Platz für 20–40 Töpfchen.
→ Füllen Sie die Platten mit Anzuchterde, gießen Sie die Erde gut an und drücken Sie dann die Samen hinein. Je Topf drei Gurken- oder Melonensamen oder ein Kürbissame.
→ Wenn die Keime erscheinen, sollten Sie bei Gurken und Melonen den schwächeren Trieb aus dem Topf ziehen.
→ Sobald das erste echte Blatt die Größe einer 2-Euro-Münze hat, wird in größere Töpfe umgetopft.
→ Im Freiland können Sie Gurken und Kürbisse erst nach den Eisheiligen, also Mitte Mai, aussäen – Melonen können sogar erst Ende Mai ins Freiland. ✳

 ## Kräuter teilen

Im Nutzgarten können Sie nun die frisch ausgetriebenen Stauden teilen – sei es, um sie zu verjüngen oder aber um sie zu vermehren.

Einjährige Kräuter können Sie aus Samen – vielleicht sogar aus selbst abgenommenem im Herbst – nachziehen (❯ S. 171, Samen ernten). Das ist preiswerter, als neue Pflanzen zu kaufen.

Mehrjährige, krautig wachsende Kräuter können Sie zur Vermehrung einfach teilen und aus den Teilstücken neue Pflanzen heranziehen. Die beste Zeit zum Teilen ist das Frühjahr oder der Herbst. Geteilt werden die Stauden, wenn die Austriebe 5–10 cm lang sind. Der Boden sollte weder völlig durchgeweicht noch ganz trocken sein, damit der Spaten leicht in das Erdreich geht.

→ Graben Sie die zu teilende Pflanze großzügig aus und klopfen Sie das anhängende

Kräftig austreibende Schnittlauchstauden können Sie schon im April teilen.

Erdreich ab. Wenn der Boden relativ feucht und schwer ist, sollten Sie den Wurzelballen am besten auswaschen, um zu sehen, wie sich der Horst am besten ohne Schaden teilen lässt.

→ Fassen Sie jetzt je Hand etwa 2–5 Stiele zusammen und ziehen Sie die Horste vorsichtig von oben nach unten auseinander.
→ Von den gut handballengroßen Teilstücken werden die Wurzeln bis auf 10 cm gekürzt. Zu lange Wurzeln können beim späteren Einpflanzen leicht knicken, und das kann zu Fäulnis führen.
→ Kürzen Sie die oberirdischen Teile auf 5 cm ein, damit sie nicht zu viel Wasser verdunsten.
→ Setzen Sie nun die Teilstücke an den vorgesehenen Stellen im Garten ein und gießen Sie sie kräftig an. Bei erfolgreicher Teilung zeigen sich die ersten frischen Laubblätter schon nach einer Woche.

Durch Teilung können Sie u. a. vermehren: Beifuß (*Artemisia vulgaris*), Estragon (*Artemisia dracunculus*), Gemüseampfer (*Rumex longifolius*), Guter Heinrich (*Chenopodium bonus-henricus*), Johanniskraut (*Hypericum perforatum*), Liebstöckel (*Levisticum officinale*), Pfefferminze (*Mentha piperita*), Süßdolde (*Myrrhis odorata*) und Zitronenmelisse (*Melissa officinalis*). ❯ S. 198, Alte Würzkräuter – neu entdeckt ✳

Leimringe entfernen

 ## Meerrettich pflanzen und vermehren

Wenn jede Schädlingsbekämpfung doch so einfach wäre, wie das Anbringen oder Entfernen von Leimringen.

Jetzt können Sie die im Frühherbst angelegten Leimringe gegen den Kleinen Frostspanner (*Operophtera brumata*) entfernen, denn sie haben nun ihren Zweck erfüllt und werden auch nicht mehr klebrig sein.

Sie können nun neue Leimringe anbringen, die verhindern, dass Ameisen in den Baumkronen Blattlauskolonien anlegen und diese gegen Feinde verteidigen. Die Blattläuse schädigen die Wirtspflanzen nicht nur durch das Saugen des Zellsaftes. Ihre klebrigen Ausscheidungen – der sogenannte Honigtau – dienen der Ernährung von Rußpilzen, die wiederum mit ihrem schwarzen Belag die Photosynthese der Blätter behindern.

› S. 185, Leimringe anbringen ❈

Aus den orange-roten Eiern des Kleinen Frostspanners schlüpfen im Frühjahr die grünen, bis 2 cm langen Spannerraupen.

Vom Meerrettich wird die einjährige, dicke Wurzel im Herbst und Winter ausgegraben und gerieben als Gewürz verwendet. Sie ist sehr scharf und wirkt appetitanregend.

Meerrettich (*Armoracia rusticana*) ist eine ausdauernde winterharte Staude mit langen, rübenartigen Wurzeln – Stangen genannt. Da die Pflanze stark wuchern kann, sollten Sie sie eingrenzen. Dazu eignet sich sehr gut ein Eimer ohne Boden.

Beschaffung

Meerrettich wird zwar noch relativ häufig angebaut, aber man findet kaum Saatgut oder anbaufähige Pflanzen im Handel. Am ehesten finden Sie Meerrettichpflanzen auf dem Wochemarkt oder bei befreundeten Gärtnern. Um solche perfekten Wurzelstangen zu produzieren, wie sie in den Geschäften angeboten werden, ist allerdings einiges an Arbeit notwendig.

Anbau

Der Meerrettich ist ein Mittelzehrer und braucht einen lockeren Boden, damit Sie die Wurzeln ohne große Mühe ein- und ausgraben können. Am besten sind humose oder sandige Böden geeignet.

→ Meerrettich wird durch Wurzelschnittlinge aus den Seitenwurzeln, den sogenannten Fechser, vermehrt.

→ Graben Sie im zeitigen Frühjahr (März/April) die Hauptwurzeln aus und schneiden Sie die Seitenwurzeln zur Vermehrung ab.

Sie sollten bleistiftstark und ca. 25 cm lang sein. Je länger die Fechser sind, umso länger sind später die Meerrettichstangen.

→ Schneiden Sie bei den Fechsern das Kopfende gerade, das untere Ende schräg, damit Sie beim Einsetzen nicht oben und unten verwechseln.

→ Reiben Sie von oben nach unten – mit Ausnahme der obersten und untersten 3 cm – die Wurzelteile ab, um alle Knospen und Seitenwurzeln zu entfernen.

→ Ziehen Sie nun ca. 30 cm tiefe Rillen in den Boden, stecken Sie die Wurzelschnittlinge leicht schräg ein und bedecken Sie sie bis über das Kopfende mit lockerer Erde.

→ Wenn dann Anfang Juni die Blätter ca. 10 cm lang ausgetrieben haben, wird der Graben wieder geöffnet und alle Seitenwurzeln entfernt (nicht die Hauptwurzeln, die nach unten gehen), um nur eine möglichst glatte, gerade und dicke Wurzel zu erhalten.

→ Diese wird dann im Herbst geerntet oder, wenn sie noch zu dünn erscheint, kann sie noch ein Jahr in der Erde bleiben (im Sommer drauf dann noch mal die Seitenwurzeln entfernen).

→ Wenn Sie Ihre Pflanzen blühen lassen, können Sie mit etwas Glück auch Samen ernten, mit denen sie Ihre eigene Zucht aufbauen können. ❈

85

Möhrensamen ziehen

Haben Sie noch Möhren oder Bete im Keller gelagert? Dann können Sie versuchen, daraus Samen zu ziehen.

Wenn Sie genügend Platz in Ihrem Nutzgarten haben und gerne experimentieren, dann versuchen Sie doch einmal, von besonders guten Möhren- oder Betesorten eigenen Samen heranzuziehen.

Sie müssen mehrere Rüben setzen, damit sie sich gegenseitig bestäuben können. Um auf die Jahre Inzuchterscheinungen zu vermeiden, sollten wenigstens 50 Möhren miteinander abblühen. Zum Ausprobieren reichen auch schon wenige Pflanzen aus, die sich bestäuben können. Bedenken Sie aber, dass bis zum Blühen noch einige Rüben eingehen können.

→ Suchen Sie die festesten Möhren oder Bete aus. Sie dürfen keine Faulstellen haben, und der Blattansatz muss gesund aussehen.

→ Anfang April können Sie die Rüben dann im Abstand von 10 cm in den gut gelockerten Boden stecken.

→ Setzen Sie die Rüben so tief ein, dass der Wurzelansatz gerade so aus dem Boden schaut.

→ Drücken Sie dann die Erde um die Rüben herum gut an und gießen Sie dann.

→ In den ersten Wochen nach der Pflanzung ist es ganz wichtig, dass der Boden nicht austrocknet, da Rüben nun erst mal Wurzeln zur eigenen Ernährung ausbilden müssen.

→ Achten Sie darauf, dass keine Wühlmaus in der Nähe ist! ✽

Obstbäume pflegen

Der Saft in den Bäumen steigt, die Knospen springen auf und verbreiten den »Duft« des Frühlings.

Blütenschutz für Obstbäume

Sollte es in der Zeit der Baumblüte kalt werden und Frost drohen, können Sie abends Wasser mit Baldrianblütenpresssaft auf die Blüten sprühen. Das Wasser friert dann, und der künstlich erzeugte Eismantel isoliert und schützt Pollen und Stempel der Blüte, der Baldriansaft wirkt ebenfalls schützend.

Steinobst schneiden

Steinobst wie Kirschen und Pfirsiche schneidet man in der Blüte, da jetzt die Wundheilungskräfte der Rinde besser wirken können als im Winter. Die Gefahr des Gummiflusses ist geringer. Als Gummifluss bezeichnet man eine geleeartige Substanz, die, wie das Harz bei anderen Bäumen, aus den Wunden quillt. Dies führt dann oft zum Absterben der nachfolgenden Astpartien.

Pfirsiche verkahlen gerne an den äußeren Trieben. Um ihre Gesundheit zu stärken und die Fruchtbildung zu fördern, sollten sie eingekürzt werden.

→ Entfernen Sie auch die falschen Fruchttriebe, bei denen nur Blüten- oder nur Blattknospen zu sehen sind. Richtige Fruchttriebe sind ca. 50 cm lange Jungtriebe mit zwei Blüten- und einer Blattknospe.

→ Schneiden Sie alle abgestorbenen Äste unter dem ersten Austrieb ab. ✽

Spargelbeet anlegen

Spargel braucht viel Platz für wenig Ertrag und macht auch einiges an Arbeit. Er entschädigt aber mit einem exquisiten Geschmack und absoluter Frische.

Sie können Spargel zwar auch aus Samen ziehen, schneller geht es allerdings, wenn Sie Wurzeln kaufen und im Frühjahr in den Boden legen. Es dauert dann immer noch 3 Jahre, bis Sie ernten können. Spargel braucht einen sandigen, lockeren Boden.

→ Heben Sie einen Graben aus (20 cm tief, 30 cm breit und pro Pflanze 20 cm lang).

→ In diesen Graben füllen Sie 15 cm hoch Kompost.

→ Auf diesem Kompost werden die Wurzeln der Spargelpflanzen sternförmig ausgebreitet. Legen Sie die Wurzeln so aus, dass sich die Wurzelenden berühren.

→ Darauf kommt ein Kompost-Erde-Gemisch.

→ Die ersten zwei Jahre wird nicht geerntet, um die Pflanze zu stärken. Ab dem dritten Jahr wird ein Kegelhaufen aus Sand und Erde über den Pflanzen aufgehäuft und glatt geklopft, um durch Risse in der Erde zu erkennen, wo eine Spargelstange zum Licht drängt.

→ Halten Sie die Spargelreihen beikrautfrei! Ab Ende Juni lässt man die noch wachsenden Stangen stehen, die dann im Sommer blühen. Weißer Spargel braucht im Frühjahr eine Häufelung, damit die Stangen schön bleichen (❯ S. 187, Spargelbeet pflegen). ✽

Umtopfen von Fruchtgemüse

Die im Gewächshaus oder auf der Fensterbank ausgesäten Pflänzchen wachsen und brauchen nun andauernde Zuwendung des Gärtners.

Tomaten, Paprika und Auberginen sind gekeimt, dafür mussten sie warm, aber nicht unbedingt hell stehen. Nun brauchen die lichthungrigen Keimlinge jedoch ein Südfenster mit viel Licht, aber mit niedrigen Temperaturen.

Denn nur so bleiben sie niedrig und wachsen kompakt. Da meist unter den Fenstern der Heizkörper angebracht ist, sollten Sie diesen drosseln oder vor die Pflanzen ein Tuch oder einen Karton stellen, um die aufsteigende warme Luft an den Pflanzen vorbeizuleiten.

Tomaten umtopfen

→ Wenn die ersten zwei echten Blättchen erscheinen, können Sie die Pflänzchen umtopfen. Am besten verwenden Sie erst einmal kleine 5er Töpfchen (die Zahl gibt die cm des oberen Topf-Durchmessers an). Im Handel gibt es auch verschiedene platzsparende Anzuchtplatten, mit denen man 20–40 dieser kleinen Töpfchen auf einem Fensterbrett unterbringt. Die vielen kleinen Töpfchen sparen Platz, und Sie brauchen erst einmal weniger Erde. Außerdem regt das dann nötig werdende Umtopfen die Wurzelbildung an.

→ Wenn die Keimlinge 10 cm groß sind, sollten Sie sie in größere Töpfe – am besten 10er – umsetzen. Nun könnte der Platz auf den Fensterbrettern schon eng werden.

→ Tomaten und Paprika sollten immer etwas tiefer gepflanzt werden, als sie vorher standen, damit sie nicht zu lang werden. Sie bilden dann am Stamm auch noch Wurzeln aus.

→ Umtopfen ist immer dann angesagt, wenn die Wurzeln unten aus den Löchern der Töpfe quellen.

Auspflanzen

→ Wenn der Frühbeetkasten warm ist, z. B. durch eine Mistpackung, können Sie die Tomaten ab Mitte April da hineinstellen.

→ Ende April können Sie die Tomaten auch schon ins Kaltgewächshaus stellen, wenn es für etwaige Frostnächte eine Wärmequelle (Petroleumlampe, Kerzen, Radiator) gibt. Und nach den Eisheiligen können die Tomaten dann schon direkt ins Freiland gepflanzt werden. Denken Sie daran, den höher wachsenden Tomaten gleich eine Stütze mit einzusetzen (❯ S. 64, Aromatische Tomatensorten).

→ Auberginen, Melonen und Paprika mögen es warmer und kommen daher erst Mitte Mai ins Freie.

→ Kürbisse und Gurken bleiben im Topf, bis sie nach den Eisheiligen direkt ins Freie gepflanzt werden. Da Kürbisse schnell größer werden, müssen sie eventuell noch einmal im Haus umgetopft werden.

❯ S. 56, Anzucht im Haus ✳

 ## Zwiebeln stecken

Alle Zwiebelarten brauchen einen lockeren Boden und ausreichend Platz, damit sie große Zwiebelknollen bilden können.

In wärmeren Gebieten können Sie im März/April schon Steckzwiebeln und Schalotten stecken – allerdings neigen die Zwiebeln zum Schießen, wenn sie noch einiges an Frost und Kälte abbekommen. Je kleiner die Steckzwiebelchen (kleiner als 2 cm Durchmesser) sind, desto weniger neigen sie zum Schossen. Stecken Sie die Zwiebelchen etwa 2–3 cm tief in den Boden in einem Abstand von 6–7 cm. Wenn Sie die Zwiebelchen in Reihen stecken (Reihenabstand 20–25 cm), dann können Sie gut dazwischen jäten. Vorsicht: Zwiebeln wurzeln dicht unter der Erde! ✳

Steckzwiebeln können nach 5–6 Monaten geerntet werden. Saatzwiebeln brauchen drei Monate länger.

Frage & Antwort Mit der Saison treten die ersten Gartenprobleme auf, die aber schnell behoben oder sogar vermieden werden können. Je aufmerksamer Sie sich im Erstfrühling um Ihre Pflanzen kümmern, desto mehr Freude und weniger Arbeit haben Sie im Sommer.

? Über meinen (welkenden) Jungpflanzen schwirren ständig kleine schwarze Mücken. Was ist das, und was kann ich dagegen tun?

Es handelt sich hier aller Wahrscheinlichkeit nach um Trauermücken. Die erwachsenen Tiere sind harmlos. Ihre cremeweißen, kaum 1–2 mm großen Larven fressen jedoch an den jungen Wurzeln von Sämlingen und Stecklingen.

→ Trauermücken legen ihre Eier am liebsten in dauerhaft feuchte Erde. Halten Sie sich also mit dem Gießen der Jungpflanzen etwas zurück und lassen Sie die oberste Erdschicht abtrocknen.

→ Eine Sandschicht verhindert ebenfalls die Eiablage, weil sie die Erdoberfläche trocken hält.

→ Wenn das nichts hilft, bringen Sie am besten Fadenwürmer der Gattung *Steinernema feltiae* mit der Gießkanne aus, die die Larven parasitieren. Sie können diese Nützlinge im gärtnerischen Fachhandel bestellen und erhalten sie in wenigen Tagen per Post geschickt. Die nur 0,6 mm großen farblosen Fadenwürmer sind nur mit der Lupe zu erkennen. Sie werden meistens in Gesteinsmehl geschickt, das dann einfach in handwarmes Gießwasser eingerührt und gegossen wird.

→ Die Mücken können Sie mit Gelbtafeln einfangen und so an der Eiablage hindern.

? Meine frisch eingesetzten Steckzwiebeln springen aus der Erde und liegen dann auf dem Beet herum. Was kann ich dagegen tun?

Dieses Herausspringen hat seine Ursache darin, dass die Zwiebeln Feuchtigkeit aufnehmen, dadurch quellen und dicker werden. Wenn die Erde drum herum nicht nachgibt, drückt das die Zwiebelchen nach oben.

Sie können dies verhindern, indem Sie die Zwiebelchen vor dem Stecken über Nacht einweichen, sodass sie schon jetzt quellen und dann nicht mehr aus dem Boden drücken.

? Bei mir fällt zur Zeit relativ viel Grasschnitt an. Kann ich damit zwischen meinen Erdbeeren mulchen?

Grasmulch ist für die Erdbeeren nicht geeignet, da dieser Mulch bei Feuchtigkeit schnell zum Faulen neigt und die daraufliegenden Erdbeeren mitfaulen. Besser ist das Mulchen mit festerem Material wie Stroh, Häckselgut oder Rindenkompost.

? Ich möchte meinen Garten naturnah umgestalten. Was muss ich da tun?

→ Die einfachste und kostengünstigste Variante besteht darin, einzelne Bereiche Ihres Gartens einfach in Ruhe zu lassen. Ein Zierrasen wird allmählich zur Blumenwiese, wenn er weniger gedüngt und seltener gemäht wird. Wenn Ihnen das zu langsam geht, dann können Sie Wildpflanzen wie Wiesen-Margeriten oder Wundklee in den Rasen setzen.

→ Verwenden Sie als Beetabgrenzung natürliche Materialien wie Sandsteine oder Holzstämme.

→ Setzen Sie Ihre Trockenmauern ohne Mörtel auf, damit sich darin Eidechsen und andere Nützlinge ansiedeln können.

→ Lassen Sie auf Brachflächen und am Gartenrand unbekannte Neulinge erst einmal wachsen, und tolerieren Sie auf ungenutzten Flächen die Brennnessel.

Es kann Jahre dauern, bis sich Ihr Garten

in eine Naturoase verwandelt, doch die Geduld lohnt sich.

→ Ersetzen Sie »exotische« Zierpflanzen durch heimische Gehölze und Stauden. Wildpflanzen sind in ihren Bodenansprüchen genügsamer, brauchen weniger Dünger, aber sie wachsen oft ausladender als viele Zuchtformen. 3–4 Wildstauden je Quadratmeter reichen vollkommen aus.

? Meine alten Rosenstöcke haben im letzten Sommer nicht mehr richtig geblüht und wurden schnell von Krankheiten befallen. Kann ich sie jetzt radikal zurückschneiden?
Rosen vertragen bis auf wenige empfindliche Liebhabersorten einen radikalen Rückschnitt bis auf 10 cm im Frühjahr. Blütenknospen werden immer am einjährigen Holz gebildet, sodass Sie sich keine Sorgen um eine geringe Blüte zu machen brauchen. Kränkliche Rosen sind entweder auf einen Nährstoffmangel oder einen falschen Standort zurückzuführen. Mit einer guten Wässerung und Düngung sowie einen beherzten Rückschnitt erholen sich die Rosen innerhalb von wenigen Monaten. Häufig kümmern Rosen, wenn ihr Standort zu dunkel ist oder durch das Wachstum Ihrer Gartenbäume zunehmend beschattet wird. Eine weitere Konkurrenz sind dichte Wurzeln von anderen Sträuchern oder hohen Hecken. Hier brin-

gen Düngung und andere Pflegemaßnahmen nur wenig. Besser ist es, den Pflanzen einen neuen Standort an einem besseren Platz zu geben. Auch alte Rosen lassen sich noch gut umpflanzen.

? Auf meinen Beeten, die ich vor ein paar Wochen mit Kompost gedüngt habe, wächst jetzt viel »Unkraut«.
Sie haben sich leider die unerwünschten Pflanzen mit dem Kompost selbst auf die Beete gebracht. Pflanzensamen sind mehrere Jahre keimfähig. Selbst wenn die unerwünschten Beikräuter nur blühend gejätet werden, steckt in ihnen noch genug Kraft, keimfähiges Saatgut zu bilden. Viele Samen sterben erst ab, wenn sie für mehrere Wochen Temperaturen von über 60 °C ausgesetzt werden. Das wird in kaum einen Kubikmeter großen Behältnissen im Hausgarten selten erreicht.

? Meine Pflänzchen am Fensterbrett werden lang und spiddelig. Was kann ich dagegen tun?
Ihre Pflänzchen stehen zu schattig oder zu warm – oder beides. Ein Südfenster liefert auf jeden Fall die meiste Sonne, allerdings sollte die Temperatur dann bei 16–18 °C liegen, dann wachsen die Pflänzchen kompakt. Wenn Heizkörper unter dem Fenster angebracht sind, was ja meist der Fall ist, könnten Sie einen

Schutz aus Pappe o. Ä. vom Fensterbrett aus vor den Pflanzentöpfen anbringen, sodass die Wärme an den Töpfchen vorbeizieht. Wenn Sie es nicht einrichten können, den Pflanzen die Bedingungen wie angegeben anzubieten, dann haben Sie noch die Möglichkeit, beim Umtopfen die Pflanzen tiefer zu legen, sodass danach nur die oberen 10 cm aus dem Topf ragen.

? Wühlmäuse wandern vom Rasen in meine Beete ein. Was kann ich tun?
Wühlmäuse halten sich besonders gerne in festem, feuchtem Boden mit vielfältigem Pflanzenwuchs auf.

→ Ständiges Begehen und Bearbeiten des Bodens können die Mäuse nicht leiden. Also möglichst jeden Tag den Boden zwischen den Reihen lockern.

→ Fallen aufzustellen braucht einiges an Übung und bringt wohl eher nur etwas auf Obstbaumwiesen.

→ Von den alten Gärtnertipps verspricht das Eingraben von Weinflaschen, in die der Wind bläst, noch am ehesten Erfolg.

→ Von den im Handel befindlichen Abwehrmethoden zeigen lediglich die mit ätherischen Ölen getränkten Lavasteinchen einen gewissen Erfolg.

→ Absolut sicher können Sie nur sein, wenn Sie sich Hochbeete bauen, die unten mit einem kleinmaschigen Draht versperrt sind.

Vollfrühling

Der Mai lockt uns mit seinen sommerlichen Temperaturen ins Freie. Überall zwitschern die Vögel, und Bienen, Hummeln und Schmetterlinge besuchen die ersten Blüten. Aber auch Blattläuse und Nacktschnecken sind schon im Anmarsch. Die Gartenarbeit läuft nun auf vollen Touren. Spätestens nach den Eisheiligen können Sie direkt ins Freie säen und Ihre vorgezogenen Pflanzen ins Freiland setzen.

Abhärten

Die im Haus vorgezogenen Pflanzen hatten es gemütlich und warm. Nun müssen sie hinaus ins Freie. Helfen Sie ihnen, sich zu akklimatisieren.

→ Ein Hauptproblem ist die **stärkere Sonneneinstrahlung**. Die jungen und noch sehr zarten Blätter der Pflänzchen verbrennen, wenn sie zu viel Sonne abbekommen. Sie erkennen dies am Weißwerden der Blätter – im schlimmsten Fall kann die ganze Pflanze eingehen. Am besten ist es, Sie stellen die Jungpflanzen erst einmal bei bedecktem Himmel oder Regenwetter ins Freie.

→ Ein weiteres Problem, das die Pflanzen bei ihrer Umstellung vom Haus ins Freie haben, ist der **Temperaturunterschied** zwischen Tag und Nacht. Sie können das vermeiden, indem Sie die Pflanzen abends wieder ins Haus holen und nur tagsüber draußen stehen lassen. Oder aber Sie warten auch hier eine Regenzeit ab, bei der die Tag-Nacht-Temperatur nicht so stark schwankt. Das Rein- und Raustragen ist jedoch arbeitsintensiv. Besser, Sie stellen die Jungpflanzen nicht direkt ins Freie, sondern zunächst einmal ins Gewächshaus oder unter einen Folientunnel. ❯ S. 96, Schutz vor Spätfrost

→ Setzen Sie die Jungpflanzen auch nicht ungeschützt in die Erde, das wäre ein gefundenes Fressen für **Schnecken**. Darübergestülpte Einmachgläser sind ein guter Schutz, wenn Sie auf Schneckenkorn verzichten wollen. ❯ S. 40, Feind Nr. 1: Nacktschnecken ✳

Blattläuse bekämpfen

Jetzt machen sich verstärkt Blattläuse im Garten breit, sodass die Nützlinge ihnen nicht immer Herr werden können.

→ Am einfachsten lassen sich Blattläuse mit einem Wasserstrahl von Blättern und Trieben entfernen. Dieser Vorgang muss täglich wiederholt werden.

→ Mit einer 1–2%igen Schmierseifenlösung lassen sich die Schädlinge oft gut dezimieren.

→ Bei starkem Läusebefall oder bei hartnäckigen Woll- und Schildläusen werden Sie wohl ein nützlingsschonendes Pflanzenschutzmittel einsetzen müssen. Sprühen Sie die befallenen Pflanzenteile tropfnass ein, vor allem auch die Blattunterseiten. Spritzen Sie nach dem Bienenflug am Abend oder in den frühen Morgenstunden. ❯ S. 40, Schädlinge direkt bekämpfen ✳

Mit wenigen Blattläusen werden die Nützlinge im Garten noch fertig – bei gehäuftem Auftreten müssen Sie eingreifen.

Boden verbessern

Im Biogarten steht an erster Stelle der lebendige Boden, den Sie mit den verschiedensten Mitteln und Präparaten unterstützen und fördern können.

Der Mai ist die Zeit des Erwachens in der Natur. Genau die richtige Zeit, »Hornmist« im Garten auszubringen. Hornmist ist ein Präparat, das aus Kuhmist gewonnen wurde. Der Kuhmist wird in ein Kuhhorn gefüllt und ein Jahr lang, in der Erde eingegraben, kompostiert. Hornmist dient dazu, die lebendigen Prozesse des Bodens anzuregen. Die Umsetzung im Boden wird gefördert und dient den vegetativen Prozessen der Pflanzen.

→ Lösen Sie einen Teelöffel des Präparates in 20 Litern Wasser und verrühren Sie das ganze eine Stunde lang mit einem Stock in ständig wechselnder Richtung.

→ Verspritzen Sie dann das Gemisch mit einem Handbesen über alle Beete und die Baumscheiben der Obstbäume.

Auch die EM-Präparate (Effektive Mikroorganismen – im Fachhandel oder per Internet erhältlich) regen das Bodenleben an. EM-Präparate sind eine Kombination von vielen Bakterien und Hefen, die sich unter Luftabschluss (ohne Fäulnisbildung!) in organischem Material entwickeln. Sie sind sozusagen die Nützlinge in diesem Bereich der Kleinstlebewesen. Der Hauskompost kann damit präpariert werden. ❯ S. 27, Den Boden verbessern ✳

Vollfrühling

Buchsbaum schneiden

Buchs gilt als zähes und langlebiges Kleingehölz, das sich sehr gut für niedrige Einfassungen und zum Formschnitt eignet. Buchs sollte mindestens einmal im Jahr geschnitten werden, um kompakt nachwachsen zu können.

Der Buchsbaum (*Buxus sempervirens*) hat inzwischen auch schon 5–15 cm lange neue Triebe entwickelt – Zeit für die erste Schnittmaßnahme, damit die Pflanzen nicht zu sehr in die Höhe und Breite wachsen. Wie oft Sie Ihren Buchs schneiden, hängt vom Alter der Pflanze, ihrer Wuchsstärke und von der gewünschten Schnittform ab.

Auch der Buchsbaumblattfloh (*Psylla buxi*), der für rosenkohlartig verformte Blätter an den Triebspitzen sorgt (› Abb. unten), wird mit einem frühen Schnitt rechtzeitig an der Ausbreitung gehindert.

Die rosenkohlartig aufgetriebenen Triebspitzen dieses Buchsbaumes deuten auf einen Befall mit dem Buchsbaumblattfloh hin.

Zudem können Sie das Schnittgut zur Stecklingsvermehrung verwenden.

Buchsbaum schneiden

→ Benützen Sie zum Rückschnitt unbedingt scharfes Werkzeug. Stumpfe Messer verursachen ausgefranste Schnittkanten an Blättern und Trieben – die Oberfläche wird dadurch viel größer als bei einem glatten Schnitt. Die verletzten Blätter verbräunen schnell und sind Einlasspforten für Buchsbaumkrankheiten (› S. 112, Buchsbaumkrankheiten erkennen und behandeln).

→ Schneiden Sie Ihre Hecke bei bedecktem Wetter. Starke Sonneneinstrahlung verursacht Verbrennungen an den angeschnittenen Blättern.

→ Kontrollieren Sie den Buchs vor dem Schnitt auf Krankheiten und Schädlinge, damit Sie wissen, ob Sie das Schnittgut als natürlichen Mulch einfach liegen lassen können oder getrennt entsorgen müssen. Fleckige oder verformte Blätter weisen auf Schädlinge und Krankheiten hin.

→ Wässern Sie den geschnittenen Buchs gut, damit er rasch wieder austreibt und die jungen Blätter die Schnittstellen schnell überwachsen. Wenn die Pflanzen zu helles Laub haben, können Sie jetzt noch einmal mäßig nachdüngen. Nehmen Sie dazu langsam wir-

Mit einer Hilfseinrichtung können Sie Ihre Beeteinfassung einfacher in Form schneiden.

kende Dünger wie Hornmehl, Hornspäne oder speziellen Buchsbaumdünger. Je nach Düngerart und Anwendungsempfehlung der Hersteller reichen 50–100 g pro laufendem Meter Hecke. Auf Überdüngung reagiert Buchs mit braunen, trockenen Blättern.

Buchsbaum vermehren

Der langsam wachsende Buchs ist als Topfpflanze relativ teuer. Leider besteht auch immer mehr die Gefahr, sich mit fremden Pflanzen neue Krankheiten in den Garten zu schleppen. Bei Buchsbaum ist das im Falle des Buchsbaum-Triebsterbens (*Cylindrocladium buxicola*) besonders fatal (› S. 112, Abb. 3), denn es gibt bisher noch keine wirkungsvollen Bekämpfungsmethoden. Da sollten Sie gesunden Buchs vermehren. Beim Rückschnitt fällt genug brauchbares Material dafür an. › S. 74, Stecklingsvermehrung ❈

Gespinstmotten

Die Raupen der Gespinstmotten fressen nur wenige Wochen nach dem Blattaustrieb ganze Bäume und Sträucher kahl. Dabei überziehen sie zur ihrem eigenen Schutz die Triebe mit einem spinnwebartigen Gespinst.

Gespinstmotten sind kleine, weißgraue Nachtfalter, die verschiedene Laubgehölze befallen. Betroffen sind vor allem Obstgehölze wie Apfel, Kirsche, Pflaume oder bei den Wildgehölzen Pfaffenhütchen, Schlehe, Traubenkirsche oder Weißdorn.
Die Falter legen ab dem Hochsommer ihre Eier an den Futterpflanzen der Raupen ab. Nach etwa vier Wochen schlüpfen die weißgrauen Raupen, die dann unter einem Schutzschild überwintern. Erst mit dem Blattaustrieb im Frühjahr beginnt ihre Fraßtätigkeit, die den ganzen Mai über bis zur Verpuppung Anfang Juni andauert. Die Raupen können die Bäume und Sträucher völlig kahl fressen.
Während sich die Wildgehölze relativ schnell wieder erholen und neu austreiben, sind die Obstbäume in ihrer Ernte betroffen, weil sie nicht nur die Blätter sondern auch die Fruchtansätze abwerfen.

Gegenmaßnahmen
→ Natürliche Feinde begrenzen den Befall. In Gärten, in denen ausreichend Vögel, Schlupfwespen und Raupenfliegen vorkommen, werden kahl gefressene Bäume die absolute Ausnahme sein.
→ Bevor sich die Raupen mit einem schützenden Gespinst überziehen (> Abb.), können

Sie befallene Obstbäume mit einem *Bacillus thuringensis*- oder neemölhaltigen Mittel spritzen (> S. 40, Schädlinge direkt bekämpfen).
→ Sie können die Raupen auch mit einem starken Wasserstrahl von den Bäumen spritzen, wo sie dann am Boden Nahrung für allerlei Käfer sind.
→ Sind zunächst nur einige Zweige befallen, können Sie diese abschneiden und über den Hausmüll entsorgen. ✳

Die Raupen der Gespinstmotten verpuppen sich Anfang Juni. Im Hochsommer schlüpfen dann die ersten Falter.

Jungpflanzenkauf

Jetzt werden Jungpflanzen beim Gärtner oder auf dem Markt angeboten. Wenn Sie frühzeitig Blumenflor haben und frisches Gemüse ernten wollen, dann sollten Sie zugreifen.

Es gibt sehr große Unterschiede beim Pflanzenangebot und einiges beim Kauf zu beachten:
→ Wählen Sie für Ihren Biogarten Pflanzen aus biologischem Anbau aus – auch wenn sie teurer sind als beim Discounter. Inzwischen finden Sie glücklicherweise in jeder größeren Stadt auf den Wochenmärkten Biostände mit gutem Angebot. Allerdings ist auch hier die Sortenvielfalt nicht so groß wie bei eigener Anzucht.
→ Sehen Sie sich die Pflänzchen gut an. Sie sollten kräftig, gut ausgefärbt und schadlos sein. Blasse, lang aufgeschossene (»spillerige«) Pflänzchen mit kleinen Blättern sollten Sie links liegen lassen.
→ Am besten ist es, wenn die Pflanzen schon einige Tage im Freien gestanden haben, dann können Sie sich die Abhärtungsphase sparen. Fragen Sie beim Verkäufer danach.
→ Wenn Sie Pflanzen im Internet bestellen, sollten Sie darauf achten, dass der Gärtnerbetrieb in einer ähnlichen klimatischen Region zu Hause ist wie Sie. Und als Biogärtner wird er den Pflanzen auch ähnliche Anbaubedingungen bieten.
> S. 77, Einkauf von Pflanzen ✳

Krankheitskontrolle

Kontrollieren Sie Ihre Aussaaten im Haus – wenn möglich – täglich. Keimlinge und Jungpflänzchen sind sehr empfindlich.

An Keimlingen und Jungpflanzen können sich »Fußkrankheiten« zeigen, die die Wurzel schädigen und zum Absterben des Sämlings führen. Die Verursacher sind Pilze wie der Wurzeltöterpilz (*Rhizoctonia*), die Schwarzbeinigkeit (*Olpidium*) und die Umfallkrankheit (*Phoma*), alles typische Schwächepilze, die vor allem dann Krankheiten auslösen, wenn die Pflanzen gestresst sind, z. B. durch permanent zu feuchte Topferde, große Temperaturschwankungen, zu hohe Luftfeuchtigkeit, kalten Luftzug oder zu fette Anzuchterde. Gefährdet sind vor allem Tomaten und Paprika, die sehr früh gesät werden.

»Fußkrankheiten« vermeiden

→ Arbeiten Sie beim Aussäen und Umtopfen sehr sorgsam und sauber. Waschen Sie die Pflanzgefäße mit heißem Wasser aus und sterilisieren Sie die Anzuchterde (> S. 68).
→ Sorgen Sie für möglichst gleichmäßige Anzuchtbedingungen.
→ Wenn Sie sehen, dass das erste Pflänzchen umkippt, dann sollten Sie alle Pflänzchen aus ihren Aussaattöpfen oder -schalen herausnehmen und einzeln in saubere Töpfchen mit frischer magerer Anzuchterde setzen, damit sie nicht »angesteckt« werden.
> S. 56, Aussaat in Haus und Freiland ✹

Nährstoffmangel erkennen und beheben

Häufig leiden unsere Pflanzen nicht an bestimmten Krankheiten, sondern an Nährstoffmangel. Eine professionelle Bodenanalyse gibt Aufschluss über den Nährstoffgehalt Ihres Bodens.

Nährstoffmangelerscheinungen können Sie relativ leicht an den Blättern erkennen.
→ Bei **Stickstoffmangel** sind vor allem die älteren Blätter hellgrün bis gelblich verfärbt. Die Pflanze zeigt allgemein ein schwaches Wachstum. Verbessern Sie Ihren Boden durch Einarbeiten von Hornspänen.
→ Bei fehlendem **Magnesium** verfärben sich zunächst die unteren Blätter gelblich, die Blattadern bleiben grün.
→ Bei einem **Eisenmangel** bleiben die Blattadern ebenfalls dunkelgrün und die Blattzwischenräume sind gelbgrün. Die Verfärbung tritt zunächst bei den oberen Blättern auf. Eisenmangel zu beheben, ist nicht einfach. Am besten, Sie sprühen einen Eisendünger (Eisenchelat) direkt auf die Blätter. Ursache für Eisenmangel sind oftmals Bodenverdichtungen oder Verschlämmungen. Lockern Sie also den Boden gut auf.
→ **Kaliummangel** zeigt sich durch zunächst gelbe, später verbräunte und vertrocknete Blattränder.
→ Bei fehlendem **Phosphor** sind die Blätter rötlichbraun verfärbt.

Nährstoffmangel beheben

Die Ursachen für einen Nährstoffmangel liegen in der Bodenbeschaffenheit und der Witterung. Viele Nährstoffe können die Pflanzen erst mit gleichmäßig warmen Temperaturen und ausreichend Wasser befördern. Abgesehen von ihrer Auswaschung ins Grundwasser können sich zu hohe Nährstoffkonzentration in ihrer Pflanzenaufnahme gegenseitig behindern. Die Pflanze zeigt dann trotz ausreichender Nährstoffversorgung Mangelsymptome.

Mit regelmäßigen Kompostgaben können Sie einem Nährstoffmangel vorbeugen. Lassen Sie auch immer wieder einmal den Boden untersuchen.
> S. 43, Nährstoffmangel
> S. 26, Die professionelle Bodenanalyse ✹

Diese Pflanze zeigt deutliche Anzeichen von Eisenmangel (Blattadern dunkelgrün).

Pflegemaßnahmen

Jetzt geht es hoch her bei der Gartenarbeit: Die letzten freien Flächen werden vorbereitet und bepflanzt, Jungpflanzen pikiert und umgetopft.

→ Der erste Rasenschnitt ist fällig und kann als Mulch eingesetzt werden. Wenn die zu mulchenden Kulturpflänzchen noch zu jung sind und im Mulch untergehen, geben Sie ihn auf die Baum- und Strauchscheiben, das hält den Boden beikrautfrei, macht ihn locker und düngt.

→ Bereiten Sie die letzten Flächen zum Säen und Pflanzen vor. Dafür werden sie, wenn nötig, gejätet, gehackt und fein gekrümelt.

→ Pikieren Sie die Keimlinge von Kräutern wie Petersilie sowie die zweite Generation an Salaten und Kohl.

→ Topfen Sie größere Pflanzen nochmals um. Je länger Sie die Pflanzen in Töpfen kultivieren, desto einfacher ist die Beikrautkontrolle auf den Beeten und Rabatten. Auch wenn Ihnen das Umtopfen als unnötige Arbeit erscheint, ist es weniger arbeitsintensiv, großflächig die freien Beete zu hacken, als kleinflächig um die Pflanzen herum zu jäten. Wenn Sie später kräftige Jungpflanzen aussetzen, haben diese einen enormen Vorsprung vor den Beikräutern.

→ Bei Gurken, Kürbissen und Melonen können Sie die Triebspitzen nach dem dritten Blatt kappen. Das fördert die Seitentriebe in den Blattachseln. Diese Triebe entwickeln wesentlich mehr Fruchtblüten. ❊

Schutz vor Spätfrost

Bis zu den Eisheiligen (11.–15. Mai) kann es immer noch zu Bodenfrost kommen. In einigen Regionen sind sogar noch bis Ende Mai und Anfang Juni Kälteeinbrüche (Schafskälte) möglich. Sorgen Sie für entsprechenden Schutz empfindlicher Pflanzen.

Spätfrostgefährdet sind vor allem wärmeliebende Pflanzen wie Bohnen, Dahlien, Gurken, Kürbisse, Melonen, Paprika und Tomaten. Auch Kartoffeln können unter Spätfrösten leiden. Die jungen Triebe erfrieren dann, die Kartoffeln treiben aber wieder frisch aus. Dieser Frühjahrs-Spätfrost ereignet sich immer nachts bei klarem Himmel. Sie sollten daher abends immer den Wetterbericht beachten, damit Sie noch entsprechende Schutzmaßnahmen ausführen können. Wird eine frostige Nacht erwartet, dann sollten Sie vorbeugen und:

→ die gefährdeten Pflanzen in Ihrem Garten mit einem Schutzvlies abdecken,

→ den Frühbeetkasten schließen und am besten noch mit Matten abdecken,

→ im Gewächshaus eine Petroleumlampe oder Kerzen als Frostschutz aufstellen,

→ alle Aussaatgefäße über Nacht ins Gewächshaus oder Haus stellen.

Spätfrösten vorbeugen

Kalte frostige Böen, die in der Regel vom freien Land kommen, sammeln sich in erster Linie in Senken. Diese Böen können durch gezielt angepflanzte Büsche und Stauden abgehalten werden. Durch geschickte Gartenplanung können Sie u. a. das Kleinklima in Ihrem Garten positiv beeinflussen (> S. 22, Anbauplanung).

→ Legen Sie Ihre Gemüsebeete windgeschützt hinter Hecken und Mauern an. Der Windschutz sollte die Beete aber nicht beschatten – Gemüse braucht zum guten Gedeihen Sonne und Wärme!

→ Das Gewächshaus sollte ebenfalls windgeschützt und sonnig stehen, damit es tagsüber Wärme auftanken kann. ❊

Beschweren Sie das Schutzvlies an den Rändern mit Steinen oder starken Brettern.

Unkräuter erkennen und entfernen

Im Bioanbau hat man sich entschieden, Wildkräuter, die sich im Garten ansiedeln, als Beikraut und nicht als Unkraut zu bezeichnen. Die landläufige Bezeichnung Un(nutz)kraut im Gegensatz zum Nutzkraut ist sehr subjektiv und nicht eindeutig.

Es gibt im Garten immer wieder Kräuter, die wir lieber nicht dort hätten, da sie den erwünschten Pflanzen Licht und Nährstoffe wegnehmen, sie überwuchern oder ein schlechtes (z. B. zu feuchtes) Kleinklima schaffen und damit Krankheiten und Schädlinge fördern. Es gibt vier Gründe, die ein Kraut zu einem lästigen Gast machen:

Unterirdische Ausläufer

An erste Stelle sind hier Zaunwinde (*Calystegia*) oder Ackerwinde (*Convolvulus*) zu nennen, die – haben sie sich erst mal im Garten etabliert – mit biologischen Mitteln nicht mehr zu vertreiben sind. Durch ihre tiefen und sich ausbreitenden Wurzeln, die man nie alle erfassen kann, wandert sie durch alle Beete und ist vor allem in Stauden sehr lästig, da sie sich an diesen hochrankt und ihnen das Licht nimmt.

→ Giersch (*Aegopodium podagraria*) und Horn-Sauerklee (*Oxalis corniculata*) lassen sich nur schwer entfernen, weil die Wurzeln sehr leicht abbrechen und sich aus jedem Teilstückchen neue Pflanzen entwickeln.

→ Die Quecke (*Elymus arenarius*) lässt sich relativ einfach mit allen Wurzeln aus dem Boden ziehen. Lediglich zwischen Stauden hat man etwas mehr Arbeit.

Oberirdische Ausläufer

Hier sind zu nennen der Wiesen-Hahnenfuß (*Ranunculus flammula*), die Große Brennnessel (*Urtica dioica*) und einige Gräser. Allerdings sind diese durch Hacken gut im Zaum zu halten. Wobei Sie der Brennnessel einen Platz im Garten reservieren sollten – sie ist eine hervorragende Futterpflanze für Schmetterlingsraupen.

An trockenen Standorten kann sich der Acker-Schachtelhalm durch unterirdische Ausläufer stark ausbreiten. Nutzen Sie die Triebe für Tee.

Pfahlwurzeln

→ Disteln (*Cirsium arvense*) haben bis zu 3 m lange Wurzeln, die Sie fast nie ganz aus der Erde holen können. Wurzelreste treiben wieder aus. Allerdings trifft man sie fast nur auf trockenen Standorten.

→ Ampfer (*Rumex*) muss schon sehr jung ausgestochen werden, da ältere Pflanzen nur sehr aufwändig ausgegraben werden können. Bleibt ein Stück Wurzel in der Erde, treibt er schnell wieder aus.

→ Löwenzahn (*Taraxacum*) kann mit einem Wurzelstecher gut entfernt werden. Auch er treibt wieder aus der Wurzel, wenn diese nicht völlig entfernt wurde.

Schnell keimende Samen

→ Hierzu gehört die ausgesprochen lästige Vogelmiere (*Stellaria*), die zwar ein Anzeiger guter Bodengare ist, aber sehr schnell sehr viele Samen bildet.

→ Ebenfalls sehr lästig kann das Einjährige Süßgras (*Poa annua*) werden, wenn einzelne Horste zur Samenbildung kommen. Die Umgebung dieser Pflanzen sieht dann bei der Keimung der Samen wie ein frisch eingesäter Rasen aus. Das Gras stirbt am Jahresende ab. Die Samen allerdings bleiben keimfähig!

Beikräuter entfernen

Das beste Mittel gegen unerwünschte Beikräuter ist regelmäßiges Hacken und Jäten. Alle Beikräuter ohne Samen sollten erst nach dem Vertrocknen im Kompost landen, um ein Weiterwachsen zu verhindern.

› S. 115, Samenunkraut jäten

❀ Ausläufer abnehmen

Viele bekannte Gartenstauden vermehren sich von selbst über Ausläufer. Bevor sie damit andere Pflanzen bedrängen, sollten sie von ihren Ausgangspflanzen rechtzeitig abgetrennt werden.

Im Ziergarten werden Ausläufer bildende Pflanzen gerne als Bodendecker eingesetzt, weil sie in relativ kurzer Zeit größere Flächen bedecken. Sie lassen sich auch sehr gut teilen und an anderer Stelle im Garten wieder einpflanzen, weil es sich bei den Ausläufern um fertig bewurzelte Teilstücke handelt.

Das Immergrün breitet sich sehr schnell nach allen Richtungen aus.

Ausläufer bildende Gartenblumen

Deutscher Name	Botanischer Name
Bergflockenblume	Centaurea montana
Blutstorchschabel	Geranium sanguineum
Duftveilchen	Viola odorata
Estragon	Artemisia dracunculus
Feldthymian	Thymus serphyllum
Gartenminze	Mentha-Sorten
Gilbweiderich	Lysimachia vulgaris
Glockenblumen	Campanula-Arten
Immergrün	Vinca minor
Kaukasus-Vergissmeinnicht	Brunnera macrophylla
Kugeldistel	Echinops ritro
Maiglöckchen	Convallaria majalis
Mandelblättrige Wolfsmilch	Euphorbia amygdaloides
Salomonsiegel	Polygonatum odoratum
Schillergras	Koeleria glauca
Waldanemonen	Anemone sylvestris
Zimbelkraut	Cymbalaria muralis

Ausläufer abnehmen

→ **Oberirdische Ausläufer** wie bei Immergrün oder Zimbelkraut können Sie einfach von ihren Mutterpflanzen mit einer Gartenschere oder einem scharfen Messer abschneiden und ausgraben. Im Vollfrühling sind die Wurzeln der Ausläufer noch relativ kurz. Sie können sie leicht mit einem Unkrautstecher oder einer kleinen Handhacke aus der Erde heben.

→ **Unterirdische Ausläufer** wie bei Gilbweiderich oder Maiglöckchen sitzen mit 10–20 cm tiefer im Boden. Stechen Sie sie im Abstand von 5 cm mit einem Spaten vorsichtig von der Mutterpflanze ab.

Zum Umpflanzen vorbereiten

→ Kürzen Sie die Wurzeln auf etwa 10 cm ein, damit sie beim Umpflanzen nicht abknicken können.

→ Kürzen Sie auch hohe Blätter oder Triebe um die Hälfte ein, damit die Pflanze nicht so viel Wasser verdunstet.

→ Die einzelnen Teilstücke sollten für ein rasches Anwachsen 2–4 Augen (❯ S. 218, Glossar) haben.

Umpflanzen oder eintopfen

→ Lockern Sie den neuen Standort 20–30 cm tief gut auf.

→ Jäten Sie eventuell vorhandenes Beikraut.

→ Verbessern Sie den Boden mit 60–100 g Urgesteinsmehl oder organischem Dünger pro Quadratmeter.

→ Setzen Sie die abgenommenen Ausläufer so tief, dass Knospen und Triebe knapp über der Erde liegen, und gießen Sie gut an.

→ Wenn im Garten noch kein Platz vorhanden ist, können Sie die Ausläufer in Töpfen heranziehen. Verwenden Sie Blumenerde, die zur Hälfte mit normaler Gartenerde vermengt ist. Gießen Sie den Ausläufer gut an und stellen Sie den Topf an einen halbschattigen Ort. Die Stauden sollten nicht länger als ein Jahr im Topf bleiben, weil sie im Gefäß anfälliger für Krankheiten sind.

❯ S. 135, Ausläufer abnehmen

❯ S. 148, Ausläufer bildende Stauden

❀ Frühblüher schneiden

Früh blühende Gehölze bilden schon im Sommer ihre Blütenknospen für die nächste Saison aus, sie sollten daher direkt nach der Blüte zurückgeschnitten werden.

Beim Gehölzschnitt gilt die allgemeine Faustregel, dass Frühlingsblüher am besten direkt nach der Blüte und Sommer- und Herbstblüher im zeitigen Frühjahr geschnitten werden. Im Naturgarten ist das allerdings nur bei sehr wenigen Ziergehölzen der Fall.

→ Beim Flieder (*Syringa vulgaris*) schneiden Sie nur das Abgeblühte heraus. Flieder treibt nur sehr schwer aus altem Holz aus. Wenn der Strauch nicht zu hoch werden soll, ist es besser, wenn Sie ihn jährlich um maximal ein Drittel zurücknehmen.

→ Die im April gelb blühende Strauchkronwicke (*Coronilla emersus)* können Sie ab Mitte Mai auch um ein Drittel zurückschneiden. Ebenso werden einzelne alte Triebe bodeneben mit einer scharfen Heckenschere oder einer schmalen Handsäge abgeschnitten.

→ Ähnliches gilt auch für Zierkirschen, Zierweiden oder Zwergmandeln.

→ Bei vielen Stauden wie dem Lungenkraut oder dem Kaukasusvergissmeinnicht fördert der Rückschnitt einen schönen Blattaustrieb und eine zweite Blüte.

→ Von frühjahrsblühenden Zwiebelblumen wird nur das Verblühte abgeschnitten. Laub und Blütenstiele bleiben stehen, da die Zwiebel daraus ihre Nährstoffreserven gewinnt. ❈

❀ Kletterpflanzen einsetzen und unterstützen

Mit Kletterpflanzen lassen sich schnell alte Schuppen, Sichtschutzwände oder Zäune dauerhaft begrünen. Zudem bieten die Pflanzen vielen Tieren Nistmöglichkeiten, Unterschlupf und Nahrung.

Kletterpflanzen einsetzen

Die Triebe von Kletterpflanzen wie Blauregen, Clematis, Hopfen, Geißblatt oder Wicken können schnell 3–5 m lang werden. Die Pflanzen brauchen einen gut gelockerten Boden und können etwas tiefer als übliche Gartenpflanzen gesetzt werden.
Vorteilhaft ist es, wenn ihr Topfballen schräg in die Erde gesetzt wird, sodass die Triebe zusätzliche Wurzeln (sogenannte Adventivwurzeln) ausbilden können.

Kletterhilfen anbringen

Es gibt ganz unterschiedliche Möglichkeiten, in die Höhe zu gelangen:
→ Geißblatt (› Abb. 1), Hopfen oder Prunkwinde gehören zu den Schlingpflanzen oder Windern. Sie wachsen mit ihrem ganzen Trieb um eine Stütze.
→ Duftwicke oder Waldrebe (› Abb. 2) werden zu den Rankern gezählt – Kletterpflanzen, die mit Hilfe von speziellen Pflanzenteilen (umgebildete Blätter oder Blattstiele) klettern. Sie benötigen senkrechte Stützen, an denen sie sich emporranken können.
→ Als Spreizklimmer werden Pflanzen bezeichnet, die an langen, biegsamen Trieben Dornen, Stacheln (› Abb. 3) oder widerhakenähnliche Seitensprosse bilden, mit deren Hilfe sie sich am Klettergerüst halten können. ❈

Jeder klettert anders

(1) Das heimische **Geißblatt** (*Lonicera cap rifolium*) hat elastische Triebe, die sich um Drähte spiralartig hochwinden.

(2) Die **Waldrebe** (*Clematis*) hat spezielle 5–10 cm lange Triebe, die sich an anderen Pflanzen hochranken.

(3) Die **Ackerrose** (*Rosa arvensis*) sucht mit ihren elastischen Trieben Halt – unterstützt von Stacheln.

Rasenschnitt

Rasenschnitt ist sehr düngend. Verwenden Sie ihn daher als Mulchmaterial unter Sträuchern und Hecken.

Anfallenden Rasenschnitt sollten Sie in einer 3–5 cm dicken Schicht unter Gartenhecken, Sträuchern und Bäumen verteilen.

→ Das feine und kompakte Mulchmaterial wird gerne von Insekten zur Eiablage und als Unterschlupf von Maden und Raupen genutzt, die wiederum für Nützlinge wie Laufkäfer, Kröten und Vögel Nahrung bieten.

→ Beim Verrotten des relativ stickstoffreichen Grasschnittes werden die Nährstoffe ganz langsam freigesetzt. Sie werden dadurch von den Pflanzen schnell aufgenommen und gelangen nicht ins Grundwasser.

→ Im Gegensatz zu einer dichten Schicht Rasenschnitt im Komposthaufen entsteht bei den dünnen Graslagen unter Hecken und Sträuchern keine Geruchsbelästigung.

→ Durch die Mulchschicht trocknet der Boden nicht so schnell ab.

Nicht zum Mulchen geeignet!

Wenn Ihr Rasen allerdings zu viele unerwünschte Samenunkräuter wie den Roten Horn-Sauerklee enthält, dann sollten Sie das Mähgut nicht zum Mulchen verwenden und auch nicht auf den Kompost geben, sondern über die städtische Grünabfuhr entsorgen – Sie holen sich sonst jede Menge unerwünschte Beikräuter in Ihren Garten.

❯ S. 27, Mulch – eine Decke für den Boden ❋

Rosenkäfer

Zu Unrecht werden die goldgrünglänzenden Rosenkäfer als Schädlinge bezeichnet.

Rosenkäfer (*Cetonia aurata*) erscheinen zur Rosenblüte und ernähren sich von Nektar und Pollen – sind also vollkommen unschädlich für die Pflanzen. Ihre Larven entwickeln sich 2–3 Jahre lang im Mulm verrottender Baumstümpfe oder im Komposthaufen, wo sie sich von abgestorbener organischer Substanz ernähren. Die Larven der zeitgleich erscheinenden Mai- und Junikäfer dagegen schädigen Pflanzen durch Wurzelfraß. Erfreuen Sie sich an den Rosenkäfern, sie sind keine Schadinsekten und müssen nicht entfernt werden. ❋

Der Goldglänzende Rosenkäfer ist eine auffällige Erscheinung an Rosensträuchern, Holunder und Weißdorn.

Stauden stützen

In diesen Wochen explodiert das Pflanzenwachstum geradezu. Hoch aufstrebende und breit ausladende Pflanzen benötigen jetzt eine Stütze.

Beginnen Sie frühzeitig damit, Ihre Stauden zu stützen, dann müssen Sie später nicht mühsam die langen Triebe aufleiten oder in Ringe schieben – auf die Gefahr hin, dass Triebe verletzt oder abgebrochen werden.

→ **Breite Stauden** wie Astern, Mädchenauge oder Pfingstrosen stützen Sie am besten mit Pflanzringen aus Metall oder Kunststoff. Oder Sie formen die beim Gehölzschnitt von Hasel oder Weiden (❯ S. 59, Weiden schneiden) anfallenden, noch biegsamen Triebe zu einem Ring. Sie können aber auch mehrere Stäbe aus Bambus, Holz oder Metall rund um die Pflanze in den Boden stecken und untereinander mit einer Schnur zusammenbinden. Dann können die einzelnen Triebe noch locker fallen, verdecken die Stützen, und der natürliche Wuchs bleibt erhalten.

→ **Lange Blütenstiele** wie die von Eisenhut, Nachtkerze, Rittersporn, Sonnenblume, Steppenkerze oder Stockrose binden Sie am besten mit Bast oder Gärtnerschnur an einzelnen Bambus- oder Holzstäben fest. Achten Sie auf das Verhältnis Stütze zu Pflanze. Am schönsten ist es, wenn die Stütze kaum sichtbar ist, die Pflanze aber trotzdem gut gehalten wird und ihre natürliche Wuchsform noch erkennbar ist.

❯ S. 135, Staudenbeete pflegen ❋

🍀 Wildblumenwiese ansäen

Eine Wildblumenwiese sollte in keinem größeren Naturgarten fehlen. Sie ist zum einen bedeutend pflegeleichter als eine Rasenfläche, zum anderen können Sie hier im Laufe des Jahres immer wieder etwas Neues entdecken.

→ Suchen Sie sich für Ihre Wiese einen ungestörten Standort aus, der nicht so oft betreten wird und der nicht so ideal für einen Nutzgarten oder Staudenbeete ist. Am besten sind eine sonnige bis halbschattige Lage und ein magerer Boden für eine große Blütenvielfalt geeignet.

→ Achten Sie beim Einkauf der Samen unbedingt auf heimische Herkünfte. Fachhändler bieten Saatgut von verschiedenen Regionen Deutschlands und für verschiedene Bodenarten wie nährstoffreich oder mager an.

→ **Bodenvorbereitung:** Bestimmen Sie Ihre Bodenart und wählen Sie Ihr Saatgut entsprechend Ihrem Standort aus. Entfernen Sie alle unerwünschten Wurzelunkräuter und lockern Sie den Boden 20–30 cm tief durch Umgraben. Eventuell müssen Sie die Fläche mit Sand abmagern.

→ **Aussäen:** Säen Sie Ihre Wiesenmischung am besten im März/April oder im Frühherbst aus, dann gibt es keine so großen Temperaturunterschiede. Wässern Sie gut. Eine dünne Sandschicht schützt die gequollenen Samenkörner vor dem Austrocknen.

→ **Wässern:** Bis sich die ersten Laubblätter gebildet haben, müssen Sie Ihre Wiese gut feucht halten.

→ **Mähen:** Gemäht wird die Wiese erst, wenn sich die Blattdecke über dem Boden geschlossen hat. Wiesen auf mageren Standorten werden im Frühherbst, nach der Samenbildung, gemäht. Wiesen auf etwas nährstoffreicheren Böden einmal im Mai, nach der ersten Hauptblüte und dann nochmals im Herbst. Wiesen auf sehr nährstoffreichen Böden müssen mehrmals im Jahr gemäht werden, damit sich auf ihnen eine reiche Artenfülle ansiedeln kann.

› S. 116, Blumenwiesen mähen ❊

TIPP!
So wandeln Sie einen Rasen in eine Blumenwiese um

Am einfachsten kommen Sie zu einer Blumenwiese, indem Sie aufhören, den Rasen zu mähen und zu düngen. Das Gräserwachstum geht im Lauf der Jahre zurück, und es können sich Braunelle, Gänseblümchen, Schafgarbe, Veilchen und andere Wiesenblumen ausbreiten.

Sie können aber auch in vorhandene Rasenflächen Wildstauden (in Fachbetrieben erhältlich) einpflanzen. Empfehlenswert sind kleine, 3–4 cm große Topfballen. Oder Sie ziehen die Pflanzen selbst aus Samen an und verpflanzen sie dann in den Rasen.

🍀 Wildtriebe entfernen

An Ziergehölzen erscheinen immer wieder einmal Wildtriebe, die dem Strauch Kraft nehmen und entfernt werden müssen.

Viele Ziergehölzsorten wie Flieder, Rosen oder Schneeball sind für einen gesünderen Wuchs auf Wildgehölze als Unterlage veredelt worden. Manchmal treibt diese Unterlage aus und nimmt dadurch der Ziersorte nach und nach die Kraft.

Diese sogenannten Wildtriebe wachsen straff aufrecht und schneller als die der Ziersorten. Reißen Sie diese Wildtriebe möglichst nah an ihrer Verzweigungsstelle am Stammgrund oder an den Wurzeln vorsichtig heraus. Beim Herausschneiden kann sich der Wildtrieb aus übersehenen Augen und Knospen schnell wieder entwickeln. ❊

Wildtriebe an Rosen sind leicht zu erkennen und zu entfernen.

Beinwell *Symphytum officinale*

Sehr wuchskräftige bis 1,5 m hohe Staude. Verwendet werden die getrockneten Wurzeln als Tee und die frischen Blätter als Wundauflage bei Prellungen.

Echter Eibisch *Alcea officinalis*

Ab Juli weiß blühende, bis zu 2 m hohe Staude mit dicker weißer Wurzel. Verwendet werden die getrocknete Wurzel als Tee gegen Husten, Blätter und Blüten als Aufguss.

Goldrute *Solidago virgaurea*

Ab August gelb blühende, bis 100 cm hohe Staude. Im August werden die oberen Blütentriebe gesammelt, getrocknet und als Tee gegen Infektionen der Harnwege verwendet.

Ringelblume *Calendula officinalis*

Einjährige, gelb bis orangefarben blühende Pflanze. Verwendet werden die getrockneten Blütenblätter als Tee oder in Salbe verarbeitet zur Wundheilung.

Schafgarbe *Achillea millefolium*

Bis 80 cm hohe Staude. Verwendet werden frische junge Blätter in Salaten oder Kräutersoßen und getrocknete Blüten als Tee gegen Verdauungsstörungen.

Schöllkraut *Chelidonium majus*

20–80 cm hohe Staude für feuchte Standorte. Verwendet wird die gesamte getrocknete Pflanze zur Blütezeit als Tee. Ihr gelber Milchsaft soll gegen Warzen helfen.

Himbeere *Rubus idaeus*
Wild wachsendes oder angepflanztes Gehölz. Verwendet werden die vollreifen rosaroten Früchte als Saft und die im Frühjahr frisch gepflückten Blätter als Tee.

Johanniskraut *Hypericum perforatum*
Bis 60 cm hohe Staude. Verwendet werden die Blüten (verfärben sich beim Zerreiben rot), getrocknet als Tee gegen Depressionen oder frisch, in Öl eingelegt, zum Einreiben.

Odermennig *Agrimonia eupatoria*
Bis 100 cm hohe Staude mit kerzenartigen, gelben Blütenständen. Verwendet wird das getrocknete Kraut als Tee oder zum Gurgeln zur Mundhygiene.

Walderdbeere *Fragaria vesca*
5–10 cm hohe Staude. Verwendet werden die ab Mai reifenden roten Erdbeeren und junge, frische oder getrocknete Laubblätter in Kräuter- oder Früchtetees.

Waldmeister *Asperula odorata*
Kleine Staude für schattige, kühle Standorte. Verwendet werden die oberirdischen Pflanzenteile während der Blütezeit im Mai leicht angetrocknet in Bowle oder als Tee.

Wilder Majoran *Origanum vulgare*
30–50 cm hohe, lila blühende Staude. Beliebte Insektenpflanze. Verwendet werden frische und getrocknete Blätter als Gewürz, getrocknete Blätter und Blüten als Tee.

Aussaat ins Freiland

Alles, was Sie jetzt noch nicht gesät haben, sollte bis Ende Mai in den Garten kommen.

Bis zum 10. Mai sollten alle noch nicht gesäten Samen in die Erde.

→ Weichen Sie die **Bohnen** Anfang Mai in Wasser ein. Wässern Sie die Kerne täglich und gießen Sie das alte Einweichwasser ab. Nach ca. 5 Tagen keimen die Kerne aus und können an Ort und Stelle in die Erde kommen. Legen Sie jeweils 6–8 Stangen- oder Feuerbohnen ca. 3 cm tief um die Kletterhilfen in den Boden. Buschbohnen können Sie in Reihen oder Horsten (5 Kerne im Kreis – Horstabstand ca. 50 cm) ca. 2 cm tief in den Boden auslegen.

→ Frostempfindliches Fruchtgemüse wie **Auberginen**, **Gurken**, **Kürbis**, **Mais** und **Melonen** werden Ende April/Anfang Mai in Töpfe gesät und frostsicher und hell aufgestellt. Sie brauchen zum Keimen mindestens 20 °C. Wenn die Kürbisse, Gurken und Melonen im Gewächshaus zu lang werden, können Sie die Triebspitzen nach dem vierten Blatt ausbrechen, das schafft viele Seitentriebe und fördert mehr weibliche Blüten.

→ Nach den Eisheiligen (15. Mai) können auch die **Tomaten** und **Paprika** ins Freie gesetzt werden. Achten Sie auf die Wettervorhersage: Wenn die Temperaturen nachts unter 10 °C sinken, brauchen die Pflanzen einen Schutz.

❯ S. 96, Schutz vor Spätfrost ✳

Kartoffeln legen

Kartoffeln können Sie legen, wenn der Boden mindestens 7 °C warm ist. Mitte bis Ende April ist in der Regel die richtige Zeit.

Kartoffeln brauchen einen gut gedüngten Boden, um genügend Erträge zu liefern. Am besten wachsen sie in einem sandigen Lößboden. Die beste Frühsorte ist die 'Rita'. Als mittelfrühe Sorten sind 'Cilena' und 'Linda' zu empfehlen, als späte Sorten 'Datura' und 'Donella'.

Wer Pflanzkartoffeln selber einkellert, hat mit der Keimung sicher gar keine Probleme. Gekaufte Knollen sollten vorgekeimt werden.

→ Legen Sie die Knollen im März in flache Kistchen und zwar so, dass die Enden mit den meisten Augen nach oben zeigen.

→ Stellen Sie dann die Kistchen in einem hellen, 10–15 °C warmen Raum zum Austreiben auf.

→ Nach ca. 3 Wochen haben sich dann schon 2–3 cm lange Keime gebildet.

→ Wenn der Boden sich erwärmt hat (mindestens 7 °C), können Sie die vorgekeimten Kartoffeln vorsichtig – mit den Keimen nach oben – in den Boden legen.

→ Legen Sie die Knollen etwa 5 cm tief in Reihen aus. Abstand in der Reihe 30–40 cm, von Reihe zu Reihe 50 cm.

→ Wenn das Laub etwa 15 cm hoch ist, sollten die Pflanzen gehäufelt werden, damit die Wurzelbildung verstärkt angeregt wird.

❯ S. 122, Anhäufeln ✳

Möhren schützen

Die Möhrenfliegen (*Psila rosae*) brechen traditionell Mitte Mai zu ihrem ersten Flug auf.

Die kleinen gelblichen Maden der Möhrenfliege fressen Gänge in Möhren, Pastinaken und Sellerie, die die Rübe am Wachsen hindern und zu Fäulnis führen.

→ Erledigen Sie Hack- und Jätarbeiten sowie das Vereinzeln vor dem Flugtermin der Möhrenfliege, da die Fliegen verletzte Möhrenpflanzen von weit her riechen können und ihre Eier dann gezielt dort ablegen.

→ Spannen Sie gleich nach dem Auskeimen ein Kulturschutznetz (❯ S. 155, Möhren schützen) über die Anbaufläche.

→ Säen Sie Möhren jedes Jahr an einen anderen Platz, dann kann sich die Population der Fliege nicht so stark vergrößern. ✳

Möhrenfliegen entwickeln zwei Generationen pro Jahr.

Obstblüten ausdünnen

Die Blüte der Obstbäume geht ihrem Ende entgegen – jetzt können Sie am Fruchtansatz erkennen, wie die Ernte ausfallen wird.

Je nachdem, wie viel Fruchtansatz am Baum ist, werden die Früchte groß oder klein. Wenn Sie den Fruchtansatz ausdünnen, dann werden die verbleibenden Früchte größer. Ein wichtiger Aspekt des Ausdünnens liegt darin, die gesündesten und kräftigsten Früchte hängen zu lassen.

→ Ende Mai können Sie mit dem Ausdünnen eines zu starken Fruchtansatzes beginnen. Einige Sorten wie 'Schöner aus Bath' oder 'Gloster' neigen dazu, mehr als eine Frucht pro Ansatz auszubilden. Lassen Sie diese hängen, bleiben die Früchte klein.

→ Schauen sie sich die Früchte genau an. Auch bei dieser Größe kann man oft schon Unterschiede feststellen. Kleine, verformte oder beschädigte Früchte und Früchte mit schwarzen Stellen sollten Sie entfernen.

→ Beachten Sie auch, wie stark der Blattansatz zwischen den Früchten ist, da die Blätter die Früchte ernähren müssen.

→ Die richtigen Fruchtabstände betragen bei
Aprikose: 10 cm
Kirsche: nicht ausdünnen!
Zwetschge: 30 Früchte/m Fruchtholz
Kernobst: 5 Fruchtansätze/m Fruchtholz
Wenn Sie diese Abstände einhalten, dann werden Sie zwar weniger, dafür aber größere Früchte ernten können. ✳

Rankhilfen für Erbsen

Viele Gemüsepflanzen brauchen eine Stütze oder ein Gerüst, um sich aufranken zu können.

→ **Erbsen** klettern gerne an Reisig oder Maschendraht in die Höhe. Als Erbsenstützen werden traditionell die sich fächerig entfaltenden Endtriebe der Rotbuche (ca. 1 m hoch) als Reiser genutzt und vor der Aussaat in den Boden gesteckt. Sie können aber auch ganz gut einen leichten Maschendrahtzaun zwischen zwei Holzstangen tackern, an dem die Erbsen emporklettern können.

→ Auch **Gurken** freuen sich über eine Rankmöglichkeit. Das bringt zum einen die Gurken von der Erde weg, wo immer Fäulnis wartet, zum anderen spart diese Möglichkeit auch Platz auf dem Beet. Hier leistet eine Baustahlmatte, die Sie gegen in die Erde gehauene Pfosten lehnen, gute Dienste. Die Triebe sollten Sie allerdings anbinden.

→ **Stangen-** und **Feuerbohnen** brauchen ein höheres Gerüst. Am stabilsten sind 2–3 m hohe Holzstangen, die man dach- oder zeltartig aufstellt und oben zusammenbindet. Für ein Zelt drücken Sie 4–5 Stangen im Abstand von 1 m in die Erde und binden sie oben mit Draht zusammen. Auch das dachförmige Bohnengerüst ist sehr beliebt. Wenn Sie zwischen die Stangen von oben nach unten noch eine dicke Schnur ziehen, die Sie im Boden mit einem Zelthering o. Ä. befestigen, dann haben die Bohnen eine Menge Aufstiegschancen. ✳

Wasserschosse

Senkrechte Triebe, die nach einem starken Rückschnitt in Massen am Baum auftreten können, nennt man Wasserschosse oder Reiter.

Je stärker der Winterschnitt war, desto stärker versucht der Baum, den Verlust an Ästen durch die Bildung von Wasserschossen auszugleichen. Wasserschosse bilden sich direkt am Stamm oder wachsen an den Ästen steil nach oben (› Abb.). Sie nehmen dem Baum die Kraft für die Fruchtbildung und sollten daher entfernt werden.

Bei Obstbäumen können Sie die jungen Wasserschosse am Stamm jetzt ganz leicht von Hand abreißen. Schosse an den Ästen sollten Sie im Frühsommer ausschneiden. ✳

Wenn die Bäume noch nicht belaubt sind, kann man die Wasserschosse sehr gut erkennen und entfernen.

Frage & Antwort
Gesunde und kräftige Pflanzen sind die Basis für schöne Blumenbeete und ertragsreiche Ernten im Gemüse- und Obstgarten. Schade, wenn die Pflanzen kümmern und krank werden. Da ist es gut, die Ursachen zu kennen und zu bekämpfen – besser noch, vorzubeugen.

❓ Meine Pflanzen kümmern. Kann ich etwas für ihre Stärkung tun?

Am Jahresanfang befinden sich die Pflanzen in einer vegetativen Phase, d. h., Saft und Kraft gehen vor allem in Stängel und Blätter. Damit dies gelingt, braucht der Boden auch genügend Nährstoffe. Diese Nährstoffe stellt der Biogärtner jetzt durch Kompostgaben zur Verfügung, wenn sie nicht schon bei der Beetvorbereitung eingearbeitet wurden. Auch andere Produkte wie Jauchen, Stärkungspräparate, Kräuterextrakte oder die Effektiven Mikroorganismen (EM) erhöhen die Gesundheit und fördern die Wuchskraft unserer Pflanzen.

❓ Was macht den Unterschied eines Hochbeetes zum Hügelbeet aus?

Der Aufbau beider Beetformen ist gleich: Unten kommt grobes Material hinein, dann Grassoden oder Beikraut, dann Mist oder unreifer Kompost, ganz oben reifer Kompost.

→ Ein Hochbeet hat gerade Seitenwände, kann also auch vom Rollstuhl aus bearbeitet werden. Sie können sich beim Jäten auf den Rand setzen und reichen mit Ihren Armen weit ins Beet hinein. Es ist stabil gebaut und hält lange. Sie können Fenster auflegen und haben so einen schneckensicheren Frühbeetkasten.

→ Ein Hügelbeet erfordert nur wenig Material und Arbeitseinsatz. Das Zusammensacken des Beetes muss nicht ausgeglichen werden. Nach einigen Jahren, wenn es zusammengefallen ist, kann der Platz ganz leicht wieder in die Gartenstruktur eingefügt werden.

❓ Ich möchte für meinen Garten neue Stauden und Gehölze anschaffen. Wie gehe ich am besten vor?

Das Wichtigste ist, dass Sie Ihren Garten gut kennen lernen. Es ist in der Praxis viel leichter, die richtigen Pflanzen für den vorhandenen Standort auszusuchen, als passende Bodenverhältnisse für bestimmte Pflanzen zu schaffen. Auch die regionalen Gegebenheiten bestimmen die Pflanzenentwicklung. Je nach lokaler Witterung, leichtem sandigem oder schwerem Lehmboden, aber auch dem Kleinklima in Ihrem Garten können identische Pflanzensorten unterschiedliche Höhen, intensivere Blütenfarben, größere Blätter oder einen breiteren Wuchs bekommen.

Sehen Sie sich um, bevor Sie neue Pflanzen kaufen. Schauen Sie sich immer wieder andere Gärten, städtische Anlagen, Gartenschauen und Parks an, damit Sie einen Eindruck von den Pflanzen in Natura gewinnen. Machen Sie ein Foto von besonders gefälligen Stauden, Sommerblumen oder Sträuchern, das erleichtert später das Beschaffen der Pflanzen. Bei den Aktionen »Offene Gärten« oder »Tag der offenen Gartenpforte« öffnen Pflanzenfreunde ihre privaten Gärten. Hier können Sie sich mit anderen Gartenfreunden austauschen. Neuanfänger bekommen hier viele wertvolle Tipps und Eindrücke.

❓ Wo kaufe ich meine Pflanzen am besten ein? Den Sonderangeboten beim Discounter traue ich nicht über den Weg, Fachbetriebe sind aber sehr teuer.

Nach wie vor sind Fachbetriebe am besten zum Pflanzeneinkauf geeignet. Bis eine Staude oder ein Gehölz verkauft werden kann, braucht es allerdings viel Zeit und intensive Handarbeit (4 Monate bis 3 Jahre, je nach Pflanzenart), was sich natürlich auf den Preis auswirken muss. Zudem erhalten Sie in den Fachbetrieben in der Regel eine gute Beratung und viele Antworten auf all Ihre Fragen. Beachten Sie jedoch, dass ein Verkäufer Ihren Garten normalerweise nicht kennt und sich daher die Beratung auf Theorie stützt.

? Kann ich jede frei werdende Fläche mit Gründüngung einsäen?

Das ist grundsätzlich machbar. Je eher Sie die Gründüngung einbringen, desto sicherer kommen die Pflanzen zum Blühen und schaffen Nahrung für nützliche Insekten. Der Boden profitiert davon, wenn die Gründüngung dann eingearbeitet wird. Sollten Sie aber knapp an Fläche sein, wäre es ratsamer, den Platz für Nachsaaten anderer Kulturpflanzen zu nutzen.

? Einige meiner ins Freiland gesetzten Pflanzen haben weiße Flecken, andere sind morgens schwarz und schlapp. Was ist da los?

Wenn weiße Flecken erscheinen, nennt man das Brennflecken, die bei zu plötzlicher und zu viel Sonnenbestrahlung auftreten. Das ist der Fall, wenn die Pflanzen, die bisher im Haus standen, nun bei Sonnenschein ins Freie kommen. Deshalb immer bei bedecktem Himmel oder Regenwetter rausstellen. Oder aber einen Sonnenschutz installieren. Dieser kann aus einem Karton bestehen, der vor den Pflanzen nach Süden hin aufgestellt wird. Schwarze, wie aufgeweicht aussehende Blätter sind Ergebnis eines Frostschadens. Meist trifft es nicht alle Pflanzen. Auch hier ist Schutz angesagt. Abends ins Haus stellen oder abdecken!

? Was kann ich tun, um Fehleinkäufe in Gartencentern oder im Gartenversand zu vermeiden?

Eine 100%ige Sicherheit gibt es beim Kauf leider nicht.

→ Sie können allerdings oft schon vom äußeren Eindruck auf das Qualitätsbewusstsein des Gartencenters schließen. Wirken Verkaufsanlage, Schaubeete und Stellflächen für Containerpflanzen sauber und gepflegt? Sehen Sie in den Pflanzgefäßen »Unkraut«? Sehen Sie kranke, ausgetrocknete oder beschädigte Pflanzen? Ist ausreichend und vor allem fachlich geschultes Personal anwesend?

→ Beim Internetversand oder Bestellungen aus Gartenkatalogen ist es noch schwieriger festzustellen, wie ernst es der Anbieter mit seiner Arbeit nimmt. Achten Sie bei Internetbestellungen oder anderen Gartenversandunternehmen immer auf die exakte Sortenbezeichnung. Ebenso sollte auch immer der botanische Name (Gattung und Art) bei den angepriesenen Gartenschätzen stehen.

→ Ein Anbieter mit detaillierten Pflanzenbeschreibungen, in denen auch die Standortansprüche und sonstige Besonderheiten aufgeführt sind, ist glaubwürdiger als jemand, der nur mit Hochglanzfotografien wirbt.

→ Kaufen Sie bevorzugt in lokalen Gärtnereien ein, wo Sie zur Not die Pflanze umtauschen können oder zumindest mit mitgebrachten Blüten oder Trieben den Betriebsinhaber auf eventuelle Sortenfehler hinweisen können. Heben Sie sich bei hochpreisigen Pflanzen sicherheitshalber immer die Quittung auf.

? Ich möchte Mais in meinem Garten anpflanzen. Muss ich ihn vorziehen, oder kann ich direkt ins Freiland aussäen?

Mais ist ein Starkzehrer, braucht also einen nährstoffreichen und lockeren Boden. Für besonders frühe Ernten können Sie den Mais Anfang Mai im Frühbeet oder Gewächshaus aussäen und dann nach den letzten Frostnächten auspflanzen. Halten Sie einen Abstand von 30–50 cm zwischen den einzelnen Pflanzen. Sie können aber auch Anfang Mai direkt ins Freiland aussäen.

Mais ist eine wärmeliebende Pflanze. Sie braucht wie Gurken, Paprika und Tomaten einen Wärmeschutz (auch für die Aussaat) durch ein Vlies, sollten die Temperaturen noch einmal sinken.

Frühsommer

Die Gartenpflanzen stehen jetzt in vollem Saft und sind schon bald bereit, um in der Küche verarbeitet zu werden. Sie sollten immer noch auf die Wetternachrichten achten, denn auch im Juni – vor allem in bergigen Gebieten – kann es auch jetzt noch zu Kälteeinbrüchen (Schafskälte) kommen. Erst Ende Juni (Siebenschläfer) zeigt sich, ob sich ein dauerhaftes Azorenhoch durchsetzen kann.

Das lässt sich im Biogarten beobachten

Mit zunehmender Sonnenscheindauer erblühen immer mehr Blütenpflanzen in den verschiedensten Farben. Erntefrischer Salat und Radieschen und frische Kräuter stehen nun auf dem Speiseplan, die ersten Erdbeeren verlocken zum Naschen.

Tiere im Garten

KInderstube: Bei vielen kleinen Tierarten wie Vögeln, Mäusen, Igeln, Kröten und Eidechsen, erkunden die Jungtiere zu Beginn des Sommers ihre Umwelt. Sie lernen, selbstständig auf Futtersuche zu gehen und sich vor Feinden zu schützen. Andere lassen sich noch bis zum Herbst von den Eltern versorgen. Glücklich die Tiere, die auch im Sommer genügend Schlupflöcher und Nahrung in naturbelassenen Bereichen des Gartens finden.

Auch wenn die meisten dieser Tiere den direkten Kontakt mit dem Menschen scheuen, lassen sie sich in Hausnähe blicken – sofern das Futterangebot verlockend genug ist.

Vermehrung: Auch alle anderen Tiere sind emsig damit beschäftigt, ihre Art zu erhalten und zu mehren. Bienen und Hummeln gehen erfolgreich auf Nektarsuche – in diesem Zug sorgen sie gleich für die Bestäubung, indem sie Blütenpollen von einer Pflanze zu anderen tragen, sodass auch im Folgejahr wieder alles grünt und blüht.

← **Käferleben:** Im Sommer können Sie die vielfältigsten nützlichen, aber auch schädlichen Insekten im Garten finden und beobachten. Der Maikäfer (*Melolontha melolontha*) gehörte lange Zeit zu den eher seltenen Arten im Garten, ist jetzt aber wieder auf dem Vormarsch. Seine Lieblingsspeise sind frische Hainbuchenblätter.

↑ **Es schwirrt in der Luft:** Unter den vielen fliegenden Insekten sind die Schmetterlinge die auffälligsten. Der Kleine Fuchs (*Aglais urticae*) gehört zu den häufigsten Faltern in unseren Blumenbeeten. Er ernährt sich von Blütennektar und ist jetzt fleißig auf Nahrungssuche. Die Weibchen legen im Mai ihre Eier in Gruppen auf der Unterseite von Brennnesselblättern ab, der Nahrungspflanze der Raupen.

Sommerliche Blütenpracht und Essgenuss

Sinnesfreuden: Bei gut geplanter Anpflanzung kann man sich auch in den heißen Sommermonaten an immerwährender Blütenpracht erfreuen. Die lauen Sommernächte sind erfüllt mit Kräuterdüften. Fruchtansätze an den Obstbäumen, reife Beeren und leuchtende Kirschen verheißen reichen Lohn für den Gärtner.

Erntezeit: Blattgemüse wie Mangold bieten frühmorgens ihre knackigen Blätter zur Ernte für das Mittagessen an. Junge Erbsenschoten schmecken auch von der Hand in den Mund. Früher Salat geht in Blüte. In der Mittagssonne halten auch die Pflanzen Siesta, um die Verdunstung zu reduzieren. Unterirdisch wachsen die Wurzelgemüse wie Bete, Möhre oder Pastinake und Kartoffeln heran – ihre Größe werden sie erst später verraten.

← Verlockende Düfte: Die verschiedensten Blütenpflanzen duften um die Wette, um Bestäuber anzulocken. Zu den intensivsten Duftpflanzen zählt das Maiglöckchen (*Convallaria majalis*) mit seinen reinweißen, Blüten.

↑ Reicher Blütenansatz: Im Juni setzen die ersten Fruchtgemüse Blüten an. Zucchini (*Cucurbita pepo*) und andere Kürbisarten tragen große männliche und weibliche Blüten, doch nur die weiblichen – zu erkennen am Fruchtknoten unter den Blütenblättern – setzen Früchte an. Die männlichen Blüten (> Abb.) können Sie in Öl frittieren oder als Salat-Dekoration nutzen.

Das lässt sich in der Natur beobachten

Wasserhaushalt: »Blüht die Esche vor der Eiche, gibt's im Sommer große Bleiche.« Manchmal stimmt diese Bauernregel, manchmal nicht. Die Natur in unseren Breitengraden sorgt aber auf wunderbare Weise für einen Ausgleich im Wasserhaushalt: Zu wenig Feuchtigkeit an heißen Tagen wird in der Nacht durch kondensierte Feuchtigkeit aus der Luft ausgeglichen, zu viel Regen wird über durchwachsene Böden abgeleitet.

Generationenfolge: Jede Pflanzenart versucht, sich optimal fortzupflanzen und für eine nächste Generation zu sorgen. Hilfe bekommen viele Pflanzenarten vom Wind, der den Blütenstaub weit verbreitet. Viele Pflanzen ziehen aber auch mit ihrer Leuchtkraft Insekten zum Bestäuben an, andere locken mit betörenden Düften.

111

Buchsbaumkrankheiten erkennen und behandeln

Der bei uns seit Jahrhunderten geschätzte Buchsbaum wird in den letzten Jahren zunehmend durch Krankheiten und Schädlinge beeinträchtigt. Im schlimmsten Fall muss das klassisch schöne Gehölz sogar gerodet werden.

Pilzkrankheiten beim Buchs

Wenn Sie den Pilzbefall rechtzeitig erkennen, dann können Sie Ihre Buchspflanzen in der Regel noch erhalten.

(1) Zweigsterben macht sich zunächst durch rosafarbene Pusteln auf den Blattunterseiten bemerkbar.

(2) Echter Mehltau ist deutlich erkennbar an dem mehlartigen Belag, der sich auf den Blattoberseiten ansiedelt.

(3) Triebsterben kündigt sich durch grau- bis orangebraune Blattflecken auf den Blattoberseiten an.

Am häufigsten treten beim Buchs die folgenden drei Pilzkrankheiten auf:

→ Nährstoffmangel, Staunässe, Trockenstress oder zu saurer Boden sind die Ursachen, dass Buchs verstärkt von einem Pilz (*Volutella bux*) befallen wird, der das **Zweigsterben** (> Abb. 1) erzeugt. Der Pilz siedelt sich auf den Blattunterseiten an, die Blätter sind verdreht und eng anliegend. Später verliert die Pflanze das inzwischen braune Laub, die Zweige trocknen ein und sterben ab. Bekämpfung: starker Rückschnitt, Entfernen des Falllaubes, Spritzen mit vorbeugend wirkenden Kupfermitteln.

→ Ebenfalls ein Schwächeparasit ist der **Echte Mehltau** (*Erysiphales*), der beim Buchs als weißer Sporenbelag auf der Blattoberseite zu erkennen ist (> Abb. 2).
Bekämpfung: Spritzen mit Fungiziden.

→ Der Pilz (*Cylindrocladium buxicola*), der das **Triebsterben** (> Abb. 3) verursacht, verbreitet sich bei Temperaturen von 5–25 °C und lang anhaltender Blattnässe. Die bis zu vier Jahre infektiösen Dauersporen des Pilzes werden beispielsweise über Falllaub, Werkzeuge und Wind verbreitet.
Bekämpfung: Es gibt noch keine Behandlungsmöglichkeiten, sodass befallene Pflanzen vernichtet werden müssen (nicht auf den Kompost, sondern in den Hausmüll zur Ver-

brennung!). An diesen Standort dürfen Sie keinen Buchs mehr setzen, weil sich die neuen Pflanzen über noch vorhandene Pilzsporen im Boden wieder infizieren können. Als Alternative für niedrigere Hecken bieten sich dann die nur einen Meter hohen, etwas breiten, sehr robusten und schnittverträglichen Heckenkirschen (*Lonicera nitida* und *Lonicera pileata*) an. Ihre unscheinbaren grünen Blüten im Februar/ März sind zudem eine gute und frühe Bienenweide.

Vorbeugende Maßnahmen

→ Vorbeugend sollten Sie Buchs nur bei trockener Witterung schneiden und nur von unten gießen.

→ Nach oder sogar während des Heckenschnittes sollten Sie das Werkzeug mit unverdünntem Spiritus einsprühen.

→ Ungeschnittener Buchsbaum ist etwas lockerer aufgebaut. Im Gegensatz zu den dichten Formgehölzen können die Pflanzen leichter abtrocknen. ✳

TIPP!
Pflanzen Sie robuste Sorten!

Wenn Sie eine Buchshecke pflanzen wollen, dann greifen Sie zu den robusteren und weniger krankheitsanfälligen Sorten wie:

- *Buxus microphylla 'Faulkner'*
- *Buxus microphylla 'Herrenhausen'*
- *Buxus sempervirens 'Arborescens'*
- *Buxus sempervirens 'Elegantissima'*

Buchsbaumschädlinge bekämpfen

So schön Buchsbaum als Einzelstrauch, geschnittene Hecke oder Beetumrandung ist, er wird immer häufiger von Schädlingen befallen.

Zu den häufigeren Buchsbaumschädlingen zählen der Buchsbaumblattfloh (*Psylla buxi*) (› S. 93), die Buchsbaum-Gallmilbe (*Monarthro-palpus buxi*) und die Buchsbaum-Spinnmilbe (*Eurytetranychus buxi*). Diese drei Schadinsekten können Sie durch einen zeitigen Rückschnitt im Mai weitgehend dezimieren, da zu dieser Zeit ihre Entwicklung beginnt. Weitaus gefährlicher ist der Buchsbaum-Zünsler (*Diaphania perspectalis*), ein ca. 45 mm großer Falter, der seine Eier an Buchs ablegt. Er ist schon ab Mitte

März bis Anfang April (ab einer Temperatur von 7 °C) aktiv, im Mai dann aber besonders häufig. Die aus den gelblichen Eigelegen schlüpfenden grünen, schwarzgestreiften und -gepunkteten Raupen durchlaufen bis zur Verpuppung 6–7 Larvenstadien. Sie fressen die Pflanzen von innen nach außen völlig kahl. Nach den Blättern machen sie sich über die grüne Rinde der Triebe her. Sie schützen sich mit dichten Gespinsten vor Fressfeinden. Die letzte Raupengeneration überwintert im Gespinst in Fugen und Ritzen.

Der Buchsbaum-Zünsler wurde aus Ostasien in unsere Gärten eingeschleppt.

→ Solange die Raupen noch ungeschützt sind, können Sie mit pyrethrum- oder rapsölhaltigen Pflanzenschutzmitteln sprühen.
→ Befallene Pflanzenteile sollten Sie über den Hausmüll entsorgen. ✳

Lilienhähnchen – schön und gefräßig

Zu den schönsten, aber nicht minder gefräßigen Schädlingen gehört das feuerrote Lilienhähnchen, denn es schaden sowohl Käfer als auch Larven.

Das Lilienhähnchen (*Lilioceris lilii*) fällt mit seiner leuchtend roten Farbe sofort auf.

Lilienhähnchen fressen an Lilien, Kaiserkronen, Schnittlauch und Zwiebeln. Die leuchtend roten, 6–8 mm langen Käfer finden sich ab April ein. Ende April legen die Weibchen bis zu 300 gelbliche Eier an die Blattunterseite der Futterpflanzen ab. Die nach über zwei Wochen aus den Eiern schlüpfenden Larven verstecken sich unter ihren braunen Kothaufen und sind damit für Fressfeinde unattraktiv. Nach 2–3 Wochen verpuppen sich die Larven. Drei Wochen nach der Verpuppung schlüpfen die Käfer der zweiten Generation.

→ Sie können die Larven mit einem scharfen Wasserstrahl abspülen. Da sie nicht auf die Pflanzen zurückklettern können, sind sie jetzt unschädlich.
→ Schwieriger ist es die Käfer einzusammeln, denn sie lassen sich bei der kleinsten Berührung mit dem Rücken auf den Boden fallen. Durch ihre schwarze Unterseite sind sie nur schwer auf der Erde zu erkennen. Legen Sie vor dem Absammeln ein helles Tuch oder eine Pappe auf dem Boden aus.
→ Ebenfalls hilft eine 1 %ige Spritzlösung aus Schmierseife und Spiritus oder Neemöl, die auf Blätter und Boden ausgebracht wird.
→ Alternativ können Sie auch ein Extrakt aus Wermut oder Rainfarn spritzen.
› S. 114, Pflanzenschutz mit sanften Mitteln ✳

Frühsommer

Pflanzenschutz mit sanften Mitteln

Sie können aus verschiedenen Pflanzen leicht milde Spritzmittel herstellen, die Ihre Pflanzen vor Krankheiten und Schädlingen schützen.

Im Frühsommer treten die verschiedensten Schädlinge und Krankheiten auf, die es zu bekämpfen gilt.
Es gibt drei verschiedene Möglichkeiten, Spritzmittel aus Pflanzen herzustellen:

Kaltwasserauszug

Hierzu werden frische oder getrocknete Pflanzenteile 1–3 Tage in kaltes Wasser gelegt, abgesiebt und je nach Einsatz unverdünnt oder 1 : 1 verdünnt ausgespritzt. Achten Sie darauf, dass der Auszug nicht gärt!

Pflanzenbrühe

Frische Pflanzenteile werden 1 Tag in Wasser eingeweicht, danach 30 Minuten gekocht, zugedeckt, abgekühlt und abgesiebt. Pflanzenbrühen werden meist in einer Verdünnung von 1 : 10 gespritzt.

Tee

Frische oder getrocknete Pflanzenteile werden mit kochendem Wasser übergossen, abgekühlt und abgesiebt. Sie werden in Verdünnungen von 1 : 5 bis 1 : 10 angewendet.

→ Verwenden Sie zum Ansatz – wenn möglich – Regen- statt Leitungswasser.
→ Benutzen Sie das abgesiebte Material als Mulch oder geben Sie es auf den Kompost.
→ Führen Sie alle Spritzungen bei trockenem Wetter aus und wiederholen Sie sie mehrere Tage lang.

Gegen Pilzerkrankungen

→ **Acker-Schachtelhalm:** Vorbeugende Spritzung einer Pflanzenbrühe. Ansatz von 3 kg frischer oder 300 g trockener Pflanze auf 10 Liter Wasser zum Kochen bringen, 15 Minuten sieden und abkühlen lassen. Unverdünnt auf Blätter und Boden sprühen. Die Kieselsäure im Acker-Schachtelhalm festigt die Zellwände, sodass Pilzsporen nur schwer in das Gewebe eindringen können.
→ **Rainfarn:** 3 kg frisches oder 300 g trockenes Kraut heiß übergießen und abgekühlt unverdünnt sprühen.
→ **Rhabarber:** 1 kg zerkleinerte Blätter (am besten durch den Fleischwolf drehen) mit 5 Litern Wasser aufsetzen und nach 3–5 Tagen abseihen. Unverdünnt auf die befallenen Pflanzen sprühen.
→ **Zwiebel:** Die Zwiebeln durch einen Fleischwolf drehen und mit Wasser 2 Tage kalt aufsetzen. In der Verdünnung 1 : 2 (1 Teil Extrakt, 2 Teile Wasser) auf die kranken Blätter sprühen.

Gegen saugende Insekten wie Läuse und Milben

→ **Brennnessel:** 3 kg frisches Kraut zerkleinern und für 12 Stunden in 10 Liter Wasser einweichen. Unverdünnt auf die befallenen Pflanzen sprühen. Hier helfen die Wirkstoffe der Brennhaare.
→ **Meerrettich:** Eine Meerrettichstange fein reiben, mit kaltem Wasser aufsetzen und 1–2 Tage stehen lassen – es soll nicht gären! Dann verdünnt (1 Teil Extrakt und 2 Teile Wasser) auf die befallenen Pflanzen sprühen.
→ **Wermut:** 1 kg frische Pflanze oder 100 g trockene Pflanze mit heißem Wasser übergießen. Nach dem Abkühlen 1 Teil Auszug mit 10 Teilen Wasser mischen und auf die befallenen Pflanzen sprühen.

Abwehr von Weißer Fliege, Möhrenfliege, Motten und Kohlweißling

→ **Knoblauch:** Der Knoblauchgeruch verwirrt die anfliegenden Insekten. 10 Knoblauchzehen durch den Wolf drehen und mit 1 Liter Wasser ansetzen. Nach 2 Tagen abseihen und unverdünnt auf die gefährdeten Pflanzen sprühen.
Eine ähnliche Wirkung haben auch die Blätter von Farnkraut, Holunder und Tomate.
→ **Wermut:** Wermut verhindert durch seine bitteren Stoffe die Entwicklung der Maden. 1 kg frische oder 100 g trockene Pflanzen mit 10 Litern heißem Wasser überbrühen und unverdünnt auf die gefährdeten Pflanzen sprühen. Ähnliche Wirkung haben auch Brennnessel, Rainfarn und Rhabarber. Verwechseln Sie Pflanzenbrühen zum schonenden Pflanzenschutz nicht mit Pflanzenjauchen (> S. 132, Pflanzenjauchen zum Düngen), die zum Düngen und zur Pflanzenstärkung eingesetzt werden. ✿

Pilzbefall

Pilze siedeln sich überall dort an, wo die Lebenskräfte der Pflanzen weniger werden oder wo triebiges Wachstum herrscht.

Wenn die Pflanzen schon einen Pilzbefall zeigen, brauchen sie dringend Hilfe. Bevor Sie irgendetwas tun, schauen Sie sich die Pflanzen genau an. Wenn sie kümmerlich wachsen, ist eine Portion Brennnesseljauche hilfreich (❯ S. 132, Pflanzenjauchen zum Düngen). Wenn sie zu triebig wuchern (zu viel Stickstoffdüngung), sollten Sie sie im Wachstum bremsen, indem Sie einige Blätter oder Triebe entfernen.

→ Entfernen Sie die befallenen Blätter und kompostieren Sie diese möglichst getrennt, ansonsten in die Mülltonne damit.

→ Wenn die Pflanzen zu eng stehen, dann entfernen Sie einige Nachbarpflanzen.

→ Wenn der Boden zu trocken ist, dann sorgen Sie für ausreichend Feuchtigkeit. Gießen Sie morgens, und zwar nicht auf die Blätter, sondern bodennah in den Wurzelbereich.

→ Wenn der Boden zu feucht ist, sorgen Sie für schnellere Abtrocknung der Blätter.

→ Tritt der Pilz im Gewächshaus auf, sollten Sie zuallererst die Lüftung verbessern.

→ Ein Kaltwasserauszug von Knoblauch (❯ S. 114, Pflanzenschutz mit sanften Mitteln) kann Schädlinge fernhalten und bestimmte Pilze an der Besiedlung der Pflanzen hindern.

→ Alternativ können Sie mit Neudovital (zugelassen im Bioanbau) spritzen. ❄

Samenunkraut jäten

Das Beikraut wächst jetzt mit den Kulturpflanzen um die Wette. Jäten Sie jetzt vor allem Samenunkräuter bevor sie aussamen!

→ Bei den **Einkeimblättrigen** (❯ S. 218, Glossar) ist es vor allem das Einjährige Rispengras (*Poa annua*) (❯ Abb. 1), das eine Masse an Samen produziert und bei zu spätem Jäten durch ausgefallene Samen schnell einen grünen Rasen schafft. Wenn Sie das Gras nur loshacken, dann braucht es drei heiße Tage, um zu vertrocknen. Besser Sie räumen es gleich vom Beet ab, denn das losgehackte Gras wächst nach Regen sofort wieder an.

→ Bei den **Zweikeimblättrigen** (❯ S. 218, Glossar) ärgern uns vor allem das Franzosen- oder Knopfkraut (*Galinsoga ciliata*)(❯ Abb. 2), das Hirtentäschelkraut (*Capsella bursa-pastoris*) (❯ Abb. 3) und die Vogelmiere (*Stellaria media*)(❯ Abb. 4), weil sie sehr schnell wachsen und unzählige Samen entwickeln, die auch sofort wieder keimen und neue Pflanzen entstehen lassen.

→ Wenn die los gehackten Pflanzen schon Samen ausgebildet haben, dann sollten Sie sie nicht auf dem Beet lassen und auch nicht auf den Kompost werfen, da sie dort keimfähig bleiben und wieder verbreitet werden.

→ Noch blühende Pflanzen können beim Welken noch Samen bilden (Notreife!). Sie gehören in die Biotonne.

→ Noch nicht blühende Pflanzen können an Ort und Stelle vertrocknen und als Nahrung vom Bodenleben assimiliert werden.

❯ S. 97, Unkräuter erkennen und entfernen ❄

Lästige Samenunkräuter

(1) Einjähriges Rispengras sät sich sehr schnell aus. Da müssen sie gut hinterher sein!

(2) Franzosenkraut sollten Sie jäten, wenn die ersten Blüten erscheinen.

(3) Hirtentäschelkraut ist unscheinbar, kommt aber sehr häufig vor

(4) Vogelmiere entwickelt lange, weit kriechende Stängel.

Frühsommer

❀ Abgeblühtes schneiden

Damit Sie sich lange an der Blütenpracht Ihrer Rosen erfreuen können, sollten Sie bei jedem Gang durch den Garten welke Blüten abschneiden.

➜ Entfernen Sie jetzt kontinuierlich von öfter blühenden Rosen die welken Blüten und kontrollieren Sie die Pflanzen auf eventuelle Schädlinge und Krankheiten. › S. 117, Pilzkrankheiten an Rosen

➜ Lassen Sie bei den einmal blühenden Rosen die abgeblühten Blütentriebe stehen, damit sich aus ihnen Hagebutten entwickeln können. Zum einem sind diese Rosenfrüchte zierend, zum anderem sind sie ein beliebtes Vogelfutter. › S. 36, So locken Sie Nützlinge an ❁

Öfter blühende Rosen blühen noch üppiger, wenn Sie regelmäßig die welken Blüten abschneiden.

❀ Blumenwiesen mähen

Gegen Ende des Frühsommers ist der erste Flor in der Blumenwiese verblüht, und es ist Zeit für den Rückschnitt. Haben Sie noch keine Blumenwiese, dann verwenden Sie doch das Schnittgut von Streuobstwiesen zur Aussaat.

Es hängt sehr von den entsprechenden Bodenverhältnissen ab, wann Sie Ihre Blumenwiese mähen sollten. Die artenreichsten Blumenwiesen gedeihen auf mageren Standorten. Unsere Gartenböden sind oft noch zu nährstoffreich und müssen daher durch einen regelmäßigen Schnitt abgemagert werden. Auch wenn sich Brennnesseln ansiedeln, sollte öfter geschnitten werden.

➜ Wiesen auf nährstoffreichen Böden werden Mitte/Ende Juni und im September geschnitten.

➜ Wenn Sie die Artenvielfalt auf Ihrer Wiese erhöhen möchten, sollten Sie auf sehr nährstoffreichen Böden öfter mähen und das Schnittgut kompostieren. Der erste Rückschnitt erfolgt in der ersten Maiwoche, der zweite in der letzten Juniwoche und der dritte ab Ende Oktober.

➜ Niedrige Blumen- und Kräuterrasen, die im Biogarten oftmals als Zierrasenersatz dienen, werden je nach Nutzung fünf- bis achtmal pro Jahr gemäht.

➜ Magere Wiesen werden zur Hälfte im Juni und im Oktober gemäht.

➜ Wildblumensäume, z. B. an Hecken, werden maximal einmal im Herbst oder im Frühjahr geschnitten.

➜ Sehr niedrige Blumenschotterrasen – eine neue Methode des naturnahen Wegebaus, bei der sich nach der Aussaat allmählich ein spärlicher, niedriger, aber sehr blütenreicher attraktiver Bewuchs entwickelt – werden gar nicht gemäht. Nur im Herbst sollten Sie die abgestorbenen Pflanzenteile und das Laub von der Fläche abrechen.

Blumenwiesen aus Schnittgut anlegen

Fragen Sie in Ihrem Bekanntenkreis oder bei Naturschutzorganisationen nach, wann deren Blumenwiesen geschnitten werden und ob Sie etwas von dem Schnittgut bekommen.

➜ Achten Sie auf ähnliche Standortverhältnisse. Auf einem nährstoffreichen Gartenboden gedeihen keine typischen Magerwiesenpflanzen.

➜ Breiten Sie dieses Schnittgut auf Ihre vorbereitete, unkrautfreie, feuchte Fläche aus. Das Schnittgut dient als schützende Mulchschicht für die herabfallenden Samen. Viele abgeschnittene Blumenstängel entwickeln noch nachträglich keimfähiges Saatgut.

➜ Nach ein paar Wochen sollten bereits einige Pflanzen gekeimt haben.

➜ Sobald sich Blüten von unerwünschten Kräutern entwickeln, sollten Sie die Fläche mähen und das Schnittgut abtransportieren.

› S. 101, Wildblumenwiese ansäen ❁

Pilzkrankheiten an Rosen

Die Schönheit der Rosen wird leider immer wieder durch eine ganze Reihe von Krankheiten – in der Hauptsache Pilzbefall – beeinträchtigt. Bei rechtzeitigem Erkennen können Sie die Pflanzen noch retten.

Sie können im Vorfeld schon einiges für die Gesundheit Ihrer Rosen tun:

→ Für ein gutes Wachstum und Gedeihen benötigen Rosen einen offenen, sonnigen Standort, ohne extreme Hitze und mit guter Luftzirkulation, damit die Pflanzen nach Niederschlägen schnell wieder abtrocknen.

→ Setzen Sie die Rosen nicht zu dicht. Eng aneinander stehende Triebe trocknen nur schwer ab, und dauerhaft nasses Laub lässt Pilzsporen in das Gewebe eindringen. Auch Schnittmaßnahmen helfen hier.

→ Überdüngen Sie nicht.

→ Wenden Sie vorbeugend Acker-Schachtelhalm- oder Rainfarnbrühe gegen Pilzbefall an (› S. 114, Pflanzenschutz mit sanften Mitteln).

Echter Mehltau

Beim Echten Mehltau (*Sphaeotheca pannosa*)(› Abb.1) tritt ein weißlicher, schimmelartiger Belag an Blättern und Blüten auf.

→ Gegenmaßnahmen: Seien Sie mit der Stickstoffdüngung vorsichtig, für stabiles Pflanzengewebe sorgen kaliumreiche Dünger. Spritzen Sie zur Sicherheit alle 14 Tage ein Pflanzenstärkungsmittel. Schneiden Sie befallenes Laub ab. Nicht kompostieren, denn der Pilz bildet Dauersporen, die auch im nächsten Jahr noch aktiv sein können! Bei starkem Befall hilft nur ein Fungizid!

Falscher Mehltau

Beim Falschen Mehltau (*Peronospora sparsa*) (› Abb. 2) entwickeln sich auf den Blattoberseiten und Trieben braunrote bis violettfarbene Flecken. Die Blattunterseite ist mit einem grauen Schimmelrasen bezogen. Die Blätter vertrocknen und fallen ab.

→ Gegenmaßnahmen: wie beim Echten Mehltau.

Sternrußtau

Beim Sternrußtau (*Diplocarpon rosae*) (› Abb. 3) machen sich auf den Rosenblättern dunkelbraune, unregelmäßig sternförmige Blattflecken mit einem gelben Rand bemerkbar.

→ Gegenmaßnahmen: Befallene Blätter so früh wie möglich von den Pflanzen entfernen und entsorgen, damit der Pilz sich nicht weiter verbreitet.

Rosenrost

Rosenrost (*Phragmidium mucronatum*) (› Abb. 4) verursacht zahlreiche, gelborange bis rostrote Pusteln. Bei starkem Befall werfen die Rosen ihre Blätter ab.

→ Gegenmaßnahmen: Befallenes Laub umgehend entfernen, denn die alten Blätter beherbergen die Wintersporen, über die im nächsten Jahr eine Neuinfektion erfolgen kann. ❃

Pilzkrankheiten erkennen

Rosen werden gerne von verschiedenen Pilzen befallen. Am besten fragen Sie daher schon beim Kauf nach pilzresistenten Rosensorten.

(1) Echter Mehltau ist ganz leicht an dem mehligen Belag an Triebspitzen, Blättern, Knospen und Blüten zu erkennen.

(2)) Falscher Mehltau tritt meist bei feuchtkühler Witterung auf und äußert sich in violetten Blattflecken.

(3) Sternrußtau verursacht zunächst dunkelbraune Blattflecken. Die Blätter werden später gelb und fallen ab.

(4) Rosenrost erkennen Sie an den zunächst orangefarbenen, später schwarzen Pusteln an den Blättern.

Frühsommer

Schädlinge an Rosen

Rosenschädlinge wie Läuse, Spinnmilben und Zikaden schädigen die Pflanzen nicht nur durch Saftentzug, sie übertragen auch Bakterien und Viren.

In einem funktionierenden biologischen Garten werden die Schädlinge durch die Nützlinge in Schach gehalten, und Sie sollten sich mit Pflanzenspritzungen zurückhalten. Spritzmittel, die gegen Schädlinge wirken, treffen auch immer einen Teil der Nützlinge. Manchmal kann aber durch besondere Umstände die Schädlingsplage trotz vieler Nützlinge überhandnehmen, vor allem, wenn es im Frühjahr sehr trocken war. So können Sie die Schädlinge an Ihren Rosen biologisch dezimieren:

➜ Spritzen Sie befallene Triebe täglich mit Wasser ab, vor allem auch die Blattunterseiten, denn dort sitzen gut geschützt die meisten Schädlinge.

➜ Schneiden Sie stark befallene Triebe ab und entsorgen Sie diese über den Hausmüll.

➜ Setzen Sie frühzeitig alle 7–14 Tage Pflanzenstärkungsmittel ein. Spritzen Sie jedoch nicht bei intensiver Sonneneinstrahlung. Manche Stärkungsmittel enthalten ätherische Öle, und das kann dann zu unschönen Blattflecken führen.

➜ Verwenden Sie nützlingsschonende Pflanzenschutzmittel. Beachten Sie die Hinweise der Hersteller zu Dosierung, Anwendungszeiten und Anwendungsweise. ✳

Stauden zur Nachblüte verhelfen

Nach ihrer Hauptblüte im April/Mai können viele im Sommer blühende Stauden für eine weitere Blüte zurückgeschnitten werden. Meistens sind das mittelhohe bis hohe Pflanzen.

Sie können den meisten Stauden zu einer Nachblüte verhelfen, wenn Sie sie jetzt zurückschneiden. Auf diese Weise erreichen Sie bei vielen Pflanzen wie Katzenminze, Rittersporn, Sonnenröschen oder Wiesensalbei eine monatelange Blüte und einen regelmäßigeren Wuchs.

➜ Wenn die Stauden schon zu zwei Drittel verblüht sind, dann schneiden Sie Triebe –

möglichst vor der Samenbildung – bis auf 10 cm über dem Boden zurück. Gesundes Schnittgut können Sie sehr gut als Mulch- oder Kompostmaterial verwenden.

➜ Schneiden Sie von einer Pflanzenart nie alle Pflanzen auf einmal zurück, sondern staffeln Sie. Auf diese Weise haben Sie immer ein paar Blüten der gewünschten Art und die Insekten weiterhin Nahrung.

➜ Wildstauden sollten Sie gar nicht zurückschneiden. Lassen Sie Ihre Wildstaudenflächen ganz in Ruhe. Durch den Eingriff können für ein paar Wochen kleinere Freiflächen entstehen, die sich rasch mit unerwünschten Kräutern besiedeln. Biogärtner haben auch beobachtet, dass die zurückgeschnittenen Pflanzen beim Neuaustrieb dann viel leichter umfallen. ✳

Stauden im Sommer zurückschneiden oder nicht?

Rückschnitt fördert die Nachblüte	
Bunte Kronwicke	*Coronilla varia*
Katzenminzen	*Nepeta*
Margerite	*Leucanthemum vulgare*
Moschusmalve	*Malva moschata*
Rittersporn	*Delphinium elatum*
Schafgarbe	*Achillea millefolium*
Schleifenblume	*Iberis*
Sonnenröschen	*Helianthemum*
Steppensalbei	*Salvia nemerosa*
Wiesenflockenblume	*Centaurea jacea*
Wiesensalbei	*Salvia pratensis*

Rückschnitt zwecklos oder schädigend	
Aufrechte Waldrebe	*Clematis recta*
Blut-Storchschnabel	*Geranium sanguineum*
Dauerlein	*Linum perenne*
Lilien	*Lilium*
Pfingstrose	*Paeonium*

Zwiebelblumen ausgraben?

Die Zwiebelblumensaison der Frühjahrsblüher neigt sich nun dem Ende entgegen: Die Blätter vergilben, und die Samenstände entwickeln sich.

Großblumige Zwiebelblumen wie Narzissen und Osterglocken oder Tulpen sind hoch entwickelte Sorten und bilden keimunfähige Samen aus. Nichtsdestotrotz raubt die Ausbildung der Samen den Pflanzen viel Kraft. Entfernen Sie daher von den Zwiebelblumen nach der Blüte die Samenstände. Lassen Sie das Laub bis zum völligen Vergilben und Vertrocknen an den Pflanzen. Damit sammeln die Pflanzen genug Energie für die nächste Saison. Ideal ist es, wenn Sie die Zwiebelblumen so gesteckt haben, dass das einziehende Laub nun von heranwachsenden Stauden verdeckt wird.

Blumenzwiebeln ausgraben
Narzissen und Tulpen haben die Angewohnheit, immer tiefer in das Erdreich zu wurzeln. Die Zwiebel wandert immer weiter nach unten und schafft es irgendwann nicht mehr, Blütentriebe zu bilden. Graben Sie nach dem Vergilben des Laubes die Zwiebeln aus, säubern Sie sie von anhängender Erde und lagern Sie die Zwiebeln (mit Laub) bis zum Frühherbst an einem trockenen Ort.

Wildblumenzwiebeln
Bei wilden Blausternchen, Krokussen, Hasenglöckchen, Märzbechern, Schnee-glöckchen, Traubenhyazinthen oder Wildtulpen sollten Sie die Samenstände stehen lassen. Sie schaden den Pflanzen nicht, und in ein paar Jahren können reizvolle Blüten in verschiedenen Farbschattierungen entstehen.

Blühfaule Zwiebelblumen kompostieren
Nehmen Sie die Zwiebeln oder Knollen von blühfaulen Narzissen oder Tulpen bei der frühsommerlichen Gartenpflege aus dem Boden und kompostieren Sie sie. Erfahrungsgemäß bringen diese Pflanzen trotz frühzeitiger Düngung keine Blüten mehr. Leider sind nur noch wenige Sorten als wirklich mehrjährig zu bezeichnen, und es hängt sehr viel von den Bedingungen des jeweiligen Gartens ab, wie sich eine Zwiebelblumensorte entwickelt. ✿

Zwiebelblumenhorste teilen und umpflanzen

Viele Zwiebelblumen wachsen zu dichten Horsten heran, und ihre Blühfähigkeit lässt nach. Es fehlt ihnen an Raum und Nahrung – Zeit, sie zu teilen.

Befreien Sie die Horste von anhängender Erde und ziehen Sie sie vorsichtig auseinander.

→ Heben Sie die Zwiebeln vorsichtig mit einem Spaten oder einer Grabegabel aus dem Boden. Halten Sie vorsichtshalber 5- 10 cm Abstand zum Horst. An seinen Rändern befinden sich oft noch kleine Brutzwiebeln, die sonst verletzt werden.

→ Vereinzeln Sie nun die Zwiebeln (› Abb.). Abgestorbene und beschädigte Pflanzenteile kommen auf den Kompost.

→ Achten Sie beim neuen Standort darauf, dass das vergilbende Laub schnell von Stauden überwachsen wird.

→ Lockern Sie den Boden auf und arbeiten Sie etwas Kompost (2–3 Liter/m^2) in die Pflanzfläche ein.

→ Das Pflanzloch sollte dreimal so tief und breit sein wie die Zwiebel hoch ist. Ähnliches gilt auch für den Pflanzenabstand.

→ Zwiebelblumen wirken in Gruppen von drei bis zwölf gepflanzt am natürlichsten.

→ Setzen Sie immer ein paar Brutzwiebeln zu den größeren, weiter entwickelten Exemplaren. Kleine Brutzwiebeln oder kleine Sämlinge brauchen bis zu ihrer Blüte 3–7 Jahre. ✿

Gartenkürbis *Cucurbita pepo*

Junge Früchte der Gartenkürbisse können im Ganzen verarbeitet werden. Die Schale von reifen Früchten wird beim Kochen nicht weich.

Moschuskürbis *Cucurbita moschata*

Diese Art kann jung wie Zucchini oder aber reif wie der Riesenkürbis gegessen werden. Sie hat süßes, zartes Fleisch und ist lange lagerfähig.

Riesenkürbis *Cucurbita maxima*

Verwendung in reifem Zustand, die Schale wird beim Kochen weich, äußerst ergiebig! Sorten mit kleineren Früchten sind im Aroma besser.

Blaue Banane *Cucurbita maxima*

Diese längliche Sorte ist sehr lagerfähig. Andere Sorten: 'Hokkaido' in Orange oder Grün, der beliebte Suppenkürbis, 'Valenciano' ist eine weiße Variante von ihm.

Futsu Black Rinded *Cucurbita moschata*

Bildet starke Rippen aus, Haut ist orangebraun, Fruchtfleisch tieforange, gut zum Braten geeignet. Andere Sorte: 'Butternut', sehr aromatisches, feines Fruchtfleisch.

Roter Zentner *Cucurbita maxima*

Klassische Form, die früher gerne zu Kompott verarbeitet wurde. Alternativ zu Chutney zu verarbeiten. Andere Sorte: Gelber Zentner 'Atlantic giant', bis 450 kg.

Gleisdorfer Ölkürbis *Cucurbita pepo*

Diese Steiermark-Züchtung bildet Samen ohne Samenschale aus, sodass die Samen direkt zum Verzehr geeignet sind. Daraus wird auch das Kürbiskernöl gepresst.

Goldapfel *Cucurbita pepo*

Sehr kleine Kürbissorte, die ausgereift in der Schale gekocht wird, dann wird die Frucht halbiert und ausgelöffelt. 'Baby Bear' ist für den Anbau auf dem Balkon geeignet.

Keulenzucchini *Cucurbita moschata*

Italienische Züchtung. Sie hat sehr dünne, gebogene, lange Früchte mit wenig Kernanteil. Traditionell in Italien wie Zucchini verwendet. Kann bis 4 kg wiegen.

Spaghetti-Kürbis *Cucurbita pepo*

Diese Sorte liefert ein sehr zerfasertes Fleisch, das wie Spaghetti aus der Frucht quillt. Andere Sorte: Der 'Halloween-Kürbis' ist einige Monate lagerfähig.

Ufo, Patisson *Cucurbita pepo*

Nichtrankende Sorte, Schale und Fleisch sind weiß, sehr dekorativ. Andere Sorte: 'Melonette Jaspee de Vandee', mit süßem Fleisch.

Yellow Crookneck *Cucurbita pepo*

Zucchini mit leuchtend gelber, warziger Fruchthaut. Andere Sorten: 'White Bush', kurze, weiße Früchte; 'Rondini', runde Früchte, beide sehr schmackhaft.

121

Anhäufeln

Bei einigen Kulturpflanzen ist es üblich, sie im Laufe ihres Wachstums anzuhäufeln. Bei manchen dient das dem Bleichen, bei anderen der vermehrten Bewurzelung des Stängels oder aber dem Schutz des Rübenkopfes.

Bei vielen Pflanzen wirkt es sich günstig aus, wenn Sie sie im Verlauf ihres Wachstums mehrmals anhäufeln. Das geht am besten, wenn die Pflanzen in Reihe gesetzt wurden.

→ Beim **Bleichen** geht es darum, die angehäufelten Pflanzenteile vor Sonneneinstrahlung zu schützen. Aus diesem Grund werden Lauch und Stangensellerie angehäufelt. Weiße Stängel sind wesentlich zarter als grüne. Dieses »Bleichen« kennen wir ja auch vom Zusammenbinden bestimmter Blattgemüse wie Cardy, Endivie und Kulturlöwenzahn.

Wenn das Kartoffelgrün ca. 15 cm aus dem Boden schaut, sollten Sie die Pflanzen anhäufeln, damit sie sich stärker bewurzeln.

→ Eine **stärkere Bewurzelung** erreichen Sie durch das Häufeln bei Gurke, Kartoffel (➔ Abb.), Kürbis, Paprika und Tomate. Je mehr Wurzeln eine Pflanze bildet, desto besser sind Wasser- und Nährstoffaufnahme aus dem Boden. Das kräftigt die Pflanzen und steigert den Ertrag.

→ Bei Gemüse, das Rüben ausbildet, dient das Anhäufeln dem **Rübenschutz**. Bete, Möhren oder Rettiche wachsen auch über die Erde und sind dann zum einen der Sonne ausgesetzt, was bei Möhren zur Grünfärbung und damit zum bitteren Geschmack führt. Bei anderen Rüben wie der Bete kommt es an diesen Stellen zu Verkorkungen. Alle aus der Erde schauenden Pflanzenteile sind darüber hinaus den Schnecken ausgeliefert, die z. T. große Löcher hineinfressen. Dies unterbleibt mit dem Anhäufeln.

→ Die **Standfestigkeit** der Buschbohnen, die bei starkem Behang umfallen können, wird durch das Häufeln verbessert.

→ Mit dem Anhäufeln in Reihen schaffen Sie **Wasserrinnen**, die bei starkem Regen Wasser abführen, sodass der Wurzelbereich vor Vernässung geschützt wird.

→ Zusätzlich zum Nutzen für die Pflanzen ist das Anhäufeln auch ein **Hackarbeitsgang**. Sie schlagen damit sozusagen »zwei Fliegen mit einer Klappe«. ✳

Auspflanzen

Anfang Juni können Sie nun Ihre vorgezogenen Gurken, Kürbisse und Zucchini ins Freiland setzen.

Anfang Juni können jetzt alle vorgezogenen Pflanzen ins Freie. Melonen und Paprika jedoch nur, wenn das Wetter schon sommerlich ist, d. h., tagsüber sollte es über 20 °C warm sein, die Nachttemperatur nicht unter 10 °C sinken.

→ **Gurken** sollten Sie vor dem Auspflanzen einkürzen, d. h., die Triebspitzen werden über dem dritten Blatt abgebrochen, um die Seitentriebe zu fördern, an denen vor allem weibliche Blüten entstehen. Kurze Gurken (Einlegegurken) pflanzen Sie mit 30 cm in der Reihe (Reihenabstand 40–50 cm). Die langen Schlangengurken brauchen den doppelten Pflanzen- und Reihenabstand.

→ **Kürbisse** und **Zucchini** brauchen mindestens einen Quadratmeter im Umkreis pro Pflanze.

→ **Paprika** sollte etwas tiefer gesetzt werden, als er im Topf stand, da die Stängel bewurzeln, d.h., ein Teil des Triebes kommt mit unter die Erde. Der Pflanzabstand beträgt 30–40 cm. Geben Sie in das Pflanzloch etwas Kompost sowie ein wenig Algenkalk (➔ S. 218, Glossar) als Vorbeugung gegen eine mögliche Blütenendfäule.

In kühlen Gegenden sollten Sie Paprika lieber ins Gewächshaus pflanzen oder in einem Kübel an einem warmen Ort aufstellen.

❯S. 84, Gurken vorziehen ✳

Erdbeeren kultivieren

Erntefrische, reife Erdbeeren sind der reinste Luxus, den nur der eigene Garten bieten kann. Bei richtiger Sortenwahl wartet eine Vielfalt an Aromen und Formen auf Ihren Geschmackstest.

Bei der Wahl Ihrer Erdbeersorten sollten Sie sich auf den Geschmack konzentrieren. Gerade ältere Sorten bieten hier eine große Auswahl. In den letzten Jahren haben sich wieder alte Sorten mit saftigem, weichem Fleisch wie 'Mieze Schindler' einen Platz im Hausgarten erobert.

Auch andere alte Sorten, wie die des Erdbeerzüchters Oswald Macherauch, sind klassische Haussorten, wie die sehr aromatische 'Macherauchs Marieva'. Ganz besondere Aromen haben auch 'Georg Soltwedel', 'Königin Luise' und 'Weiße Ananas'.

Auf Stroh liegen die Früchte trocken und relativ schneckensicher und können zu vollem Geschmack heranreifen.

Damit Sie bei diesen Sorten eine gute Befruchtung erreichen, sollten Sie mehrere Sorten nebeneinander pflanzen. Dass die süßen Früchte es sonnig brauchen, steht wohl außer Frage, nur dann entwickeln sie ihren köstlichen Geschmack!

Erdbeeren mit Stroh mulchen
Wenn die Blüten über den Blättern sitzen, schützt sie das vor Schimmel. Wenn die Früchte heranreifen, neigen sie sich jedoch zum Boden und sind Feuchtigkeit und Schneckenfraß ausgeliefert. Mulchen Sie deshalb zwischen den Erdbeerreihen mit Stroh.

Ableger machen
Zum Ende der Fruchtbildung im Hochsommer entstehen je nach Sorte unterschiedlich viele Ausläufer, an deren Ende junge Pflänzchen entstehen.
Suchen Sie sich die kräftigsten aus und drücken Sie sie in einen mit Erde gefüllten 10er oder 12er Blumentopf. Die Pflanze kann sich nun in diesem Topf bewurzeln und wird dann mit dem Ballen eingepflanzt, was ihr einen Vorteil in trockenen Sommern verschafft, da Pflanzen, wenn sie mit nackten Wurzeln verpflanzt werden, wesentlich mehr Schwierigkeiten mit dem Anwachsen haben.

› S. 138, Erdbeeren vermehren ❉

 ## Erntezeit

Die Zeit der Ernte beginnt. Jede Woche wartet ein anderes Gemüse darauf, geerntet und verwertet zu werden.

Wenn Sie früh genug vorgezogen haben, können Sie jetzt schon die ersten Mairüben und Kohlrabi aus dem Freiland ernten.

Die Spargelzeit beginnt
Je nach regionaler Lage und Anbaumethode können Sie bei warmem Wetter ab Mitte April mit dem Ernten anfangen. Beobachten Sie die Oberfläche. Wo feine Risse zu sehen sind, können Sie den Spargeltrieb von der Seite her freilegen und mit dem Spargelstecher abstechen. Schließen Sie das Loch wieder und glätten Sie die Oberfläche. Ab Johanni (23. Juni) wird nicht mehr geerntet, jetzt muss sich der Spargel bis zum nächsten Jahr erholen.

Vorsicht, Oxalsäure!
Mai/Juni ist Rhabarberzeit. Ab Mitte Juni sollten Sie die Ernte allerdings einstellen, da der Oxalsäuregehalt (vor allem der grünen Rhabarbersorten) im Sommer stark ansteigt. Oxalsäure stört bei empfindlichen Menschen bei übermäßigem Genuss den Kalkstoffwechsel und behindert die Eisenaufnahme. Zu den oxalsäurehaltigen Arten gehören auch: Amaranth, Mangold, Melde, Quinoa, Rote Bete, Sauerampfer und Spinat.

› S. 212, Alte Gemüsearten – neu entdeckt ❉

123

Nachsaaten

Auch der Juni zählt noch zu den Aussaatmonaten. Es sind Folgesaaten, aber auch Neusaaten auszuführen. Sollte der Boden schon sehr trocken sein, dann gießen Sie ihn vor der Aussaat durchdringend.

→ Im Laufe des Juni können Sie noch einmal **Buschbohnen** legen, um eine zweite Ernteperiode zu haben.

→ Gesät werden können auch noch **Chinakohl**, **Radicchio** und **Zuckerhut**.

→ Auch **Dill** kann noch mal gesät werden, um frisches Grün für das Einlegen der Gewürzgurken parat zu haben.

→ Anfang Juni wird **Grünkohl** und **Rosenkohl** gesät.

→ **Mairüben** können überall gesät werden, wo noch ein Fleck frei ist.

→ Wenn die **Möhren** nicht aufgegangen sind, z.B. weil die Schnecken schneller waren als die Wuchsgeschwindigkeit der Keimlinge, dann können Sie Anfang Juni noch mal nachsäen. Sie werden allerdings nicht mehr so groß, auch wenn Sie schnell vereinzeln.

→ Schießfeste **Salate** wie Eisbergsalat oder Sommersorten des Kopfsalates können Sie jetzt auch noch aussäen.

→ **Schnittlauch** und **Winterheckenzwiebel** können Sie das ganze Jahr über säen, wenn der Boden offen ist. ❁

Samenernte

Mit selbst geernteten Samen können Sie die jeweilige Kultur an die Klimabedingungen Ihres Gartens anpassen.

Durch einen langjährigen Nachbau kann sich die Pflanze immer besser an die spezifischen Gartenbedingungen gewöhnen.

→ Die Samen des **Feldsalates** werden jetzt reif. Sie fallen sehr leicht ab, deshalb sollten Sie etwas zum Auffangen der Samen (beschwerte Tücher) unter die Pflanzen legen.

→ Beim **Salat** fangen die Köpfe der ersten Generation an, spitz zu werden, das ist ein Zeichen der Vorbereitung zum Schossen. Lassen Sie die Salatköpfe, die am längsten

rund bleiben, für die Samenernte stehen. Der Blütentrieb schiebt sich durch den Kopf. Entfernen Sie die Blätter, die sich am unteren Ende des Triebes knüllen, da sie sonst faulen. Diese Blätter schmecken zwar etwas bitter, Sie können sie aber durchaus noch in der Küche verwenden.

Damit Sie die Samenernte gut reinigen können, empfiehlt es sich, jetzt nach Sieben mit unterschiedlicher Lochgröße zu schauen.

> S. 147, Saatgut ernten ❁

Schädlinge vertreiben

Der Frühsommer ist auch die Zeit der Schnecken und Wühlmäuse. Jetzt müssen Sie gut hinterher sein, sonst wird es nichts mit der Gemüseernte.

Schnecken den Appetit verderben

Wenn Sie kein Schneckenkorn einsetzen wollen, dann versuchen Sie es einmal mit Pflanzenbrühen: Farnkraut und Wermut mögen die Schnecken nicht. Übergießen Sie jeweils 1 kg frisches oder 100 g trockenes Kraut mit 10 Litern heißem Wasser. Lassen Sie das Ganze abkühlen, seihen Sie ab und sprühen Sie die Brühe unverdünnt über die zu schützenden Pflanzen. > S. 114, Pflanzenschutz mit sanften Mitteln

Wühlmäuse vertreiben

Versuchen Sie es einmal mit einer Jauche aus Holunder- und Walnussblättern. Füllen Sie einen 50- oder 80-Liter-Mörtelkübel zur Hälfte mit den Blättern und gießen Sie dann mit Wasser auf. Decken Sie das Gefäß gut ab, und lassen Sie die Blätter gären. Sieben Sie nach 1–2 Wochen die Blätter ab und gießen Sie jeweils einige Liter Jauche unverdünnt in aufgestochene Wühlmausgänge.

→ Lockern sie mit der Grabegabel bis zu einer Tiefe von 25 cm um die besonders gefährdeten Pflanzen wie Möhre, Sellerie und Petersilie herum die Erde. So fällt der Gang in sich zusammen. Diese permanenten Störungen gefallen der Wühlmaus nicht und sie wird wahrscheinlich abwandern. ❁

Tomaten pflegen

Tomaten benötigen ständig Ihre Aufmerksamkeit, damit die köstlichen Früchte gut heranreifen können.

Fruchtbildung fördern

Tomaten zählen zu den Selbstbefruchtern (› S. 218, Glossar). Damit die Blüten sich selber befruchten können, brauchen sie ein wenig Bewegung, sodass der Blütenpollen sich verteilen kann. Unbefruchtete Blüten fallen ab. Wenn der Wind die Pflanzen nicht erreicht, muss der Gärtner diese Aufgabe übernehmen. Bewegen Sie also zur Blütezeit die Pflanzen immer wieder ein wenig. Das fördert die Bestäubung und damit die Fruchtbildung. Wenn Sie regelmäßig Ihre Pflanzen entgeizen und hochbinden, sind die Pflanzen automatisch in Bewegung.

Wildtomate 'Rote Murmel' in pyramidenförmiger Stellage »gebändigt«.

Tomaten aufleiten

Tomatenpflanzen brauchen auf jeden Fall eine Stütze, an der sie aufgeleitet werden können. Binden Sie die Triebe immer wieder einmal mit einer leichten Achterschlaufe an der Stütze fest. Das gilt für alle Tomatensorten, lediglich die Ampeltomaten, die nach unten hängend wachsen, und die Wildtomaten, die wuchern dürfen, werden nur gestützt, nicht aufgeleitet.

Tomaten ausgeizen

Tomaten bilden in ihren Blattachseln neue Triebe. Wenn Sie diese wachsen lassen, haben Sie die Pflanze irgendwann nicht mehr »im Griff«, d. h., sie ist nicht mehr zu bändigen. Entfernen Sie deshalb die Seiten- oder Geiztriebe (› Abb. rechts). Sie lassen sich in jungem Stadium leicht ausbrechen. Sie müssen jedoch direkt an der Basis abgebrochen werden, sonst wachsen sie wieder nach.

Tomaten schützen

In rauen Gegenden sollten Sie Ihre Tomaten an den wärmsten Platz im Garten – am besten vor einer Mauer – pflanzen oder aber mit einem kunststoffbespannten Holzgerüst oder mit sogenannten Tomatenhauben vor Kälte schützen.
Tomaten brauchen viel Sonne und Wärme und mögen keine feuchten Blätter.

Brechen Sie unerwünschte Seitentriebe vorsichtig zwischen Blatt und Haupttrieb ab.

Wildtomaten pflegen

Bei einigen Wildtomaten, z. B. 'Rote Murmel' und 'Gold Current', entfällt das Ausgeizen. Sie wuchern zwar sehr stark, andererseits liefert ein einziger Trieb nur minimale Erträge. Die Sorten sind jedoch fäulnistolerant und können gut im Freien angebaut werden. Damit Sie die Pflanzen einigermaßen in Schach halten können, bauen Sie ein nach unten zeigendes, pyramidenförmiges Gestell (› Abb. links), in dem die Pflanze Halt findet. In die Mitte dieses Gestelles setzen Sie Anfang Juni Ihre Wildtomate, die dann bis Oktober über die Querstangen nach außen wächst und einen großen Busch mit vielen kleinen leckeren Tomaten bildet. ❀

Frühsommer

125

Frage & Antwort

Im Frühsommer sprießt und treibt es an allen Ecken und Enden im Garten. Aber auch diverse Schädlinge treiben ihr Unwesen. Jetzt muss der Gärtner die Augen offen halten, damit ihm nichts entgeht – frisches Erntegut, Schädlinge oder Krankheitsbefall.

❓ Warum bleiben einige meiner Kohlpflanzen klein und kümmerlich?

Pflanzen, die kümmerlich wachsen, aber sonst normal aussehen, sind u. U. von Wurzelschädlingen wie Engerlingen, Drahtwürmern oder Nematoden befallen. Oder aber es haben sich Pilze, wie die Kohlhernie eingenistet. Diese verursacht Wurzelwucherungen. Ähnliche Wucherungen können aber auch von der Made des Kohlgallrüsslers stammen.

Graben Sie die kümmerlichen Pflanzen vorsichtig aus und sehen Sie sich die Wurzeln sowie die Erde genau an. Sind die Wurzeln verdickt, könnte es sich um die Kohlhernie oder den Kohlgallrüssler handeln. Wenn beim Aufschneiden der verdickten Wurzel eine Made erscheint, ist es mit Sicherheit der Kohlgallrüssler. Kohlwurzeln nie auf den Kompost werfen, sondern immer am Gartenrand vergraben oder im Restmüll entsorgen.

❓ Meine Erdbeeren haben nur sehr kleine Früchte. Was mache ich falsch?

Die Größe der Erdbeeren ist erst mal sortenbedingt. Walderdbeeren und Monatserdbeeren und alle Sorten, die in diesem Rahmen gezüchtet wurden, haben kleine Früchte. Dazu gehört z. B. die Sorte 'Apricot Chinoise' mit einem ausgeprägten Pfirsicharoma. Ein anderer Grund liegt darin, dass einige Sorten nur im ersten Standjahr (das Jahr nach dem Pflanzjahr) große Früchte produzieren und in den Folgejahren sehr viel kleinere, dafür aber mehr. Diese Sorten sollten Sie jedes Jahr verjüngen (Ableger der kräftigsten Mutterpflanzen abnehmen), wenn Sie große Früchte ernten wollen. Eine dieser Sorten ist 'Macherauchs Marieva'. In der Regel können Erdbeeren aber 3–4 Jahre beerntet werden, bevor man sie verjüngt.

❓ Meine Paprikapflanzen werfen Blüten und Früchte ab. Was kann ich dagegen tun?

Es gibt mehrere Möglichkeiten, warum Paprika Blüten und Früchte abwirft: Die Blüten können abgeworfen werden, wenn sie nicht befruchtet sind. Oder aber die Pflanze erzeugt mehr Blüten, als sie ernähren kann. Was die Paprika überhaupt nicht mag, sind starke Temperaturschwankungen, die auch zum Abwurf führen. Auch wenn sich die Temperatur im Gewächshaus zu stark aufheizt (bis 40 °C), reagiert die Pflanze mit Blütenwurf.

Um Früchte auszubilden, braucht die Pflanze erst einmal genügend Blattmasse. Deshalb sollten Sie die ersten Blüten abkneifen, wenn die Pflanze sie nicht selber abwirft. Da in jeder Stängelachsel 1–2 Blüten entstehen und sich der Stängel nach einigen Zentimetern wieder in 2–3 Seitenstängel aufgliedert, vervielfältigt sich die Blütenmenge enorm. Deshalb sollten Sie der Pflanze nicht zu viel zumuten. Eine Paprika mit großen Blockfrüchten kann in unserem Klima höchstens 3–5 große reife Früchte pro Jahr erzeugen, alle anderen Blüten und Früchte sollten Sie ausbrechen. Bei kleinfrüchtigen Sorten können auch schon mal 10–20 hängen bleiben. Bei den scharfen Paprikasorten brauchen Sie gar nicht einzugreifen.

❓ Ich habe gehört, dass man sich ganz einfach eigene Erdbeersorten züchten kann. Wie gehe ich da vor?

Die kleinen Körnchen auf der Oberfläche der Früchte sind die Samen der Erdbeeren. Manchmal verteilen Vögel diese Samen, die dann an ganz unerwarteter

Stelle eine Erdbeerpflanze erscheinen lassen. Bevor Sie diese wegjäten, testen Sie erst einmal die Früchte – es könnte eine positive Überraschung werden.

Sie können aber auch selbst »Vogel spielen«: Zerdrücken Sie einige reife Früchte und lassen Sie sie mit etwas Wasser vergären. Nach 3–4 Tagen gießen Sie das Ganze in ein engmaschiges Sieb und waschen die Samenkörnchen aus. Lassen Sie die Körnchen auf einem Tuch gut abtrocknen. Dann säen Sie diese Samen aus. Bei Aussaat entwickelt die Pflanze im zweiten Jahr Früchte. Testen Sie nun aus, wie Ihnen die Früchte der einzelnen Pflanzen schmecken.

? Viele meiner Stauden haben verkrüppelte, verfärbte Blätter – ich finde aber keine Schädlinge.

Für Kümmerwuchs und verkrüppelte, anormal geformte, verfärbte Blätter an Gehölzen und Stauden sind oftmals Viren verantwortlich. Viren werden über Insekten, vor allem Blattläuse, und Berührung übertragen. Sie töten ihre Wirte nicht, zerstören aber mit ihrer parasitären Lebensweise die Vitalität der Pflanze. Leider werden viele Viren bereits mit dem Saatgut und Jungpflanzen in den Garten eingeschleppt und sind anfangs nicht zu erkennen. Wenn die Pflanzen optimal versorgt sind, fallen sie äußerlich kaum auf. Leider

sind die verschiedenen Virenstämme äußerst anpassungsfähig und verändern sich. Nicht selten sind Pflanzen auch von mehreren Viren gleichzeitig befallen. Fragen Sie am besten bei den lokalen Pflanzenschutzdiensten oder Gartenakademien oder in Ihrer Gärtnerei nach, ob diese Ihre Pflanzenproben untersuchen. Kranke Pflanzen sollten Sie schnellstmöglich über den Hausmüll entsorgen, da es leider noch keine Gegenmittel gibt. Ein kleiner Trost ist, dass manche Unterarten von Wildstauden gegenüber Viren von Natur aus resistent sind. Mehr Chancen gegen Viren haben Sie mit einer Vielfalt von Pflanzen, die sich noch selbst über ihr Saatgut vermehren können.

? In meinem Beet welken sämtliche Stauden. Die Wurzeln der Pflanzen sind knapp über der Erde angefressen. Was kann das sein?

Verantwortlich für diese Schäden ist die Maulwurfsgrille (*Gryllotalpa gryllotalpa*), auch Erdwolf, Erdkrebs oder in unserem Sprachgebrauch Werre genannt.

Die angefressenen Wurzeln führen zum Welken und Absterben der oberirdischen Triebe. Zusätzlich schädigt das Insekt die Pflanzen durch seine ausgesprochene Wühltätigkeit.

Maulwurfsgrillen sind überwiegend in Südwestdeutschland verbreitet und kön-

nen in einigen Gebieten massenhaft auftreten. Charakteristisch für die bis zu 5 cm großen, dunkelbraunen Werren sind ihre schaufelartigen Vorderfüße, die eine perfekte Anpassung an ihre unterirdische Lebensweise darstellen. Zur Paarungszeit im April/Mai kommen die Insekten aus dem Boden. Nach der Befruchtung baut das Weibchen von Mai bis Juli an stark besonnten Plätzen mehrere Nester in ca. 30 cm Tiefe und legt pro Nest 200–300 gelbliche, 2–3 mm große Eier. Nach einigen Wochen schlüpfen die Larven, die sich innerhalb von drei Jahren in 5–6 Entwicklungsstadien zum geflügelten Vollinsekt entwickeln. Das ausgewachsene Tier lebt etwa ein Jahr.

Maulwurfsgrillen lieben lockere, feuchte Böden mit niedriger Grasvegetation und finden damit in Kleingärten ideale Lebensbedingungen. Eine effektive Bekämpfungsmaßnahme ist die Ausbringung von *Steinernema carpocapse*-Nematoden bei Bodentemperaturen von über 10 °C. Die Nematoden parasitieren die Larven der Werren (vielfach auch die des ebenfalls wurzelfressenden Dickmaulrüsslers). Die Nematoden werden in angewärmtem Gießwasser ausgebracht.

Für Ihre Stauden besteht Hoffnung, wenn die tiefer gelegenen Wurzeln noch unversehrt sind. Die Pflanzen treiben dann im nächsten Jahr wieder aus.

Hochsommer

Jetzt stehen die Sommerblumen in voller Blüte, und der Ziergarten entwickelt seine

volle Pracht. Frühe Apfel- und Birnensorten werden reif, die Beerenobsternte hält

noch an. Gartenbewässerung wird zu einem zentralen Thema – wenn der Sommer

hält, was er verspricht. Und es sind zahlreiche Pflegearbeiten zu erledigen: Stauden

hochbinden, Verblühtes abschneiden, Unkraut jäten.

Gießen im Hochsommer

Im Hochsommer ist das Gießen die Hauptbeschäftigung im Garten. Wann, wie viel und wie oft – das sind häufige Fragen.

→ An warmen Tagen sollten Sie frühmorgens, bevor die Sonneneinstrahlung zu intensiv wird, wässern. Jetzt ist die Verdunstung noch nicht so groß, und die Pflanzen können im Tagesverlauf gut abtrocknen.

→ Für den abendlichen Gießgang sprechen das vom Tag angewärmte Regenwasser und die geringere Verdunstung in der Nacht. Allerdings lockt feuchter Boden vermehrt Schnecken an.

→ Verwenden Sie angewärmtes Gießwasser aus der Regentonne, damit der Temperaturschock auf den Blättern nicht so groß ist. Mit temperiertem Wasser gegossene Pflanzen sind deutlich gesünder und haben weniger Läuse.

→ Gießen Sie lieber einmal ordentlich als dauernd nur ein bisschen. Als Faustregel gelten 15–20 Liter pro Quadratmeter.

→ Gießen Sie in den Wurzelbereich und nicht über die Pflanzen. Wassertropfen auf den Blättern wirken bei Sonnenschein wie Brennlinsen und verbrennen die Blätter.

→ Gut ist auch, nach dem Gießen zu hacken, damit die Verdunstung gestoppt wird.

› S. 35, Richtig gießen ✳

Wenn Sie die Triebe unter dem letzten Laubblatt abschneiden, dann wird der Schnitt verdeckt und fällt nicht auf.

 ## Hecken in Form halten

Nachdem die Vogelkinder aus den Nestern in den Hecken ausgeflogen sind, können Sie nun den Heckenschnitt vornehmen.

→ Ende Juni bis Mitte August entwickeln einige Gehölze wie Buchen, Buchsbaum, Hainbuchen und Liguster einen zweiten Trieb, den sogenannten Johannistrieb. Meistens werden dadurch Beeinträchtigungen des Wachstums im Frühjahr, z. B. durch Laubfraß oder Laubfall durch Krankheiten, ausgeglichen. Gerade bei Buchsbaum und anderen Formgehölzen kann nun ein zweiter Schnitt zur Erhaltung der Form notwendig sein. Die Schnittstellen heilen gut zu und werden schnell wieder von neuen Trieben verdeckt.

→ Wenn Sie Wildlinge wie Eschen entdecken, dann ziehen Sie diese raus.

→ Achten Sie besonders auf Zweige, die über Ihre Grundstücksgrenze hängen oder sich in Augenhöhe befinden.

→ Verwenden Sie scharfes Schnittwerkzeug. Stumpfes Werkzeug vergrößert unnötig die Schnittoberfläche und franst sie aus – eine willkommene Einlasspforte für Schadpilze, Bakterien und Viren.

Verdeckter Rückschnitt

Mit dem »Johannistrieb« haben Sträucher wie Kirschlorbeer oder Liguster einzelne, noch einmal 10–20 cm lange Triebe entwickelt. Mit einem verdeckten Schnitt fällt es nicht auf, wenn Sie diese Triebe abschneiden.

→ Schneiden Sie dazu die Triebe unter dem letzten Laubblatt ab (› Abb).

→ Schneiden Sie die Zweige nur wenige Millimeter über dem Blattknoten ab, damit die Schnittwunde schnell verheilen kann.

→ Frischer, unkrautfreier Rasenschnitt in 2 cm Dicke sorgt für eine bessere Bodengare, geringere Wasserverdunstung und eine schwache, gleichmäßige Düngerzufuhr, die das Wachstum positiv beeinflussen. ✳

Jäten und nochmals jäten

Wenn sich Unkräuter – vor allem Wurzelunkräuter – erst einmal im Garten festgesetzt haben, ist es beinahe unmöglich, ihrer Herr zu werden. Hier hilft nur Vorbeugen durch kontinuierliches Jäten!

Vor allem die Wurzelunkräuter gehören zu den unliebsamsten »Gästen« im Garten (› S. 97, Unkräuter erkennen und bekämpfen). Greifen Sie also zu, sobald Sie einen neuen Trieb entdecken. Ziehen Sie Samenunkräuter sofort aus dem Boden, damit sie erst gar nicht Samen entwickeln können.

Vorbeugungsmaßnahmen gegen Unkraut im Garten

→ Unkraut kann manchmal auch über Erden in den Garten eingebracht werden. Kaufen Sie daher qualitativ geprüfte Erden, Substrate oder Mulchmaterialien. Qualitätserden besitzen das RAL-Gütezeichen.

→ Achten Sie beim Pflanzeneinkauf auf unerwünschte Beikräuter im Topf. Schälen Sie vor dem Pflanzen die obersten 2–3 cm Topferde ab, denn in ihr könnten unerwünschte Unkrautsamen vorhanden sein.

→ Flächen, auf denen sich Wurzelunkräuter angesiedelt haben, dürfen Sie auf keinen Fall fräsen oder hacken. Aus jedem zerhackten, noch so kleinen Wurzelstück treiben neue Pflanzen aus, und es wird schlimmer als zuvor. Hier hilft nur gezieltes Ausreißen.

→ Mähen Sie verunkrautete Flächen, bevor die Pflanzen zum Blühen kommen.

→ Kleinere Flächen können Sie auch eine Saison lang mit einer dunklen Folie abdecken und damit den Neuaustrieb stoppen.

→ Pflanzen Sie stark wachsende Blütenstauden wie die in vielen blauen und roten Farben verfügbaren Storchschnabelgewächse (*Geranium*-Arten) oder Gehölze an, die Giersch und Co. verdrängen.

→ Pflanzen Sie Stauden, die sehr früh austreiben und damit einen Wachstumsvorsprung vor den Unkräutern haben (› Tabelle). Dazu gehört vor allem das Lungenkraut (*Pulmonaria officinalis*).

Wildblumenmatten anlegen

Kein Allheilmittel, aber eine bei Praktikern bewährte Wirkung haben Blumenmatten (› S. 238, Adressen).

→ Mähen Sie die verunkrautete Fläche, lockern Sie den Untergrund etwas auf und breiten Sie dann das mit robusten Wildstauden besäte Spezialvlies (auf verkompostierbares Material achten!) darüber aus.

→ Drücken Sie das Vlies gut an und gießen Sie es kräftig.

→ Decken Sie dann die Matte mit einer etwa 5 cm dicken unkrautfreien Erdschicht ab.

→ Danach nochmals kräftig angießen.

→ Nach 8–12 Wochen erscheinen die ersten Blüten, und nach einem Jahr ist die Fläche weitgehend geschlossen. ❋

Hochsommer

Stark wachsende Pflanzen gegen unerwünschte Unkräuter

Sonnig und heiß	Halbschattig bis schattig
Blut-Storchschnabel (*Geranium sanguineum*)	Akelei (*Aquilegia vulgaris*)
Breitblättrige Platterbse (*Lathyrus latifolius*)	Beinwell (*Symphytum officinale*)
Bunte Kronwicke (*Coronilla varia*)	Blauer Eisenhut (*Aconitum napellus*)
Echter Alant (*Inula helenium*)	Goldnessel (*Lamium luteum*)
Eselsdistel (*Onopordum acanthium*)	Lungenkraut (*Pulmonaria officinalis*)
Gemeines Leinkraut (*Linaria vulgaris*)	Mädesüss (*Filipendula vulgaris*)
Königskerze (*Verbascum densiflorum*)	Maiglöckchen (*Convallaria vulgaris*)
Quirlblütiger Salbei (*Salvia verticillata*)	Minzen (*Mentha*)
Rauhaariges Weidenröschen (*Epilobium hirsutum*)	Nachtviole (*Hesperis matronalis*)
Seifenkraut (*Saponaria officinalis*)	Rote Lichtnelke (*Silene dioica*)
Wiesenflockenblume (*Centaurea jacea*)	Waldgeißbart (*Aruncus dioicus*)
Wilde Karde (*Dipsacus silvestris*)	Weiße Taubnessel (*Lamium album*)

Mulchen

Bei lang anhaltender Trockenheit und großer Hitze können Sie mit Mulch die Verdunstung reduzieren und die Bodentemperatur ausgleichen.

Im Hochsommer sind trotz regelmäßigem Gießen die Pflanzen von der Trockenheit betroffen. Sie können es sich und den Pflanzen einfacher machen, wenn sie auf freie Beetflächen eine Mulchschicht aufbringen. Gemulcht wird jetzt eher mit Rasenschnitt, Stroh und anfallendem Staudenschnitt. Das Mulchen hilft vor allem Flachwurzlern wie Himbeeren oder einjährigen Zwiebelgewächsen.

❯ S. 28, So mulchen Sie richtig ✳

TIPP!
Mulch selbst heranziehen

Wenn Ihnen im Sommer das passende Mulchmaterial ausgeht, können Sie im zweiwöchentlichen Abstand immer wieder Gartenkresse oder andere rasch wachsende Kräuter wie Ölrettich oder Phacelia aussähen. Die schnellwüchsigen einjährigen Kräutert werden innerhalb von knapp drei Wochen etwa 20 cm hoch und sollten vor ihrer Blüte zurück geschnitten und wie frischer Grasschnitt auf dem Beet verteilt werden. Alternativ gehen auch die großen Blätter des Beinwells. Im Mulchmaterial sollten keine Samenstände oder Wurzeln sein.

Pflanzenjauchen zum Düngen

Mit zunehmendem Wachstum brauchen die Pflanzen vermehrt Nährstoffe. Vor allem bei Starkzehrern sollten Sie ab und zu nachdüngen. Eine Alternative zu den handelsüblichen Biodüngern sind selbst hergestellte Pflanzenjauchen.

Stark zehrende Pflanzen sollten Sie vorbeugend während der Wachstumszeit alle 2–4 Wochen mit Pflanzenjauchen düngen.

Geeignete Pflanzen

Es gibt verschiedene Pflanzen, die sich zur Jaucheherstellung eignen. Empfehlenswert sind: Beinwell (Blätter), Brennnessel (Triebe), Kohl (äußere Blätter), Löwenzahn (Blätter), Ringelblumen (Blätter und Blüten), Schachtelhalm (ganze Pflanze) und Tomaten (ausgegeizte Triebe).

Jauchen herstellen

→ Geben Sie in einen 10-Liter-Eimer aus Plastik etwa 1 kg frisches, zerkleinertes Pflanzenmaterial und füllen Sie den Eimer mit Wasser (am besten Regenwasser aus der Tonne) auf. Für Tomatenjauche nehmen Sie 100 g ausgegeizte Triebe auf 5 Liter Wasser.
→ Stellen Sie den Ansatz an einen sonnigen Platz (möglichst entfernt vom Haus, denn die Jauche entwickelt einen zunehmend unangenehmen Geruch!).
→ Rühren Sie die Jauche zweimal täglich mit einem Holzstab gut um.
→ Wenn Sie eine Handvoll Steinmehl dazugeben, erhöht das zum einen den Gehalt an Spurenelementen und zum andern mindert den unangenehmen Geruch.

→ Je nach Sonneneinstrahlung und Wärme beginnt die Jauche nach 2–3 Tagen zu gären und wird schaumig.
→ Nach etwa 14 Tagen ist die Jauche fertig vergoren.
→ Sieben Sie nun die noch festen Bestandteile ab, damit die Gießkanne nicht verstopft.
→ Verdünnen Sie die fertige Jauche im Verhältnis 1 : 10 bei Starkzehrern und 1 : 20 bei Jungpflanzen und Schwachzehrern mit Wasser, am besten Regenwasser.
→ Gießen Sie – bei bedecktem Wetter oder an sonnigen Tagen am Abend – direkt an die Wurzeln der Pflanzen. ✳

Decken Sie die Gefäße mit der angesetzten Jauche gut ab, damit der Geruch eingedämmt wird.

Wildhecken im Garten

Hecken erfüllen unterschiedliche Funktionen im Garten: Sie grenzen das Grundstück bzw. verschiedene Gartenbereiche ab, schützen vor Wind, beeinflussen das Kleinklima günstig, dienen als Sichtschutz und als Rückzugsgebiet und Nahrungsquelle für Insekten und andere Gartentiere.

In Form geschnittene Hecke

Für kleine Grundstücke, die einen Lärm- und Sichtschutz brauchen, bieten sich in Form geschnittene Hecken an. Je nach Gehölzauswahl kann auch eine regelmäßig geschnittene Hecke durchaus ökologisch wertvoll sein. Berberitzen, Liguster oder Weißdorn bringen – selbst stark geschnitten – noch viele Blüten zur Insektennahrung hervor und bieten Nistmöglichkeit und Unterschlupf.

→ Sie können diese Ökologie bewusst fördern, indem Sie den Schnittzeitpunkt nach der Blüte wählen und die Hecke mit etwa 1–1,5 m etwas breiter wachsen lassen.

→ Wählen Sie gut schnittverträgliche Gehölze, die schnell wieder neue Triebe bilden. Dazu gehören zum Beispiel: Berberitze, Eibe, Feldahorn, Hainbuche, Liguster, Rotbuche (nicht in trockenen Lagen) und Weißdorn.

→ Vermeiden Sie Pflanzen, die von Natur aus einen sehr lockeren Wuchs haben wie Felsenbirne, Flieder oder Rosen. Sie werden nie die gewünschte Dichte erreichen, durch die Schnittmaßnahmen anfälliger für Pilz-

krankheiten werden und optisch keine Zierde sein. Diese Pflanzen sind besser in der natürlich gewachsenen Blütenhecke (❯ unten) aufgehoben.

→ Im Vergleich zur natürlich gewachsenen Hecke haben Sie mindestens ein- bis zweimal im Jahr Arbeit mit dem Rückschnitt.

Natürlich gewachsene Hecke

Eine nahezu unbegrenzte Pflanzenauswahl haben Sie mit einer natürlich gewachsenen Hecke aus verschiedenen Blütengehölzen.

→ Die Pflegemaßnahmen beschränken sich auf gelegentliches Auslichten zum Verjün-

gen der Pflanzen und das Abschneiden der Äste, die über die Grundstücksgrenze hängen. Ein Rückschnitt ist nicht jedes Jahr erforderlich.

→ Gestehen Sie den Gehölzen eine Wuchsbreite von mindestens 3–4 m zu, damit sie sich zu voller Pracht entwickeln können.

→ Im Lauf der Jahre kann sich die Hecke zu einem undurchdringlichen Dickicht entwickeln, das auf Dauer auf die Pflanzengesundheit geht. Ein großer Totholzanteil kann neuen Blättern und Trieben notwendiges Licht wegnehmen. Nach etwa zehn Jahren können einzelne Heckenpflanzen auf den Stock gesetzt, d. h. bis auf maximal einen halben Meter über den Boden heruntergeschnitten werden.

→ Schneiden Sie aber nie die ganze Hecke herunter, sondern nur vereinzelte Sträucher, damit die Heckenbewohner nicht unter »Wohnungsnot« leiden. ❄

Wildhecken sind wunderbare Brutplätze, Versteckmöglichkeiten und Nahrungsquellen für viele verschiedene Tiere.

❀ Rückschnitt früh blühender Gehölze

Wenn Sie die früh blühenden Gehölze noch nicht geschnitten haben, ist jetzt der letzte Termin zum Schnitt, denn nun bilden die Sträucher die Blütenknospen fürs nächste Jahr aus.

Die beste Schnittzeit für Frühblüher wie Berberitze (*Berberis*), Blumen-Hartriegel (*Cornus florida*), Kornelkirsche (*Cornus mas*), Haselnuss (*Corylus avellana*) oder Blut-Johannisbeere (*Ribes sanguineum*) ist kurz nach der Blüte im Vollfrühling.

Sollten Sie bis jetzt noch keine Zeit für den Schnitt gehabt haben, dann ist es jetzt höchste Zeit, um vergreisende Sträucher zu verjüngen oder zu groß gewordene Sträucher in ihre Schranken zu weisen.

Ziersträucher verjüngen

Wenn Sie ältere Ziersträucher verjüngen, dann regen Sie damit neues Wachstum an.
→ Schneiden Sie überalterte, abgestorbene, kranke oder häufig verzweigte Triebe aus dem Strauch.
→ Sind ausreichend Triebe vorhanden, dann schneiden Sie einen Teil der älteren Triebe bodennah ab. Ist dies nicht der Fall, dann sollten Sie nur bis zum letzten oder vorletzten gesunden Seitentrieb zurückschneiden.

Ziersträucher zurückschneiden

Zu hohe oder ausladend gewordene Gehölze, die z. B. an der Grenze zum Nachbarn stehen oder im Winter durch Schneebruch gefährdet werden, können Sie um ein Drittel zurückschneiden.
→ Schneiden Sie so, dass ein Seitenast desselben Triebes die Schnittstelle verdeckt. Auf diese Weise fällt der Rückschnitt optisch kaum auf.
→ Achten Sie auf eine glatte, leicht abgeschrägte Schnittkante.
→ Lassen Sie Stücke von sehr dicken Ästen auf dem Boden liegen – Holzbienen nehmen diese Stücke gerne als Nistgelegenheit an.
❭ S. 99, Frühblüher schneiden
❭ S. 31, So locken Sie Nützlinge an ❀

❀ Schwertlilien teilen

Die wuchsfreudigen Schwertlilien können Sie auch im Hochsommer teilen. Sie wurzeln jetzt im warmen Boden am besten an.

Jetzt können Sie früh blühende Schwertlilien (Iris) ausgraben und teilen. Die dicken Rhizome (❭ S. 218, Glossar) vertragen die sommerliche Teilung sehr gut.

Geteilt werden können Schwertlilien, die schon mehr als drei Jahre im Boden sind. Vorher sollten Sie die Pflanzen in ihrem Wachstum nicht stören.
→ Schneiden Sie die jungen Rhizome mit einem oder zwei Blattbüscheln am Rand der Mutterpflanze mit einem scharfen Messer ab. Die Schnittstelle sollte etwa 5–7 cm hinter dem Ansatzpunkt des jungen Rhizoms liegen. Die Rhizome haben schon Blätter und ein eigenes Wurzelsystem ausgebildet.
→ Beim Einpflanzen in schweren Boden sollten Sie die oberen Teile der Rhizome frei lassen, bei lockerem Boden kommen sie dicht unter die Oberfläche.
→ Kürzen Sie das Laub um zwei Drittel ein, damit sich die Wasserverdunstung reduziert.
→ Bei sehr warmer Witterung sollten Sie die Pflanzen zusätzlich schattieren und bis zum Neuaustrieb auch gießen. ❀

Schwertlilien vertragen eine Teilung nach der Blüte sehr gut.

Staudenbeete pflegen

Im Laufe des Sommers gibt es allerhand im Staudenbeet zu pflegen. Spätestens jetzt macht sich auch eine zu dichte Pflanzung im Staudenbeet bemerkbar, weil die meisten Pflanzen ihr Hauptwachstum hinter sich haben.

Bei guter Auswahl und Zusammenstellung wird Ihr Staudenbeet nun farbenprächtig blühen. Damit sich diese Schönheit bis in den Oktober hinein erhält, ist einiges an Pflege notwendig. Was zu tun ist, das wird Ihnen bei Ihrem täglichen Gang durch den Garten sicherlich schnell auffallen.

Wüchsige Stauden reduzieren

Wüchsige Stauden, die ihre Partner überwuchern, sollten Sie in ihre Grenzen weisen und bei zu dichtem Stand reduzieren. Dies kann bei Bodendeckern wie Polsterphlox oder Mittagsblume durch einen Schnitt der Seitentriebe geschehen, von größeren Pflanzen sollten Sie Teile abstechen.

Sämlinge entfernen

Häufig siedeln sich Unkräuter oder Sämlinge direkt an gewünschten Stauden und Gehölzen an. Gerade Gehölzsämlinge wie Ahorn, Efeu oder Kirschlorbeer bleiben lange unentdeckt und lassen sich ab einer Höhe von über 15 cm nur schwer aus den Pflanzenpolstern und deren Wurzeln entfernen. Es lohnt sich, bei der Gartenpflege die Stauden näher zu betrachten und die unerwünschten Pflanzen zu entfernen. Haben sich ihre Wurzeln schon zu sehr verbreitet, sollten Sie die »befallene« Pflanze ausgraben, die Wurzeln vorsichtig auseinanderziehen und den unerwünschten Mitbewohner entsorgen.

Welkes entfernen

Stauden bilden während des ganzen Sommers immer wieder neue Blätter, und die älteren sterben ab. Manchmal sorgt die sommerliche Trockenheit zusätzlich für braune Blätter. Schneiden Sie braune, beschädigte oder kranke Blätter gleich ab. Die neuen Blätter überwachsen die entstandenen Lücken schnell.

Das Gleiche gilt für welke Blüten und Blütenstände. Viele Stauden wie Kokardenblume, Schafgarbe oder Sommer-Margerite blühen länger, wenn Sie verwelkte Blüten oder frische Blüten als Schnittblumen abnehmen.

Aufbinden

Im Hochsommer erreichen die Stauden ihre maximale Größe und können leicht umfallen. Häufig ist das in gut gedüngten oder schattigeren Beeten der Fall. Stützen Sie die langen Blütenstände von Rittersporn, Stockrosen oder Sonnenblumen mit einem langen Bambus- oder Holzstab. Buschige Pflanzen werden am besten mit einem Pflanzring oder mehreren, kreisförmig angeordneten Stäben gestützt, die mit einer Schnur oder einem Draht miteinander verbunden sind.

Ausläufer abnehmen

Oft ist es jetzt schon wieder an der Zeit, Ausläufer von besonders wüchsigen Stauden wie Goldfelberich oder Gundelrebe zu entfernen bzw. die Pflanzen rundherum abzustechen, damit sie die anderen Pflanzen nicht in ihrem Wachstum behindern oder gar überwuchern.

› S. 98, Ausläufer abnehmen ✳

Schöne Sommerstauden

Deutscher Name	Botanischer Name
Blauer Eisenhut	Aconitum napellus
Blut-Storchschnabel	Geranium sanguineum
Frauenmantel	Alchemilla mollis
Gold-Garbe	Achillea filipendula
Große Sterndolde	Astrantia major
Kokardenblume	Gaillardia
Königskerze	Verbascum
Kugeldistel	Echinops
Mädchenauge	Coreopsis grandiflora
Phlox	Phlox paniculata
Rittersporn	Delphinium elatum
Roter Sonnenhut	Echinacea purpurea
Sonnenauge	Heliopsis
Sonnenbraut	Helenium
Sonnenhut	Rudbeckia hirta
Spornblume	Centranthus ruber
Taglilien	Hemerocallis
Türkischer Mohn	Papaver orientale
Ziersalbei	Salvia nemorosa
Zwerg-Alant	Insula ensifolia

Hochsommer

135

Klarapfel

Frühe Sorte, Ernte Mitte Juli
Haltbarkeit 2 Wochen, Geschmack säuerlich;
andere frühe Sorten: 'Schöner von Bath',
'Aldingers Georg Cave'

Gravensteiner

Herbstsorte, Ernte September
Haltbarkeit bis Dezember, Geschmack sehr
würzig-aromatisch; andere Herbst-Sorten:
'Cox Orange', 'Dülmener'

Roter Eiserapfel

Wintersorte, Ernte Oktober
Haltbarkeit bis Juli, Geschmack süß; andere
Winter-Sorten: 'Borsdorfer', 'Weißer Winter-
glockenapfel', 'Kassler Renette'

Augustbirne

Frühe Sorte, Ernte August
Haltbarkeit 2 Wochen, Geschmack süß;
andere frühe Sorten: 'Giffards Butterbirne',
'Petersbirne', 'Bunte Juli'

Williams Christ

Herbstsorte, Ernte September
Haltbarkeit 1–2 Wochen; Geschmack sehr
süß, sehr fein-schmelzend; andere Herbstsorten: 'Rote Williams', 'Vereins Dechants'

Esperens Bergamotte

Wintersorte, Ernte Oktober, Essreife Februar
Haltbarkeit bis April, Geschmack schmel-
zend, aromatisch; andere Winter-Sorten:
'Josephine von Mecheln', sehr süß

Kernechter vom Vorgebirge

Ernte ab August
weißes Fleisch sehr würzig, wenig anfällig
gegen Kräuselkrankheit; andere Sorten:
'Anneliese Rudolf', 'Benedicte'

Kassins Frühe

Frühe Sorte, Ernte Mitte bis Ende Juni
weiche Herzkirsche; andere Sorten:
'Dönissens Gelbe Knorpel', 'Schneiders
Späte Knorpel', 'Schauenburger'

Oullins Reneklode

Ernte August
Geschmack sehr würzig; andere Sorten:
'Königin Viktoria', oval, rötlich, 'Ontario',
rund, gelb, 'The Czar', oval, blau

Bühler Zwetschge

Ernte Mitte August
kurze Haltbarkeit, Geschmack süß; andere
Sorten: 'Anna Spät', 'Carcaks Schöne', Ernte
Ende September, Scharkaresistent

Esterhazy 2 Walnuss

Ernte Ende September
Spätfrostgefährdet, deshalb nicht mehr so
oft angepflanzt; andere Sorten: 'Rote Donau-
nuss', beste Sorte mit roter Innenhaut

Hallesche Riesen Haselnuss

Ernte Ende September
sehr große kegelförmige Früchte; andere
Sorten: 'Wunder von Bollweiler', 'Webbs
Preisnuss', 'Cosford', 'Nottingham'

Erdbeeren vermehren

Je nach Sorte bilden die Erdbeerpflanzen jetzt mehr oder weniger viele Ausläufer, die Sie zur Vermehrung abnehmen können.

→ Wählen Sie zur Vermehrung Mutterpflanzen aus, die besonders kräftig und gesund sind und auch gute Ernten geliefert haben. Eine Mutterpflanze bildet meist mehrere Ausläufer aus, an denen sich dann 3–4 neue Pflänzchen entwickeln.

→ Schneiden Sie jeweils das erste Pflänzchen, das bereits bewurzelt ist, von der Mutterpflanze ab.

→ Graben Sie dann das Pflänzchen vorsichtig aus und setzen Sie es auf ein neues Beet.

→ Schneiden Sie alle anderen Ableger ab, damit die Mutterpflanze kräftig bleibt.

❯ S. 123, Erdbeeren kultivieren ❄

Sie können die Ableger von Erdbeeren auch in Töpfe leiten und nach dem Anwurzeln von der Mutterpflanze trennen.

Gemüse und Kräuter ernten

Jetzt beginnt die Zeit, die den Nutzgärtner am meisten freut: Er kann nach Herzenslust frische Kräuter und zartes Gemüse ernten – jeden Tag reift Neues heran.

Gemüse ernten

→ **Buschbohnen** setzen – je nach Sorte – mit der Hülsenbildung ein. Sie können jetzt laufend ernten. Je kleiner die Bohnen, desto zarter und schmackhafter sind sie. Lassen Sie jedoch einige Bohnen für die Aussaat im nächsten Jahr ausreifen!

→ **Erbsen:** Anfang Juni können Sie junge Zuckererbsen ernten, die mit Schale verwendet werden. Dann folgt die Ernte der Markerbsen, Ende Juli sind die Palerbsen reif.

→ **Gurken:** Auch die Gurkenernte hat angefangen. Nehmen Sie jedes Gürkchen ab, das fördert die Bildung neuer zarter Früchte.

→ **Kartoffeln:** 'Rita' bildet sehr früh dicke Knollen. Als einzige Frühkartoffel gehört sie zu den mehligen Sorten. Auch 'Cilena' und 'Linda' können geerntet werden.

→ **Kerbelrübe:** Nach der Mairübe ist die Kerbelrübe die zweite Rübenart, die nun geerntet werden kann. Im Juli zieht die Kerbelrübe schon ihre Blätter ein. Der Geschmack der Rüben wird besser, wenn sie noch einige Wochen in der Erde bleiben. Achtung: Rüben sind sehr stark Wühlmaus gefährdet!

→ **Knoblauch:** Ende Juli können Sie auch den ersten Knoblauch ernten.

→ **Puffbohnen** können grün geerntet werden. In diesem Stadium sind die Samen sehr zart und aromatisch.

→ **Tomaten:** Frühe Tomatensorten wie 'Extra Early', 'Frühe Liebe' und 'Schönhagener Frühe' liefern die ersten reifen Früchte.

→ **Zucchini** sollten Sie so früh wie möglich ernten. Die Früchte sind am schmackhaftesten, wenn sie nicht so groß sind. Die großen gelben Blüten eignen sich zum Dekorieren oder zum Ausbacken in Teig.

Kräuter ernten

Gewürzkräuter sollten Sie möglichst immer kurz vor der Verwendung ernten, da sie frisch am meisten Würzkraft haben. Kräuter, die Sie für den Winter konservieren wollen, sollten Sie kurz vor der Blüte ernten, da sie dann den höchsten Anteil an aromatischen Stoffen enthalten.

→ Von **Fenchel**, **Sellerie** oder **Wurzelpetersilie** können Sie immer wieder die äußeren Blätter abnehmen und zum Würzen verwenden.

→ **Estragon**, **Kerbel** und **Majoran** können Sie noch bis zur Blüte im August frisch und zum Konservieren ernten.

→ Jetzt ist Haupterntezeit für **Pfefferminze**, **Pimpinelle** und **Weinraute**.

→ Die jungen Blätter, Blüten und auch die noch grünen Samen der **Süßdolde** (*Myrrhis odorata*) schmecken wie Anis und eignen sich sehr gut zum Würzen von Obstsalat.

❯ S. 198, Alte Würzkräuter – neu entdeckt ❄

Kräuter vermehren

Beim Ernten werden Sie schnell merken, welche Kräuter Sie am meisten verwenden. Grund genug, Ihr Lieblingskraut zu vermehren.

Bauen Sie so viel wie möglich von Ihren Lieblingskräutern im Garten an. Versuchen Sie auch noch unbekannte Arten wie Schabziegerklee (*Trigonella caerulea*) oder Süßdolde (> S. 198, Alte Würzkräuter – neu entdeckt).

Stecklinge abnehmen

Manch einer bringt sich aus dem Urlaub eine besondere Sorte mit, die dann aber hier im Winter eingeht. Mit Stecklingen können Sie die Sorte erhalten.

Die beste Zeit zur Stecklingsvermehrung ist im Juni, wenn die frischen Triebe schon etwas fester geworden sind, aber noch keine Blütenansätze ausgebildet haben.

→ Schneiden Sie die Triebspitzen ab und entfernen Sie die unteren Blättchen.
→ Stecken Sie drei Viertel des Triebes in einen Topf mit Anzuchterde. Lassen Sie nur ein kleines Stück herausstehen.
→ Halten Sie den Topf gut feucht. Auch die umgebende Luftfeuchte sollte hoch sein, damit der Steckling nicht vertrocknet. Das erreichen Sie, indem sie die Töpfchen in ein Gewächshaus stellen oder ein Glas oder eine Plastiktüte darüberstülpen (> Abb.).
→ Setzen Sie mehrere Stecklinge an, da nicht immer alle anwurzeln.
→ Nach 4–8 Wochen erscheint dann das erste neue Grün. Wenn der Steckling mit die-

Die Plastiktüte darf den Steckling nicht berühren, da sonst die Gefahr von Fäulnis entsteht.

sem frischem Grün weiter wächst, ist die Bewurzelung gelungen.
→ Überwintern Sie die Stecklinge von wärmeliebenden Arten und Sorten im Haus.
> S. 84, Kräuter teilen ✳

 ## Obst- und Beerenernte

Passend zur Sommerhitze erweitert sich die Palette der erfrischenden saftigen Obstsalate, die Sie aus gartenfrischem Obst und Beeren zubereiten können.

→ Frühe **Apfelsorten** können Sie ab Mitte Juli ernten und gleich verzehren. Die Sorten halten sich höchstens 2 Wochen im Lager, dann werden sie mehlig und faulen.
→ Die früheste **Birnensorte** ist die häufig angebaute 'Bunte Juli'. Weniger bekannt sind die Sorten 'André Desportes' und 'Giffards Butterbirne'.
> S. 136, Empfehlenswerte Obstsorten und Nüsse

→ Die Ernte bei den **Blaubeeren** leitet die Sorte 'Deniseblue' ein, ihr folgt 'Bluecrop'. Die späteste Blaubeere ist 'Elisabeth'. Wenn sich mehrere Blaubeersorten befruchten können, wird die Ernte größer.
→ Bei den **Himbeeren** werden frühe Sorten jetzt von Sommersorten wie 'Marla' abgelöst.
→ Bei den **Johannisbeeren** reifen erst die roten Sorten, 'Jonkheer van Teets' etwas frü-

her als 'Heinemanns Späte'. Ertragreiche, aromatische schwarze Johannisbeersorten sind 'Rosenthals Schwarze Langtraubige' sowie 'Silvergieters Schwarze'.
→ Die **Stachelbeerernte** beginnt mit den gelben Sorten wie 'Früheste Gelbe', eine alte Sorte, zwar etwas mehltauanfällig, dafür aber gut schmeckend. Die rote Sorte 'Rolanda' reift etwas später.
→ Bei den **Wildfrüchten** werden nun Felsenbirnen und Maulbeeren reif, im August folgt dann der Holunder.
> S. 168, Wildfrüchte – Nahrung für Mensch und Tier
> S. 136, Empfehlenswerte Obstsorten und Nüsse ✳

Obstbaumkrankheiten

Krankheiten sind ein Teil des Ökosystems. Für den Biogärtner sind sie ein Gradmesser dafür, wie harmonisch oder disharmonisch die regionale Flora und Fauna in seinem Garten zusammenwirken.

Auf zwei Krankheiten sollten Sie besonders achten, da sie meldepflichtig sind: Zum einen ist das Scharka, eine Viruserkrankung, die vor allem Steinobst befällt. Zum anderen ist es der Feuerbrand, der von Bakterien verursacht wird und vor allem Kernobst befällt. Diese beiden Krankheiten können nicht bekämpft werden. Befallene Bäume müssen sofort gerodet werden. Es gibt in Deutschland unterschiedlich stark befallene Gebiete, feuchtwarme Lagen sind besonders bedroht. Achten Sie beim Pflanzenkauf auf resistente Sorten!

Zwetschgen werden oftmals vom Scharka-Virus befallen. Meist fallen die Früchte dann schon unreif zu Boden.

Scharka-Krankheit

Der Scharka-Virus zeigt sich in kreisförmigen, hellen Verfärbungen auf den Blättern und den Früchten. Das Obst bekommt an diesen Stellen eine geleeartige Konsistenz. Diese Krankheit wird von saugenden Insekten wie Läusen übertragen.

Feuerbrand

Der Feuerbrand (*Erwinia amylovora*) lässt Blätter vertrocknen, sodass ganze Astpartien wie verbrannt aussehen. Diese Krankheit überwintert an Birnen und Äpfeln. Es gibt jedoch einige alte Sorten, die immun sind wie der Boskoop. ❯ S. 41, Bakterienerkrankungen

Birnengitterrost

Birnengitterrost (*Gymnosporangium sabinae*) ist ein Pilz, der sich ab Mai als gelbrote Flecken auf Birnenblättern zeigt. Er überwintert auf verschiedenen Wacholderarten jedoch nicht auf dem Gewöhnlichen Wacholder (*Juniperus communis*). Junge Birnbäume werden bei einem Befall stärker geschwächt als ältere. Achten Sie auf Wacholderpflanzen in Ihrer Umgebung.

Baumkrebs

Baumkrebs bezeichnet keine Wucherung von Zellen, sondern ist eine Pilzerkrankung, die das Rindengewebe absterben lässt. Befallene Stellen müssen bis ins gesunde Holz weggeschnitten werden, damit sich der Baum regenerieren kann. Einige Sorten wie 'Elstar' und 'Cox Orange' sind besonders gefährdet.

Vorbeugende Maßnahmen

→ Der Baum sollte gut Licht und Luft durchlassen, dann können die Blätter schneller abtrocknen, und die Erreger können sich nicht entwickeln. Sorgen Sie deshalb für einen guten Auslichtungsschnitt (❯ S. 141, Sommerschnitt an Obstbäumen).

→ Krankheiten breiten sich auch über Gartenwerkzeuge wie Sägen und Gartenscheren aus. Benutzen Sie daher immer das eigene Werkzeug, auch wenn andere Ihre Bäume schneiden. Achten Sie darauf, dass nur gereinigte, desinfizierte Geräte verwendet werden.

→ Auch über Reiser kann man sich Krankheiten in den Garten holen. Achten Sie daher auch immer auf die Gesundheit der Bäume, von denen Sie Reiser zum Pfropfen nehmen.
❯ S. 67, Obstbäume pfropfen

→ Achten Sie beim Kauf von Obstbäumen auf Sorten, die für Ihr Klima und Ihre Bodenbedingungen geeignet sind. Fragen Sie nach resistenten Sorten. Kaufen Sie Ihre Pflanzen in der Region ein.

→ Düngen Sie richtig. Zu starke Stickstoffdüngung kann Pilzerkrankungen fördern.

→ Schneiden Sie rechtzeitig befallene Baumteile und beseitigen Sie kranke Äste, krankes Laub und kranke Früchte über den Hausmüll.

❯ S. 41, Pflanzenkrankheiten ✳

Samenernte bei Gemüse und Kräutern

Ohne Samen keine Pflanzen. Ernten Sie daher nicht immer alles vollständig ab, sondern lassen Sie einige Ihrer Gemüse- und Kräuterpflanzen zur Blüten- und Samenbildung auf dem Beet stehen.

→ **Bete**, die weiße, die gelbe oder auch die rote Sorte, bildet nun ihre Samen aus. Die Samen hängen als unregelmäßig geformte Knäuel direkt an den Samenstängeln. Sie können sie leicht abstreifen.

→ **Gemüseampfer** ist ein sehr frühes Blattgemüse. Auch hier können Sie die Samen ganz einfach vom Stängel abziehen.

→ Wenn Sie im letzten Herbst einige **Kohlpflanzen** zur Samenbildung auf dem Beet gelassen haben, dann können Sie jetzt Samen abnehmen. Am leichtesten bildet Grünkohl Samen aus. Rosenkohl war früher auch eine winterfeste Kohlart, heute findet man nur noch selten Sorten, die den Winter überleben. Ziehen Sie die Samenschoten ab und reiben Sie sie ein wenig, dann können Sie die Samen von der Spreu absieben.

→ Die Samen vom **Koriander** können Sie zum Würzen verwenden oder aber für die Anzucht im nächsten Jahr.

→ Die Samen verschiedener **Laucharten** wie Berglauch oder Kantenlauch reifen jetzt aus. Sie fallen sehr leicht aus den trockenen Samenkugeln, am besten, Sie legen ein Tuch unter die Pflanzen, von denen Sie Samen ernten wollen.

→ Vom **Schabziegerklee** können Sie nun die braunhülsigen Samenstände ernten. Ziehen Sie zum Ausreiben der Samenkörnchen Lederhandschuhe an, denn die Samenhülsen können empfindlich stechen. Sie können auch hier die gemahlenen Samen zum Würzen von Quark oder selbst gebackenem Brot oder zur Nachzucht verwenden.

→ Bei der **Süßdolde** sind die Samen reif, wenn sie vollschwarz glänzend auf den Stängeln stehen. Von dieser Pflanze können Sie von den Blättern über die Blüten und grünen Samen bis hin zu den Wurzeln (im Herbst ausgraben) alles verwerten.

❭ S. 147, Saatgut abnehmen ✳

Sommerschnitt an Obstbäumen

Apfel- und Birnbäume, die einen schwachen Blütenansatz hatten, sollten im Sommer ausgeschnitten werden, um den Baum anzuregen, im nächsten Jahr mehr Fruchttriebe zu bilden.

Beim Sommerschnitt an **Kernobst** sollten Sie berücksichtigen, dass einige Sorten wie 'Boskoop' und 'Elstar' nur alle zwei Jahre den vollen Ernteertrag bringen. Beobachten Sie diese Sorten 2–3 Jahre, bevor Sie die Bäume wegen schlechten Ertrages auslichten.

→ Entfernen Sie die noch krautigen konkurrierenden Neutriebe, vor allem bei den jungen oder veredelten Obstbäumen.

→ Schneiden Sie steile Schosstriebe (❭ S. 218, Glossar) zugunsten flacher Neutriebe ab.

→ Neutriebe mit flachem Winkel bleiben stehen, Sie sollten sie aber auf 1–3 Knospen einkürzen.

Steinobst wird im Sommer nur geschnitten, wenn ein starker Eingriff erfolgen muss, da große Wunden im Sommer besser heilen. Führen Sie die Schnittmaßnahme möglichst erst nach der Fruchternte aus.

❭ S. 154, Obsternte ✳

Wenn ein Obstbaum so zugewuchert ist, bedarf es dringend eines Auslichtungsschnittes!

Hochsommer

141

Frage & Antwort

Jetzt wo der Ziergarten in voller Blüte steht und im Nutzgarten überall geerntet werden kann, fallen auch vermehrt Krankheiten und Beschädigungen an den Pflanzen auf – Pflegemaßnahmen sind überall gefragt.

? **Die unteren Blätter meiner Gurken verfärben sich gelblich. Woran liegt das, und was kann ich dagegen tun?**

Bei den Blattflecken handelt es sich um einen Befall mit Falschem Mehltau. Für diese Pilzerkrankung ist feuchtwarmes Wetter die beste Grundlage zur Entwicklung. Entfernen Sie befallene Blätter von der Pflanze und entsorgen Sie sie im Hausmüll, damit sich der Mehltau nicht weiter ausbreiten kann. Das verlängert die Lebensdauer der Pflanze und erhöht zudem die Erntemenge.

? **In meinem Gewächshaus halten sich zur Zeit sehr viele Fliegen und andere Insekten auf. Was kann ich dagegen tun?**

Unkonventionell und schön sind lebende Fliegenfänger wie Sonnentau, Kannen- und Schlauchpflanzen bei der Schädlingsdezimierung im Kleingewächshaus. Diese in Mooren und Feuchtgebieten heimischen Pflanzen brauchen eine eher nährstoffarme, feuchte Erde, gerne auch einmal mit Staunässe. Ihren Nährstoffbedarf decken die Pflanzen mit Insekten. Trauermücken, Mottenschildläuse und andere werden durch Duftstoffe angelockt und im Inneren der mit Flüssigkeit gefüllten Schlauchblätter langsam verdaut. Geeignete Pflanzgefäße sind ausgediente kleine Aquarien, Porzellanschüsseln, kleine Balkonkästen mit Untersetzer oder Ähnliches. Vier bis sechs Pflanzen dezimieren den Insektenbestand im Gewächshaus erheblich. Die Fleischfressenden Pflanzen sind im Fachhandel erhältlich.

? **Ich habe gehört, dass man Tomaten im Sommer nicht überbrausen soll. Stimmt das?**

Wasser auf Blättern ist nie gut. Die konvexe Oberfläche eines Wassertropfens bündelt die Sonnenstrahlen, wirkt wie ein Brennglas und kann so zu Verbrennungen der Blätter führen. Aber auch die *Phytophtora*-Pilze freuen sich über Feuchtigkeit auf den Blättern.
Deshalb sollten Sie nur bodennah direkt in den Wurzelbereich gießen und auch Spritzwasser vermeiden.
Wenn Sie den Boden unter den Pflanzen oberflächig hacken oder noch besser mulchen, wird die Verdunstung gesenkt und Sie müssen weniger oft gießen.

? **Ich habe eine sehr schöne blau blühende Hortensie geschenkt bekommen und in den Garten gepflanzt. Nun blüht sie rosa.**

Blaue Hortensien, die sich langsam wieder in ihre Ursprungsfarbe Rosa verfärben, stehen auf dem falschen Boden. Hortensien lieben wie Rhododendron sauren Boden und einen halbschattigen Standort. Mit einer schwachen Gabe von 5 g Aluminium-Kaliumsulfat (Alaun) je Liter Gießwasser erhalten sie ihr leuchtendes Blau zurück. Das Mittel ist sehr günstig in Apotheken erhältlich.

? **Meine Rosen wollen nicht blühen und sehen kränklich aus. Was mache ich falsch?**

Die Ursache liegt vermutlich an einem ungünstigen Standort und einem zu dichten Wuchs. Oft stehen kränkelnde Rosen zu dunkel. Sie sollten sie im Herbst oder spätestens im Frühjahr an einen sonnigen Standort verpflanzen.
Entfernen Sie im Hochsommer zunächst alle kranken, schwachen, ineinander wachsenden oder bereits abgestorbenen Triebe aus den Sträuchern und schneiden

Sie die übrigen Triebe um 10–20 cm zurück. Nach ein bis zwei sorgfältigen Rückschnitten im Herbst oder Frühjahr und einer Düngung mit einer Handvoll Kompost oder organischem Dünger erholen sich die Sträucher schnell wieder.

❓ Meine Pflanzen vertrocknen, obwohl ich jeden Abend eine halbe Stunde meinen Garten »spritze«.

Viele Gartenbesitzer wundern sich, dass ihre Pflanzen trotz täglichen Gießens vertrocknen. Der Fehler liegt dabei im zu kurzen, oberflächlichen Spritzen. Das Wasser dringt nur wenige Millimeter in den Boden ein und ist schneller verdunstet, als es die Wurzeln überhaupt aufnehmen können. Für die Pflanzen bringt dieses herzlich wenig. Von den täglich befeuchteten Blättern profitieren allenfalls Pilzkrankheiten. Ein weniger häufiges, aber dafür durchdringendes Gießen ist für die Pflanzen besser. Das Wasser sollte mindestens 10 cm in die Erde eindringen. Zur Kontrolle können Sie den Boden mit einer kleinen Handhacke leicht aufgraben. Mehrjährige Stauden und Gehölze bilden ein breiteres und tieferes Wurzelsystem, wenn sie nicht jeden Tag mit Wasser verwöhnt werden.

Eine Ausnahme bilden frisch gesetzte Pflanzen. Eine zeitlich begrenzte Mulchdecke, z. B. aus Rinde, schützt noch nicht eingewachsene Stauden oder Gehölze zusätzlich vor dem Vertrocknen und unterdrückt die Konkurrenz durch Unkräuter.

❓ Kann ich meinen Komposthaufen mit Kürbis bepflanzen?

Das ist eine gute Möglichkeit, schöne Früchte zu ernten und den Kompost zu pflegen. Kürbis mag einen gut gedüngten Boden, und es gibt viele Bilder, auf denen zu sehen ist, wie Kürbisse die Kompost- oder Misthaufen überwuchern.

Setzen Sie die Kürbispflanze aber nicht direkt in den Haufen – vor allem, wenn der Kompost/Mist noch nicht lange liegt –, sondern daneben. Von hier aus können die Wurzeln unter den Haufen wachsen und die vom Regen ausgewaschenen Nährstoffe aufnehmen. Durch die Überwachsung mit den großen Kürbisblättern trocknet der Kompost im Sommer bei heißem Wetter nicht so stark aus. Sie verhindern auch eine Verunkrautung des Kompostes und können ein Zuviel an Regenwasser ableiten.

❓ Die ersten Kohlrabi, die ich geerntet habe, waren butterzart, die nächsten holzig. Habe ich die Kohlrabi zu groß werden lassen?

Das Holzigwerden ist zum einen eine Sortenfrage. Die Sorte 'Superschmelz' z. B. wird sehr groß und trotzdem nicht holzig – sie ist sogar noch lange lagerfähig. Zum andern mögen die meisten Kohlrabisorten weder Hitze noch Trockenheit. Halten Sie die Beete – wie bei allen Kulturen im Sommer – gleichmäßig feucht. Besser ist es noch Kohlrabi möglichst früh im Jahr oder spät (Herbst) anzubauen, um Holzigkeit zu vermeiden.

❓ In meinem Steingarten macht sich ein rotblättriges, bodendeckendes kleeartiges Gewächs breit. Was kann ich dagegen tun?

Es handelt sich hier wahrscheinlich um den Roten Horn-Sauerklee (Oxalis corniculata). Die nur 5 cm hohe, ab Juni goldgelb blühende Staude fand ihren Weg in unsere Gärten und Siedlungsräume als Beipflanze zugekaufter Containerpflanzen und breitet sich jetzt zügig durch Selbstaussaat und über 30 cm lange, rotbraune Wurzelausläufer aus.

Horn-Sauerklee lässt sich nur durch regelmäßiges Jäten im Garten einigermaßen in Schach halten. Er ist allerdings schwierig zu jäten, denn die dünnen Triebe brechen leicht und jedes noch so kleine Stück im Boden bewurzelt wieder. Ein langer, stabiler Unkrautstecher leistet gute Dienste. Am besten, Sie entfernen vor dem Aussetzen neuer Pflanzen vorbeugend die oberste Erdschicht, da sich in ihr zahlreiche Unkrautsamen befinden können.

Hochsommer

Spätsommer

Der Sommer kommt in seine letzte Phase. Die Blumenbeete stehen in voller Blüte, erstes Saatgut kann schon abgenommen und fürs nächste Jahr vorbereitet werden. Im Gemüsegarten haben Tomaten und Paprika Hochkonjunktur, und im Obstgarten reifen Mirabellen und Renekloden heran. In vielen Regionen wird der August deshalb als Erntemonat – »Ernting« oder auch »Aranmanoth« – bezeichnet.

Gründüngung aussäen

Durch Abernten werden immer mehr Beete im Garten frei. Wenn keine Nach- oder Herbstsaat ansteht, sollten Sie jetzt Gründüngung einsäen.

Machen Sie die Beete von eventuellem Beikraut frei.

→ Hacken Sie den Boden gründlich auf und rechen Sie dann das Beet wieder glatt.

→ Streuen Sie den Samen breitwürfig aus und arbeiten Sie ihn mit dem Rechen ein.

→ Sollte im August noch trockenes Sommerwetter vorherrschen, müssen die Samen auf den ersten Spätsommerregen warten. Die Fläche zu sprengen, um das Keimen und Wachsen der Gründüngung zu fördern, ist ein unnötiger Wasserverbrauch. Da auch das Beikraut bei Trockenheit nicht keimt, spricht nichts gegen eine spätere Begrünung.

Passende Gründüngungspflanzen

Die besten Gründüngungspflanzen sind kulturfremde Arten wie Buchweizen oder Bienenfreund, aber auch die weniger bekannte winterharte Quirlmalve (*Malva verticillata*) und viele Tagetesarten (❭ S. 28, Gute Gründüngungspflanzen).

→ Auf Beeten, die Sie in den nächsten vier Jahren nicht mit Kohlarten bepflanzen, können Sie Senf oder Ölrettich säen.

→ Auf Beete, auf denen die nächsten Jahre keine Bohnen oder Erbsen stehen werden, können Sie Wicken, Klee oder Luzerne säen.

❭ S. 28, Gründüngung ✳

Pilzkrankheiten erkennen und bekämpfen

Auch bei bester Pflege, robusten Pflanzen und gutem Boden kommt es zu bestimmten Jahreszeiten aufgrund der Entwicklungsphase der Pflanze oder auch der Klimabedingungen zu Pilzkrankheiten.

→ **Falscher Mehltau** tritt vor allem in regnerischen Sommermonaten auf und befällt Goldlack (*Cheiranthus cheiri*) und Levkojen (*Matthiola*), Rosen und Steinkräuter (*Alyssum*), Kürbis- und Gurkengewächse. Entfernen Sie im Nutzgarten die befallenen Pflanzenteile so rasch wie möglich.

→ Im August beginnt die Zeit des **Echten Mehltaus**. Tagsüber ist es heiß, nachts dann kühler, so dass sich Kondenswasser auf den Blättern bildet – eine Einladung für den Pilz! Zuerst können Sie den Pilzbefall an Pflanzen mit haarigen Blättern wie der Königskerze (*Verbascum*) oder den Ringelblumen (*Calendula*) beobachten. Bei den Nutzpflanzen werden vor allem Doldenblüter wie Fenchel, Petersilie und Sellerie, aber auch Mangold, Erbse und Kürbis, Erd- und Stachelbeeren, Äpfel und Steinobst befallen.

Befallene Pflanzenteile – wenn es sein muss auch die ganze Pflanze – sollten Sie sofort entfernen, damit sich der Pilz nicht weiter ausbreiten kann.

Unterziehen Sie die restliche Pflanze einer Milchkur: Mischen Sie 1 Teil Milch und 10 Teile Wasser und sprühen Sie die Blätter zweimal die Woche damit ein.

Der 22-Punkt-Marienkäfer (*Psyllobora vigintiduopunctata*), aber auch seine Larven fressen einzig und allein Mehltaupilze. Da die Käfer in größeren Gruppen unter Laubhaufen überwintern, sollte in keinem Garten ein Laubhaufen fehlen.

→ Jetzt haben sich die Pflanzen maximal ausgebreitet und bedecken die Beete wie ein grüner Dschungel. Vor allem die Kürbis- und Zucchinipflanzen mit ihrer großen Blattmasse erschaffen so ein Schlaraffenland für Pilze wie den **Grauschimmel**. Sorgen Sie deshalb für Luft und Licht und legen Sie die Früchte frei, so dass sie abtrocknen können. Schaffen Sie für die Früchte eine Unterlage. (z. B. einen flachen Stein), so dass die Feuchtigkeit des Bodens nicht an die Früchte kommt.

❭ S. 42, Pilzkrankheiten ✳

Von Grauschimmel befallene Früchte müssen sofort entfernt werden, damit der Pilz keine weiteren Schäden anrichten kann.

Saatgut ernten und aufbewahren

In den heißen Sommertagen sind viele Samen herangereift. Das Saatgut können Sie gut für die nächste Saison aufheben, sofern es sich um nachbaubare Sorten und nicht um Hybriden handelt.

Samen abnehmen

Wenn Sie auch nächstes Jahr wieder üppig blühende Blumen und prächtige Kräuterstauden in Ihrem Garten haben wollen, dann sollten Sie jetzt von den schönsten und gut wachsenden Pflanzen Samen ernten.

→ Nehmen Sie nur bei trockenem Wetter – am besten um die Mittagszeit – gut abgetrocknete Fruchtstände ab.

→ Ernten Sie Samen nur von gesunden und gut wüchsigen Pflanzen. Schwarze oder weißgraue Flecken auf den Fruchtständen deuten auf Pilzbefall hin.

→ Schneiden Sie die Samenstände ab, sobald sie braun und trocken geworden sind.

Samen trocknen

→ Die Samen trocknen Sie am besten an einem warmen, luftigen und dunklen Ort.

→ Breiten Sie die Fruchtstände locker auf einem breiten, flachen Karton oder einem flachen, mit Küchenpapier ausgelegten Gefäß aus, damit sie schnell abtrocknen.

→ Nach 2–4 Wochen sind die Samen gut abgetrocknet, und Sie können sie aus den Samenhülsen lösen.

Samen aufbewahren

→ Größere Samenmengen halten sich am besten in dicht schließenden Schraubgläsern.

Geben Sie ein Päckchen Silikagel (in der Apotheke erhältlich, liegt aber auch vielen Elektronikgeräten bei) mit in das Glas. Das entzieht dem Samen die Restfeuchtigkeit, ohne ihn auszutrocknen.

→ Beschriften Sie die Saatgutgefäße sofort nach dem Abfüllen: Pflanzenart und Sorte, Abfülldatum und wenn möglich auch Standort der Pflanze.

→ Kleinere Saatgutmengen können Sie am einfachsten in Papier-Briefumschlägen aufbewahren. Beschriften Sie die Umschläge vor dem Einfüllen der Samen, dann drückt nichts durch. In rechteckigen Schuhkartons können Sie die Umschläge dann nach dem Alphabet einordnen – damit sind Ihre Gartenschätze übersichtlich sortiert.

Wildpflanzensamen sammeln

Laut Gesetz ist nur die Entnahme eines Handstraußes aus der Natur erlaubt. Für den Hausgebrauch reicht diese Menge an Fruchtständen allemal aus. Bitte beachten Sie: Sie dürfen keine Wildpflanzen ausgraben!

→ Behandeln Sie die Natur achtsam und verlassen Sie die Wege nicht. Viele Pflanzen, die mitten auf der Wiese wachsen, sind auch am Wegrand zu finden.

→ Nehmen Sie nur dort Saatgut ab, wo viele Pflanzen ein- und derselben Art wachsen,

Wenn die Samenkapsel der Jungfer im Grünen braun und trocken ist, können Sie sie abschneiden und die Samen ausschütteln.

denn in erster Linie sollen die Wildpflanzen ja an ihrem Naturstandort weiterwachsen.

→ Prägen Sie sich zur Blütezeit die Standorte und Pflanzen ein, von denen Sie später gerne einige Samen sammeln möchten. Am besten, Sie fotografieren die Pflanze am Naturstandort – dann können Sie noch unbekannte Arten auch gleich bestimmen.

→ Bestellen Sie größere Mengen von Wildpflanzensaatgut im Fachhandel. Achten Sie dabei auf autochthones Saatgut (› S. 218, Glossar). Eine Wildpflanzenart kann sich an einem neuen Standort innerhalb von Jahren oder Jahrzehnten so verändern, dass sie für einzelne Insekten ihrer früheren Heimat unbrauchbar wird.

› S. 171, Samen ernten ❋

147

✿ Ausläufer entfernen

Viele Ausläufer bildende Staudenpflanzen haben sich im Laufe ihres Wachstums weit ausgebreitet und müssen nun in ihre Grenzen verwiesen werden.

Der Goldfelberich (*Lysimachia punctata*) breitet sich durch Ausläufer dickichtartig aus und verdrängt alle schwächer wachsenden Pflanzen.

Ausläufer bildende Stauden

Im Spätsommer entwickeln die Gartenstauden ihre maximale Größe, und vor allem die Ausläufer bildenden Arten (❯ S. 98, Ausläufer bildende Gartenblumen) können durch ihre Ausbreitung andere Pflanzen rasch verdrängen. Ohne Ihr pflegendes Eingreifen würde sich ein vielfältiges Blumenbeet im Laufe von wenigen Jahren auf ein paar durchsetzungskräftige Arten reduzieren.

➜ Entfernen Sie jetzt die Ausläufer und lassen Sie nur einen kleinen Teil der Mutterpflanze stehen. Nehmen Sie bei unterirdischen Ausläufern einen Unkrautstecher, bei oberirdischen die Gartenschere zu Hilfe.

➜ Die abgeschnittenen Ausläufer können Sie entweder in andere, ungenutzte Gartenbereiche umsiedeln oder eintopfen und anderen Gartenfreunden weitergeben (❯ S. 98, Ausläufer abnehmen).

➜ Oberirdische kurze Ausläufer wie die von Astern oder Wiesen-Margeriten sind harmlos und verrotten auf dem Kompost.

➜ Schwieriger ist es, wenn die Pflanzen sehr lange, dicke Wurzeln haben. Das ist zum Beispiel bei allen Minzen oder der ausdauernden Gartenkresse mit bis zu einem halben Meter langen Wurzelausläufern der Fall. Wie Wurzelunkräuter sollten diese getrennt entsorgt werden. (❯ S. 97, Unkräuter erkennen und entfernen).

Wildrosenausläufer abnehmen

Einige Wildrosenarten wie Bibernellrose (*Rosa spinosissima*), Essigrose (*Rosa gallica*), Glanzrose (*Rosa nitida*), Kartoffelrose (*Rosa rugosa*) oder Weinrose (*Rosa rubiginosa*) können sich massiv über Ausläufer vermehren. Nach 2–3 Jahren kann sich die Rose bis zu einem Meter von ihrem Ausgangsort ausgebreitet haben und ihre neuen Triebe nun durch Gartenwege oder Staudenpolster hindurchschieben.

Am besten, Sie setzen diese Wildrosen gleich an eine Stelle, an der sie sich ungehemmt ausbreiten dürfen, oder Sie grenzen die Pflanzen durch eine 50 cm tiefe, ringförmige Wurzelsperre (im Gartenfachhandel erhältlich) aus stabilem Kunststoff oder Metall ein. Wenn das Malheur schon passiert ist, reicht der Unkrautstecher zum Nachspüren der Wurzelausläufer nicht mehr aus.

➜ Lockern Sie mit einem Spaten die Erde um die Ausläufer vorsichtig auf.

➜ Ziehen Sie vorsichtig den Ausläufer in Richtung Mutterpflanze nach oben. Sie werden schon bald auf weitere zahlreiche Verästelungen stoßen.

➜ Wenn Sie nah genug an der Ausgangspflanze sind, trennen Sie den Wurzelausläufer mit dem Spaten durch.

➜ Nun können Sie die entfernten Triebe entweder entsorgen oder Jungpflanzen heranziehen. ❯ S. 151, Wildrosen vermehren ✻

Wenn Sie eine Ausbreitung durch Wurzelausläufer vermeiden wollen, dann sollten Sie eine Wurzelsperre anbringen.

Chrysanthemen

Inzwischen sind die Chrysanthemen gut herangewachsen und brauchen nun Ihre besondere Aufmerksamkeit.

Sie können den Chrysanthemen (*Chrysanthemum*) nun beinahe beim Wachsen und Blühen zuschauen.

Es gibt ein- und mehrjährige Arten, hohe und niedrige, früh und spät blühende. Bei richtiger Sortenwahl haben Sie von Mai bis November stetigen Blütenflor.

➜ Überprüfen Sie daher einmal wöchentlich die Stützen und binden Sie die Pflanze immer wieder gut an, damit sie ihre Blütenpracht unbeschadet entwickeln und auch das zunehmende Gewicht der Blüten tragenden Triebe aushalten können. Die Pflanzen sollten immer etwa 20 cm unterhalb des Triebendes gestützt sein.

➜ Bei den früh blühenden Sorten zeigen sich schon die ersten Blütenknospen. Wer Wert auf wenige, dafür große Blüten legt, sollte an jedem Stiel nur die Mittelknospe stehen lassen und die Nebenknospen ausknipsen. Natürlicher ist es allerdings, wenn Sie alle Knospen zur Blüte kommen lassen.

➜ Damit die Blüten nicht von Ohrwürmern angefressen werden, können Sie unterhalb der Blüte am Stiel einen ca. 1 cm breiten Ring aus Vaseline auftragen, das hält die Tierchen ab und schadet ihnen nicht.

➜ Bei trockenem Wetter sollten Sie die Pflanzen gut gießen, denn das Laub verdunstet viel Wasser. ✽

Dahlien und Gladiolen pflegen

Nahezu in allen Farben und mit den verschiedensten Blütenformen erfreuen uns nun Gladiolen und Dahlien. Beide Knollenpflanzen zählen seit alters her zu den beliebtesten Garten- und Schnittblumen.

Dahlien und Gladiolen dürfen in keinem Bauerngarten fehlen. Nun ist die Blütezeit dieser im Mai eingesetzten Knollenpflanzen.

Dahlien pflegen

➜ Damit Dahlien einen buschigen Wuchs entwickeln, sollten Sie immer wieder die Spitze des Mitteltriebes ausbrechen, um seitliche Verzweigungen anzuregen.

➜ Jetzt wird es auch Zeit, den Pflanzen eine gute Stütze anzubieten. Sie können sie an einzelnen Stäben, besser aber noch mit einem Ring stabilisieren.

➜ Dahlien brauchen viel Feuchtigkeit. Am besten, Sie mulchen um die Staude herum, damit der Boden nicht austrocknet.

➜ Wenn Sie ständig Abgeblühtes und welke Blätter entfernen, sehen Ihre Dahlienstauden immer gut aus.

➜ Dahlien werden oftmals von Blattläusen befallen. Bekämpfen Sie diese mit Rainfarn- oder Brennnesselbrühe.

❯ S. 114, Pflanzenschutz mit sanften Mitteln

Gladiolen pflegen

➜ Gladiolen brauchen eine gute Stütze, damit sie ihren schweren Blütenstand aufrecht halten können. Befestigen Sie die einzelnen Pflanzen an stabilen Stäben, die Sie auf der blütenabgewandten Seite in den

Gladiolen sind beliebte Schnittblumen, da sie in fast allen Blütenfarben erhältlich sind und sich lange in der Vase halten.

Boden stecken. Binden Sie den Stängel etwa alle 15 cm locker mit Bast an der Stütze an.

➜ Sobald sich die ersten Blütenknospen zeigen, sollten Sie darauf achten, dass der Boden nicht austrocknet.

➜ Hat sich die erste Blüte einer Ähre geöffnet, dann können Sie die Gladiole schon für die Vase abschneiden.

➜ Schneiden Sie nicht zu tief ab. Es sollten mindestens vier Blätter stehen bleiben, um die Ernährung der Knolle zu gewährleisten.

❯ S, 178, Dahlien und Gladiolen überwintern ✽

Spätsommer

✿ Lilien aus Brutzwiebeln anziehen

Lilien lassen sich je nach Art durch Aussaat, Abnahme von Brutzwiebeln, Teilung oder mittels Zwiebelschuppen vermehren.

Jetzt entwickeln sich bei Feuer-Lilie (*Lilium bulbiferum*), Tiger-Lilie (*Lilium tigrinum*) (〉Abb.) und Türkenbund-Lilie (*Lilium martagon*) oberirdisch in den Achseln zwischen Stiel und Blättern und unterirdisch am Stängel kleine Brutzwiebelchen, über die die Pflanzen vermehrt werden können.

Oberirdische Brutzwiebeln abnehmen

Wenn die oberirdischen Brutzwiebelchen bei sanfter Berührung des Stiels abfallen, sind sie reif und können abgenommen werden.

→ Sammeln Sie die kleinen Zwiebelchen ein und legen Sie sie im Abstand von ca. 5 cm in Anzuchttöpfe oder -schalen, die Sie mit feuchter, lehmiger Erde gefüllt haben.

→ Drücken Sie nun die einzelnen Zwiebelchen mit der Fingerspitze ca. 2 cm tief ins Substrat.

→ Stellen Sie die Anzuchtgefäße bis zum nächsten Frühjahr kühl, aber frostfrei auf.

→ Im folgenden Jahr wachsen dann die Jungpflanzen heran und können im Herbst

Die Tiger-Lilie (*Lilium tigrinum*) bildet zwischen Stiel und Blättern Brutzwiebeln, sogenannte Achselbulben, aus.

ausgepflanzt werden. Wenn Sie das vorher tun, dann werden die zarten Pflänzchen schnell zum Futter für Schnecken.

Unterirdische Brutzwiebeln abnehmen

Die Brutzwiebeln, die unter der Erde am Stängel heranreifen, können Sie abnehmen, wenn die Lilien verblüht sind.

→ Legen Sie dazu den Stängel soweit frei, dass Sie an die Brutzwiebelchen herankommen und sie abnehmen können.

→ Achten Sie darauf, nur gesunde und unbeschädigte Zwiebelchen zur Vermehrung zu verwenden.

→ Die unterirdischen Brutzwiebelchen werden genauso behandelt wie die oberirdischen.

〉S. 134, Schwertlilien teilen

〉S. 179, Lilien über Zwiebelschuppen vermehren ✺

✿ Rückschnitt von Dauerblühern

Bei vielen Blütenstauden können Sie die Blütezeit durch einen regelmäßigen Rückschnitt bis zum Frost verlängern.

Zu den Blütenstauden, deren Blühdauer sich durch Rückschnitt verlängert, gehören Jakobsleiter (*Polemonium*), Katzenminze (*Nepeta*), Nachtviole (*Hesperis*), Ochsenauge (*Buphthalmum*), Wiesensalbei (*Salvia pratensis*), Witwenblume (*Knautia*) und Zwerg-Johanniskraut (*Hypericum*).

→ Schneiden Sie die abgeblühten Stauden bis auf 10–20 cm über dem Boden zurück. Lassen Sie sich von einzelnen schönen Blüten nicht zurückhalten – Sie können sich ja an der Blüte in der Vase noch erfreuen – , denn

der Pflanze bekommt der Rückschnitt gut. Schon nach wenigen Tagen sind neue Blätter zu sehen. Unterbleibt der Schritt, bilden die Pflanzen Samen aus und die Nachblüte fällt nicht so üppig aus. Den Staudenschnitt können Sie sehr gut zum Mulchen oder im Kompost verwenden.

→ Schneiden Sie nicht alle Pflanzen einer Art auf einmal zurück. So finden Wildbienen zwischen den Blühphasen immer noch genug Nahrung.

〉S. 152, Wildstauden für den Garten ✺

Stauden verjüngen

Wenn Ihre Blütenstauden trotz Düngung nicht mehr so richtig gedeihen wollen, dann ist es an der Zeit, sie zu »verjüngen«.

Blütenstauden, aber auch Kräuter, werden mit zunehmendem Alter kreisförmig von innen her hohl, weil sie von innen nach außen neue Blätter und Triebe bilden. In sehr festen Böden dagegen wachsen die Stauden kaum in die Breite, sondern praktisch übereinander. Ihre Wuchshöhe und Vitalität nimmt ab. Das wiederum bietet Nährboden für Krankheiten und Schädlinge.

Düngen und Gießen reichen nicht aus, um die Pflanzenvitalität wiederherzustellen. Spätestens jetzt ist es Zeit, die Blütenstauden und Kräuter zu verjüngen.

→ Graben Sie die kümmernde Pflanze aus und schütteln Sie die Erde aus dem Wurzelstock gut ab.

→ Teilen Sie nun den freigelegten Wurzelstock – je nach Stärke – mit der Hand, der Gartenschere oder einem Spaten.

→ Jedes Teilstück sollte mehr als drei Knospen, Augen oder Blattaustriebe sowie genügend Wurzeln haben und etwa handballengroß (5–10 cm) sein.

→ Um eine übermäßige Verdunstung zu vermeiden, müssen Sie die Triebe einkürzen.

→ Kürzen Sie auch die Wurzeln ein. Das geschieht als Vorsichtsmaßnahme, damit sie beim Einpflanzen nicht abknicken und dann eventuell faulen können.

→ Kürzen Sie auch große Laubblätter um die Hälfte ein, damit sie nicht zu viel Wasser verdunsten.

→ Achten Sie darauf, nur Teile mit jungen Pflanzentrieben zu verwenden, weil diese wüchsiger sind. Alles andere ist auf dem Kompost besser aufgehoben.

→ Lockern Sie den Boden mindestens spatentief auf und verbessern Sie ihn mit Urgesteinsmehl und Kompost, bevor Sie die Teilstücke wieder einsetzen.

→ Geben Sie noch ein paar grob zerkleinerte Beinwellblätter ins Pflanzloch. Sie tragen mit ihrem Kieselsäureanteil dazu bei, dass die Pflanzen besser anwachsen. ✳

 Wildrosen vermehren

Regional vermehrte Wildrosen sind nicht leicht in Gartensortimenten zu finden. Sie sind aber wertvolle Insektenpflanzen und durch die Hagebutten im Herbst ein gutes Vogelnährgehölz.

Die einfachste Art, eine Wildrose zu vermehren, ist die Abnahme von Ausläufern. Das geht aber nicht bei allen Wildrosenarten. Nicht Ausläufer bildende Wildrosen können Sie im Spätherbst über Samen vermehren – das ist aber eine recht langwierige Sache – oder aber über Stecklinge, die Sie im Juni schneiden. ❯ S. 74, Stecklingsvermehrung

→ Bei der Vermehrung durch Ausläufer schneiden Sie die abgenommenen Ausläufer in 10–20 cm lange Teilstücke und stecken Sie diese etwas schräg in etwa 1 Liter große Kunststofftöpfe mit normaler Gartenerde.

→ Für dichtere Pflanzen nehmen Sie gleich 2–3 Triebe je Topf.

→ Nach etwa vier Wochen sind schon die ersten neuen Wurzeln am Topfrand zu sehen, und spätestens im nächsten Frühjahr können Sie die »neue« Rose in den Garten pflanzen.
❯ S. 148, Ausläufer entfernen ✳

Die Essigrose gehört zu den Wildrosenarten, die sich leicht über Ausläufer vermehren lassen.

151

Spätsommer

Ackerwitwenblume *Knautia arvensis*

Blütezeit: Mai bis Mitte Oktober
reiche Bienenweide; wird je nach Standort
30–150 cm hoch; trockentolerant; pflegeleichte, attraktive Gartenstaude

Akelei *Aquilegia vulgaris*

Blütezeit: Juni bis Juli
typische Hummelpflanze; 30–60 cm hoch;
Standort halbschattig, bei feuchteren Böden
auch sonnig; versamt sich stark

Blut-Weiderich *Lythrum salicaria*

Blütezeit: Juli bis September
der gelbe Blütenpollen lockt verschiedene
Insekten an; 50–100 cm hoch; liebt feuchten, schweren Boden; pflegeleicht

Bunte Kronwicke *Coronilla varia*

Blütezeit: Mitte Mai bis Mitte Oktober
robust; an trockenen, mageren Standorten
kaum 30 cm hoch, in nährstoffreicheren
Böden dagegen bis zu einem Meter; **giftig!**

Frauenmantel *Alchemilla vulgaris*

Blütezeit: Juni bis August
robust und pflegeleicht, vielseitig verwend-
bar; 25–50 cm hoch; bevorzugt feuchte
Böden, Standort sonnig bis halbschattig

Leberblümchen *Hepatica nobilis*

Blütezeit: Februar/März
sehr langlebiger, trotz der geringen Größe
zäher Gartenbewohner für halbschattige
Lagen; typische dreilappige Blätter; **giftig!**

Rote Christrose
Helleborus purpurascens
Blütezeit: Ende Februar bis Anfang Mai
robuste, sehr langlebige Gartenstaude für
den Halbschatten bis Schatten; **giftig!**

Schlüsselblume *Primula veris*
Blütezeit: März bis Mai, September/Oktober
erste »Bienenweide«; schattige bis halbschattige Lage mit feuchtem bis frischem
Boden; robust und pflegeleicht

Sonnenröschen
Helianthemum nummularium
Blütezeit: Ende April bis Juni, August bis
September; fast immergrüner, dichter
Bodendecker für sonnige Lagen

Spätsommer

Wiesenflockenblume *Centaurea jacea*
Blütezeit: Juni bis September
sehr blühfreudige und wüchsige Wiesenblu-
me für trockene bis normal feuchte Standorte; knapp 1 m hoch, Insektenpflanze

Wiesensalbei *Salvia pratensis*
Blütezeit: Mai bis September/Oktober
verträgt trockene bis mäßig feuchte Standorte, die nicht allzu nährstoffreich sein sollten;
begehrte Insektenweide

Wilde Malve *Malva silvestris*
Blütezeit: Mai bis Oktober
robuste Zierpflanze für sonnige bis halbschattige Lagen; die dicken, bis über 50 cm
langen Wurzeln lockern Bodenverdichtungen

Gemüse, Obst und Wildfrüchte ernten

Jetzt ist im Nutzgarten so viel erntereif, dass Sie gar nicht alles frisch verzehren können. Nun füllen sich langsam auch Tiefkühltruhe und Keller – und auch der Dörrapparat bekommt viel Arbeit.

Gemüseernte

→ **Kartoffeln** gibt es jetzt im Überfluss, und auch **Paprika** und **Tomaten** haben Hochsaison. Wenn Sie grüne oder weiße Tomaten ziehen, können Sie die reife Frucht nur durch Tasten erkennen: Reife Früchte werden weich. Von den gelben oder schwarzen Paprikasorten reifen die meisten rot aus. Es lohnt sich also zu warten, da reife Paprika sehr an Süße gewinnen.

→ **Blumenkohl** und **Brokkoli** sind nun auch erntereif. Bei einigen noch nicht so hoch gezüchteten Brokkolisorten (z. B. 'Calabrese') entstehen nach dem ersten Hauptblütenkopf noch viele kleine Nachzügler, die genauso gut schmecken und auch noch den Topf füllen.

→ **Bete**, **Haferwurz**, **Möhren** und **Pastinake** bringen Vielfalt auf den Teller. Jetzt sind die Rüben noch klein und sehr zart.

Beerenernte

→ Ende August beginnt die **Brombeer**ernte. Wenn die Beeren sich ganz leicht lösen lassen, dann sind sie reif und am süßesten. Ziehen Sie zum Ernten Gummihandschuhe an, denn die Früchte verfärben Ihre Hände.

→ Späte **Himbeeren** können jetzt geerntet werden. Die reifen Früchte sind sehr druckempfindlich, lassen sich aber leicht vom Fruchtboden lösen, der dann als weißer Zapfen an der Pflanze verbleibt. Himbeeren schmecken am besten frisch vom Strauch.

Obsternte

→ Ende August reifen die frühen Herbstsorten von **Apfel** und **Birne**, die eine etwas längere Haltbarkeit (ca. vier Wochen) als die Sommerfrüchte haben. Zwei sehr beliebte alte Apfelsorten sind 'Gravensteiner' und 'James Grieve' (❯ S. 138, Empfehlenswerte Obstsorten und Nüsse).

→ Der August ist auch die Zeit der **Mirabellen** und **Renekloden**, zwei sehr alte Obstarten, die früher in keinem Garten fehlten. Am besten schmecken diese Früchte bei heißem Wetter direkt vom Baum.

→ Die ersten **Pfirsich**sorten reifen jetzt. Ab sofort sollten Sie jeden Tag die Pfirsiche leicht bewegen. Wenn sie reif sind, fallen sie Ihnen in die Hände. Reife Pfirsiche sind sehr druckempfindlich, pflücken Sie sie am besten mit »zarter Hand«.

Wildfrüchte ernten

Wenn Sie Wildfrüchte ernten, dann denken Sie auch an die Tiere und ernten Sie nicht alle reifen Früchte ab!

→ Die **Felsenbirne** schmückt sich jetzt mit blauschwarzen Beeren, die im Geschmack den Heidelbeeren ähneln. Sie können roh und gekocht verwendet werden.

→ In warmen Regionen wird auch der erste **Holunder** reif. Ernten Sie nur Fruchtstände, bei denen alle Einzelfrüchte schwarz glänzend verfärbt und reif sind. Ziehen Sie auch hier zum Ernten Gummihandschuhe an. Holundersaft färbt sehr kräftig. Achten Sie auch auf die passende Kleidung, Flecken lassen sich nur schwer entfernen.

→ Ab August reifen auch die leuchtend roten Beeren der **Kornelkirsche**. Die leicht säuerlich schmeckenden Früchte können frisch verzehrt, aber auch zu Marmelade und Gelee verarbeitet oder eingefroren werden.

→ **Sanddorn** wird auch ab August reif. Er ist zweihäusig (❯ S. 218, Glossar), d. h., um Früchte ernten zu können, brauchen Sie eine männliche und eine weibliche Pflanze. ❯ S. 168, Wildfrüchte – Nahrung für Mensch und Tier ✳

Die Früchte des Sanddorns sind die reinsten Vitamin-C-Bomben – 100 g Früchte sollen ca. 1,2 g Vitamin C enthalten.

Kräuter schneiden, vermehren, aussäen

Kräuter dienen nicht nur zum Würzen der Speisen, sie haben auch viele verschiedene Inhaltsstoffe, die schon lange in der Heilkunde verwendet werden – ein Grund mehr, den Kräutergarten aufzustocken.

Spätsommerschnitt beim Lavendel

Steht der Lavendel am richtigen Standort (steinig-sandiger Boden vor einer windgeschützten Ost- oder Südwand des Hauses) dann wächst der immergrüne Halbstrauch kräftig. Damit er sich zu buschigen und dichten Pflanzen entwickelt und nicht verkahlt und auseinanderfällt, sollten Sie ihn vor dem Austrieb im Frühjahr und nach der Blüte gut zurückschneiden. Er braucht eine starke Anregung, um Neutriebe zu bilden.

Schneiden Sie am besten mit einer Heckenschere etwa ein Drittel aller Neutriebe ab. Das betrifft dann auch die gesamten verblühten Triebe.
Schneiden Sie auch seinen südländischen Partner, den Rosmarin (*Rosmarinus officinalis*), nach der Blüte zurück.

Vermehrung durch Stecklinge

In diesem Zuge können Sie von beiden Gewürzkräutern noch einmal Stecklinge ziehen (> S. 139, Kräuter vermehren). Die Anzuchttöpfe können dann gut unter Schutz oder im Haus überwintern.
Die abgeschnittenen, nicht als Stecklinge verwendeten Triebe können Sie zum Würzen im Winter trocknen.

Kräuter aussäen

Jetzt können Sie noch die typischen Winterkräuter wie Löffelkraut (*Cochlearia officinalis*), Winterkresse, auch Barbarakraut genannt (*Barbarea*), und Winter-Portulak oder Winterpostelein (*Montia perfoliata*) ins Freiland säen.
Auch die zweijährigen Kräuter Kerbel (*Anthriscus cerefolium*) und Kümmel (*Carum carvi*) können jetzt schon ausgesät werden. ❋

 ## Möhren schützen

Die Möhrenfliege befindet sich mit ihrer zweiten Generation auf dem Fluge. Nun gilt es, die späten Möhrensorten zu schützen.

Jetzt sind sie wieder auf der Suche nach Eiablageplätzen – die Möhrenfliegen (*Psila rosae*). Da zwischen der ersten Generation der Möhrenfliege, die im Mai aus der überwinterten Puppe schlüpft und Eier ablegt (die Larven erscheinen dann im Juni und befallen die ersten Möhrenrüben), und der zweiten Generation der Möhrenfliege eine starke Vermehrung stattgefunden hat, ist die zweite Invasion schlimmer als die erste.
→ Sie können die Möhrenfliege mit Kulturschutznetzen, die über die Möhren gelegt werden, fernhalten – allerdings nur, wenn sich nicht schon die erste Generation im Beet entwickelt hat.
→ Knoblauchgeruch und der bittere Geschmack von Wermutbrühe haben abschreckende Wirkung (> S. 114, Pflanzenschutz mit sanften Mitteln).
→ Die Sorten 'Flyaway', 'Ingot' und 'Sytan' sind resistent gegen die Möhrenfliege. Wer aber die Vielfalt der Möhrensorten liebt, wird ohne Abwehr nicht auskommen.
> S. 104, Möhren schützen ❋

Die weißlichen Larven der Möhrenfliege leben in den Möhrenwurzeln. Hier legen sie zahlreiche Gänge an, die sich dann schwarz verfärben.

Pflanzen stärken

Die Zeit der Blattbildung ist vorüber. Nun bilden sich Früchte und Samen aus.

Für die meisten Pflanzen ist die Zeit, in der es vor allem um das Wachsen geht, vorbei. Nun steht nicht mehr die Blattbildung im Vordergrund, sondern die Frucht- und Samenbildung. Es geht um Festigung und Strukturbildung bei Rüben und Kohl.

➔ Eine Stickstoffdüngung wäre nun völlig verfehlt. Stickstoffdüngung regt den vegetativen Prozess der Pflanze an, d. h., die Pflanze produziert mehr Ertrag, aber sie wird durch diesen (wässrig-aufgedunsenen) Zuwachs auch anfälliger für Krankheiten. Lagereigenschaften oder Winterfestigkeit werden dadurch verringert.

➔ Die Pflanzen brauchen nun Stoffe zur Stützung und zur Stärkung ihrer Zellstrukturen. Zellhärtend wirkt z. B. ein Tee aus Acker-Schachtelhalm: 1 kg frischer Schachtelhalm wird mit kochendem Wasser übergossen, abgekühlt und in einer Verdünnung von 1 : 10 kurmäßig mehrere Male auf die zu stärkenden Pflanzen gesprüht.

➔ Sie können Ihre Pflanze aber auch mit selbst angesetzten Jauchen aus Löwenzahn oder Tomatenblättern stärken (❯ S. 134, Pflanzenjauchen zum Düngen). Löwenzahnjauche verbessert die Qualität der Früchte bei Fruchtgemüsen, Tomatenjauche fördert alle Starkzehrer. ❯ S. 114, Pflanzenschutz mit sanften Mitteln ✳

 ## Samenernte bei Fruchtgemüse und Kartoffeln

Die Samenernte bei Fruchtgemüse wie Gurke, Tomate und Paprika ist sehr einfach. Etwas komplizierter ist es bei Kartoffeln.

➔ **Gurke:** Lassen Sie ein paar Schlangengurken auf dem Beet ausreifen und gelb werden. Schneiden Sie dann die Gurken auf und schaben Sie die Samen am besten mit einem Suppenlöffel aus. Achten Sie darauf, dass die Samen dick und prall sind. Lassen Sie die Masse 3–4 Tage vergären. Spülen Sie die Samen in einem Sieb unter fließendem Wasser ab und tupfen Sie sie trocken.

➔ **Kürbis:** Wenn die Kürbisse voll ausgereift sind, können Sie sie noch 2–4 Wochen lagern und jeweils vor dem Verzehr die Samen aus den Früchten pulen. Die Samen sind relativ trocken und lassen sich gut von ihrer »Nabelschnur« lösen.

➔ **Paprika:** Gute Samen sind ca. 0,5 mm groß und weiß-gelblich. Ganz weiße und kleine Samen sind nicht voll entwickelt.

➔ **Tomaten:** Schneiden Sie die Früchte auf, holen Sie die Samen plus Saft heraus und lassen Sie die Masse 3–4 Tage vergären. Dann im Sieb gut ausspülen und trockentupfen. Trocknen Sie die ausgelösten Samen auf einem Teller 2–3 Wochen bei Zimmertemperatur. Füllen Sie sie dann in ein Schraubglas und stellen Sie dieses kühl und dunkel auf. Beschriftung nicht vergessen!

Kartoffelsamen abnehmen

Kartoffeln werden normalerweise als Pflanzkartoffel gesteckt. Aber es gibt auch einige Sorten, die noch blühen und dann Früchte ausbilden, in denen die Samen reifen. Dazu zählen die sehr frühen Sorten 'Berber', 'Margit' und 'Rita', die frühe Sorte 'Forelle', die mittelfrühe, rotschalige 'Desiree' oder die späte Sorte 'Datura'.

Nehmen Sie die Kartoffelfrüchte ab und lassen Sie sie nachreifen, bis sie eine hellere Farbe annehmen. Kratzen Sie dann die sehr kleinen Samen aus der Frucht. Lassen Sie die Masse 3 Tage gären und waschen Sie die Samen dann in einem feinen Sieb unter fließendem Wasser aus. Im nächsten Februar können Sie die Samen auf der Fensterbank in Töpfe säen.

❯ S. 56, Aussaat in Haus und Freiland ✳

Wenn das Kartoffelkraut gelb wird, entwickeln sich aus den Blüten kugelige Früchte.

Schädlinge im Nutzgarten

Einige Pflanzenschädlinge entwickeln jetzt ihre zweite Generation, andere suchen sich schon einen Überwinterungsplatz. Beide gilt es zu bekämpfen.

Apfel- und Pflaumenwickler

In warmen Gebieten kann es im August noch zu einer weiteren Fluggeneration von Apfel- und Pflaumenwickler (*Cydia*) kommen. Ansonsten suchen sich die Raupen einen Winterplatz im Boden oder unter der Rinde, wo sie sich verpuppen.

→ Die ersten abgefallenen Früchte von Apfel und Pflaume sind in der Regel madig. Sammeln Sie die Früchte auf und entsorgen Sie sie in der grünen Tonne, bevor die Raupen auskriechen.

→ Bringen Sie am oberen Ende des Stammes einen Leimring an (› S. 185, Obstbaumschutz). Er fängt die herabkriechenden Raupen ab.

→ Ohrwürmer (› S. 37, Nützliche Insekten) fressen die Maden des Apfelwicklers innerhalb der Frucht. Deshalb ist es sinnvoll, Ohrwürmer mit Unterschlupfmöglichkeiten (› Abb.) anzulocken.

Kohleule und Kohlweißling

Die jetzige Population von Kohleule (*Mamestra brassicae*) sowie Großem (*Pieris brassicae*) und Kleinem Kohlweißling (*Pieris rapae*) kann einen beträchtlichen Schaden an allen Kohlarten und auch an Rettich und Kapuzinerkresse anrichten. Die Kohleule findet man sogar an Erbsen und Kürbis.

→ Regelmäßige Spritzungen mit Wermuttee (› S. 114, Pflanzenschutz mit sanften Mitteln) vertreiben die Raupen der Kohleule und des Kohlweißlings.

Schlupfwespen gegen Raupen

Schlupfwespen (*Encarsia formosa*) sind natürliche Feinde der Raupen. Sie bohren ihren Legestachel in die Raupen und legen ihre Eier in ihnen ab. Die schlüpfenden Larven ernähren sich bis zu ihrer Verpuppung von der Raupe, die dies natürlich nicht überlebt. Sie können diese Nützlinge im Fachhandel beziehen (› S. 238, Adressen). ❉

Mit Holzwolle gefüllte Tontöpfe, die Sie in die Obstbäume hängen, locken Ohrwürmer an.

 ## Steckzwiebeln ernten

Wer Steckzwiebeln selber produziert, kann zwischen vielen Sorten wählen.

Jetzt sind die im März/April ausgesäten Steckzwiebeln erntereif. Wenn die Zwiebelchen in sandigem Lehm oder einem Boden mit viel organischer Masse heranwachsen, dann lassen sie sich gut herausziehen.

→ Ziehen Sie die Steckzwiebeln vorsichtig aus dem Boden, wenn die Masse der Zwiebelchen zwischen 1 und 2 cm dick ist. Das ist die ideale Dicke zum Einlagern.

Sind sie dünner, kann es passieren, dass sie im Lager vertrocknen. Sind sie dicker, ist die Gefahr groß, dass sie nach dem Stecken im Folgejahr schießen.

→ Wenn das Wetter trocken ist, können Sie die herausgezogenen Zwiebelchen mitsamt ihrem Laub (Schlotten) zum Trocknen auf dem Beet liegen lassen.

→ Ist mit Regen zu rechnen, dann sollten Sie die Steckzwiebeln unter Dach trocknen. Am besten, Sie binden die Zwiebelchen zu kleineren Bündeln zusammen, die Sie dann an einem luftigen Ort zum vollständigen Abtrocknen aufhängen.

→ Wenn Sie die Zwiebelchen zum Trocknen z. B. in flachen Obststiegen auslegen, dann dürfen sie nicht übereinander liegen, weil sie sonst faulen.

→ Sind die Schlotten der Zwiebelchen völlig trocken, dann können sie luftig und trocken in einer Kiste lagern; Frost schadet nicht.
› S. 87, Zwiebeln stecken ❉

Spätsommer

157

Frage & Antwort

Im Spätsommer gibt es noch so allerhand im Garten abzuernten. Das wissen aber auch diverse Mitesser und Schädlinge. In der heißen Jahreszeit treten auch immer wieder mehr oder weniger starke Sommergewitter auf – da gilt es, Schäden vorzubeugen.

? **Jetzt, wo die Pflaumen reif werden, finden sich verstärkt Wespen ein. Was kann ich dagegen tun?**

Die heißen Sommerwochen haben die Vermehrung der Wespen, meist Gemeine Wespe (*Vespula vulgaris*) und Deutsche Wespe (*Vespula germanica*), begünstigt. Begehrt sind bei ihnen zuckerhaltige Speisen jeder Art, von Marmelade bis zum Zwetschgenkuchen. Selbst Äpfel und Birnen und anderes frisches Obst am Baum werden angenagt.

→ Lassen Sie in den Sommermonaten Speisen nicht offen herumstehen, sondern decken Sie sie gut ab.

→ Stellen oder hängen Sie eine Ablenkungsfütterung auf, z. B. verdünnten Sirup oder Apfelsaft in Saftflaschen.

→ Kleinere Obstbäume können Sie mit lichtdurchlässigem Gazematerial (z. B. Gemüseschutzvlies) umwickeln, um den Wespenbefall einzudämmen.

Die Entfernung von Wespennestern ist bei der Unteren Landesbehörde (bei Stadtverwaltungen nachfragen) genehmigungspflichtig, da fast alle Wespenarten unter Naturschutz stehen. Die Nester der Gemeinen und der Deutsche Wespen dürfen nach der oft kostenpflichtigen Genehmigung nur von Fachbetrieben entfernt werden. Tröstlich ist, dass die Wespen ihre Nester nur einen Sommer lang bewohnen und sie in der Regel weitaus harmloser als ihr Ruf sind.

? **Mein Apfelbaum ist am Stamm mit weißen Pilzkörpern bewachsen, bringt aber noch eine gute Ernte. Ich habe aber gehört, dass der Baum an den Pilzen stirbt. Stimmt das?**

Es sieht leider schlecht für Ihren Baum aus, denn der Pilz lebt im ganzen Baumstamm und ist schwer behandelbar. Meistens finden Baumpilze gute Einlasspforten durch Wunden, die beim Rückschnitt oder durch Frostrisse entstehen. Die cremefarbene, flache, halbrunde Gestalt des Pilzkörpers und Ihre Aussage, dass der Baum noch gute Erträge bringt, könnten auf eine Tramete (*Trametes*), die zu den Porlingen gehört, schließen. Da der Pilz zunächst das unter der Rinde liegende nährstoffleitende Kambium verschont, ist die noch relativ gute Apfelernte zu erklären. Der Pilz zersetzt langsam das Holz, sogenannte Weißfäule, und führt zu einer faserigen Holzstruktur. Der Baum verliert seine Standfestigkeit. Gegenmaßnahmen zu Baumpilzen sind praktisch nicht möglich. Wichtiger ist eine Vorbeugung durch eine ausreichend große Baumscheibe und eine ausgewogene Dünger- und Wasserversorgung der Bäume. Bei unvermeidlichen Schnittmaßnahmen sollten Sie mehr als 3 cm große Wunden mit Baumwachs versiegeln.

? **Woran erkenne ich, dass der Zuckermais erntereif ist?**

Solange die Haarbüschel (Narbenfäden), die an der Spitze des Kolbens aus der Umhüllung schauen, noch grün und saftig aussehen, sind die Kolben noch nicht reif. Wenn die Haarbüschel sich an den Spitzen braun verfärben, dann ist der Kolben milchreif. Entfernen Sie an einem Kolben die äußeren Blätter und sehen Sie sich die Körner an. Sie sollten prall gefüllt und noch in der Milchreife sein. Das können Sie testen, indem sie den Fingernagel in ein Korn drücken. Ideal ist eine milchigbreiige Konsistenz. Wenn die Körner anfangen einzutrocknen, ist der ideale Zeitpunkt für den Verzehr schon überschritten. Jetzt beginnt der Kolben, den Zucker in Stärke umzuwandeln. Ernten Sie die reifen Kolben erst kurz vor dem Verzehr. Die Lagerung im Kühlschrank verringert den Zuckergehalt innerhalb eines Tages um die Hälfte.

❓ Wie kann ich meinen Garten vor Hagel- und Gewitterschäden schützen?

→ Befestigen Sie hoch wachsende Pflanzen wie Tomaten und Mais oder die Samenstände von Möhren besonders gut.

→ Stützen Sie Obstbaumäste mit starkem Fruchtbehang.

→ Ernten Sie vorsichtshalber vor einem aufziehenden Gewitter alle reifen Früchte und erntereifes Gemüse ab.

→ Wenn Hagel angesagt ist, sollten Sie die Gemüsebeete mit Vlies abdecken, das hält schon einiges an Hagelschaden ab.

→ Das Gewächshaus, vor allem, wenn es mit Glas gedeckt ist, sollte mit Noppenfolie oder mit Bastmatten belegt oder bespannt werden, das nimmt den Hagelkörnern die Durchschlagskraft.

❓ Was kann die Ursache dafür sein, dass mein Haselnussstrauch dieses Jahr keine Früchte trägt?

Das kann verschiedene Ursachen haben:

→ Die Befruchtung funktioniert besser, wenn verschiedene Sorten beieinander-

stehen. Gute Kultursorten sind 'Hallesche Riesen', 'Riesen von Bollweiler' und 'Webbs Preisnuss'. Sehr gute Bestäuber mit kleineren Nüssen sind 'Cosford' oder die rote Lambertnuss.

→ Da die Haselnuss schon sehr früh im Jahr blüht (Februar/März), kann starker Frost die Fruchtentwicklung verhindern. Auch bei der Haselnuss gibt es – wie beim Kernobst – Schwankungen in der Fruchtentwicklung (Alternanz).

→ Auch Tiere können die mögliche Ernte sehr schmälern. Eichhörnchen, Bilche und Mäuse, aber auch Vögel wie Kleiber und Eichelhäher lieben die Haselnüsse.

❓ In meinem Garten hat sich die Beifußambrosie angesiedelt. Nun habe ich gehört, dass die Pflanze starke Allergien verursacht. Stimmt das?

Die Beifußambrosie (*Ambrosia artemisiifolia*) gehört zu den unliebsamen Neubürgern des Pflanzenreiches. In privaten Gärten findet man sie vor allem unter Vogelfutterplätzen, denn Vogelfutter kann mit Ambrosiasamen verunreinigt sein. So schön die Pflanze ist, Sie sollten auftauchende Pflanzen möglichst vor der Blüte (Juni bis Oktober) mit Handschuhen – um Hautirritationen zu vermeiden – rigoros entfernen, denn der durch Wind verbreitete Blütenstaub verursacht bis zu 70 mal häufiger Allergien als Gräserpol-

len. Zudem kann die Beifußambrosie pro Pflanze 3.000–60.000 Samen ausbilden, die 40 Jahre keimfähig sein können.

❓ Meine Gurken schmecken bitter. Woran liegt das?

In den meisten Fällen liegt das Bitterwerden der Gurken an einer Wachstumshemmung. Entweder sind die Pflanzen eine Zeit lang zu trocken gestanden, oder es gab eine Kälteperiode während der Wachstumszeit. Gurken sind sehr wärmeliebend, und wenn die Temperatur einmal ein paar Tage unter 14 °C gelegen hat, dann ist das dem Wachstum nicht zuträglich. Halten Sie die Pflanzen stets gleichmäßig feucht und decken Sie die Pflanzen bei längerfristig angesagtem, kaltem Sommerwetter mit Vlies ab.

❓ Meine Möhren haben sich so schön entwickelt. Nun war ich eine Woche im Urlaub, und jetzt springen sie auf. Was ist geschehen?

Das Platzen der Möhren liegt aller Wahrscheinlichkeit nach an einer ungleichmäßigen Wasserversorgung. Wahrscheinlich war es in Ihrer Urlaubszeit zu Hause sehr warm, und die Möhren hatten es sehr trocken. Wenn Sie nach Ihrer Rückkehr aus dem Urlaub nun kräftig gegossen haben – oder es hat ausgiebig geregnet – dann führt das zum Aufspringen der Möhren.

Frühherbst

Im Herbst ist Erntezeit für Obst und Beeren, das letzte Fruchtgemüse und die ersten

Kohlsorten. Viele weitere Pflanzen stehen in der Samenreife. Jetzt können Sie aber auch

nochmals Halbgehölze und Immergrüne schneiden und Stecklinge abnehmen.

Der Sommer hat gezeigt, wo Gehölze oder Stauden zu dicht stehen und wo Lücken

entstanden sind – jetzt ist die ideale Zeit zum Umsetzen oder Neupflanzen.

Das lässt sich im Biogarten beobachten

Am 23. September beginnt der Herbst, und die Tage werden kürzer. Manchmal täuscht ein herrlicher Altweibersommer mit sonnenwarmen Tagen über diese Tatsache hinweg. Doch Tiere und Pflanzen richten sich schon auf die kühlere Jahreszeit ein.

Die Tiere bereiten sich auf den Winter vor

Winterspeck anlegen: Von Oktober bis April hält der Igel Winterschlaf, jetzt ist er auf der Suche nach dem passenden Quartier. Er legt sich keine Vorräte an, sondern muss sich im Herbst noch ausreichend Fettreserven anfressen, um den Winterschlaf zu überstehen. Auch die Siebenschläfer und Haselmäuse fressen nun noch so viel Baumsamen und süße Früchte, wie es nur geht, um gut gemästet in den Winterschlaf zu gehen.

Sicher abgedichtet: Die Weinbergschnecken dichten ihren »Hauseingang« mit einer Kalkschicht ab, um an geschützter Stelle den Winter zu überdauern.

Im Haus überwintern: Vermehrt tauchen im Haus oder in der Garage nun Florfliegen, Marienkäfer und Tagpfauenaugen auf, die sich einen geschützten Platz suchen.

⬆ **Vorräte sammeln:** Winterschläfer wie Igel, Hamster und Siebenschläfer schlafen mehrere Monate durch. Winterruher wie Eichhörnchen oder Maulwurf müssen hin und wieder ihren Winterschlaf zur Futteraufnahme unterbrechen und jetzt einen Vorrat anlegen. Auch Eichelhäher und Buntspecht legen sich nun verschiedene Vorratskammern an.

⬅ **Altweibersommer:** Kennzeichen des Altweibersommers sind mit Tautropfen besetzte Spinnennetze. In der Luft fliegen ebenfalls feine Spinnfäden umher. Wer genau hinsieht, entdeckt an manchen von ihnen Wolfs- oder Krabbenspinnen, die sich auf diese Weise auf die Suche nach neuen Lebensräumen machen.

🌳 Die Pflanzen stellen ihr Hauptwachstum ein

»Goldener Oktober«: Ab Mitte September beginnen die Nächte kühler zu werden und morgens liegt mehr Tau auf den Gartenbeeten als in den Wochen zuvor. Einige bekannte Frühjahrsblüher wie Kissenprimeln oder Waldsteinien legen im Frühherbst eine zweite Blühphase ein. Die Blumenbeete leuchten in warmen Herbstfarben. Essigbaum, Felsenbirne, Feuer-Ahorn und Schneeball bilden ihr buntes Herbstlaub aus.

Die Pflanzen stellen ihr Hauptwachstum ein, bilden allerdings noch weiter Wurzeln und unterirdische Knospen aus.

Im Nutzgarten ist jetzt Hochsaison bei der Obsternte. Äpfel, Birnen, Zwetschgen und Quitten warten darauf, abgenommen zu werden. Und wenn Sie leckere Wildfrüchte und Nüsse ernten wollen, dann haben Sie jetzt ausreichend Konkurrenz aus der Tierwelt.

↑ **Herbstblüher:** Jetzt haben die Herbst- und Winterastern (Chrysanthemen) und die Purpur-Fetthenne ihren großen Auftritt, und Gräser und Farne verfärben sich von Goldgelb bis Kupferrot. Das Laub der Pfingstrosen nimmt eine rotbraunviolette, das des Wiesen-Storchschnabels eine gelborange Farbe an.

→ **Das Obstlager füllt sich:** Nicht nur die Tiere ergötzen sich an der Fülle der Früchte in Natur und Garten, auch der Mensch schwelgt nun in der Ernte von Obst und Beeren aus dem Garten und ist mit der Herstellung von Marmelade, Gelee und Saft beschäftigt.

🔍 Das lässt sich in der Natur beobachten

Das Klima ist noch mild, aber die Tage werden schon spürbar kürzer. Auf den Wiesen öffnen die Herbstzeitlosen ihre blasslila Blütenkelche, und an den Wildgehölzen reifen die verschiedensten Früchte in leuchtenden Farben heran: Hagebutten, Haselnüsse, Kornelkirschen, Wildbirnen, Wildäpfel und später Bucheckern. All diese Früchte sind ein begehrtes Futter für Vögel, Igel, Eichhörnchen und viele andere Wildtiere.

Vogelzug: Viele Zugvögel, die den Winter über wärmere Gefilde aufsuchen, fressen sich nochmals an den Früchten satt, bevor sie sich zum Zug gen Süden sammeln.

Herbstfärbung: Schon früh beginnen sich Ahorn, Birken und Pappeln goldgelb zu verfärben. Nicht nur Bäume und Sträucher, sondern auch zahlreiche Stauden verabschieden sich mit buntem Laub von der warmen Jahreszeit. Die Steppenwolfsmilch nimmt eine gelborange Laubfärbung an und die Gundelrebe wird braunviolett.

Frühherbst

Gießen

Im Frühherbst ist unverändert ausgiebiges Gießen wichtig.

→ Viele Zierpflanzen haben jetzt noch einmal einen Wachstumsschub und legen Knospen für die nächste Saison an, sie dürfen also nicht austrocknen.

→ Wurzelgemüse, vor allem Rote Bete, legt im September noch gut an Wachstum zu, deshalb sollten Sie den Boden gleichmäßig feucht halten.

→ Da jetzt schon die Nächte kühler werden, sollten Sie nun am Morgen oder am Vormittag gießen, damit tagsüber die Blätter abtrocknen können.

→ Bei Herbstsaat muss darauf geachtet werden, dass die Erde nicht trocken wird, sonst kann es passieren, dass der Keimling vertrocknet, bevor er das Licht sieht. Ein Trick für die Saat bei Trockenheit: Legen Sie die Saatrille tiefer, dann kommt der Keimling schneller an die Feuchtigkeit in tieferen Erdschichten.

→ Gründünger können Sie auch auf trockenen Boden säen; die Samen warten mit dem Auskeimen bis der nächste Regen kommt.

→ Vorsicht ist nun geboten beim Gießen unter Folienzelten und in Gewächshäusern, da hier die Feuchtigkeit nicht so schnell abziehen kann wie im Freiland und damit eine ideale Brutstätte für Pilze bietet. Die beste Bewässerung wäre hier eine Tröpfchenbewässerung.

❯ S. 35, Richtig gießen ✳

Halbgehölze schneiden

Jetzt haben Sie noch einmal eine gute Gelegenheit zum Rückschnitt von Halbgehölzen.

Rückschnitt

Lassen Sie beim nochmaligen Schneiden der Halbsträucher jetzt mehr von der Pflanze stehen als beim Rückschnitt im Frühling oder Sommer, damit sie nicht zu stark zurückfriert (❯ S. 63, Rückschnitt von Halbsträuchern). Gamander, Heiligenkraut, Lavendel, Salbei, Sonnenröschen oder Thymian können jetzt noch einmal um maximal ein Drittel zurückgeschnitten werden und damit nochmals regelmäßig austreiben.

Stecklinge machen

Von dem Rückschnitt können Sie sogar einige 5–8 cm lange Triebe noch als Stecklinge verwenden.

→ Die Stecklinge sollten drei Blattknoten haben, sich biegen, aber nicht brechen lassen.

→ Stecken Sie die Stecklinge in sandige Vermehrungserde und gießen Sie sie gut an. Die Bewurzelung kann jetzt länger als im Frühjahr dauern – geben Sie daher noch nicht so schnell auf.

→ Stellen Sie die Anzuchttöpfe an einen Windgeschützten, halbschattigen Ort und denken Sie daran, dass sie im Winter vor zu starken Frösten geschützt werden müssen.

→ Da die Wurzeln immer am kälteempfindlichsten sind, können Sie die Töpfchen zum Schutz auch eingraben oder Sie bereiten ein Torfbett, in das Sie die Töpfchen dann hineinstellen.

→ Heben Sie sich bei den kommenden Rückschnittsarbeiten im Garten etwas vom Tannenreisig oder lange Staudenstängel zum Abdecken der Anzuchttöpfe auf.

→ Wenn Sie einen Frühbeetkasten oder ein Kaltgewächshaus haben, dann sind die Töpfchen hier am besten aufgehoben. ✳

Halbgehölze

Deutscher Name	Botanischer Name
Bartblume	*Caryopteris × clandonensis*
Besenheide	*Calluna vulgaris*
Currykraut	*Helichrysum italicum*
Gamander	*Teucrium chamaedrys*
Gewürzsalbei	*Salvia officinalis*
Heiligenkraut	*Santolina chamaecyparissus*
Johanniskraut	*Hypericum calycinum*
Lavendel	*Lavandula angustifolia*
Rosmarinblättriges Heiligenkraut	*Santolina rosmarinifolia*
Schleifenblume	*Iberis sempervirens*
Sonnenröschen	*Helianthemum nummularium*
Strauchnessel	*Phlomis fruticosa*
Thüringer Strauchpappel	*Lavatera thuringiaca*
Thymian	*Thymus vulgaris*
Zitronenkraut	*Artemisia abrotanum*

Immergrüne Gehölze schneiden

Viele immergrüne Heckengehölze wie Buchs, Liguster oder Kirschlorbeer können im September zum zweiten Mal geschnitten werden.

Im zeitigen Herbst sind Brutzeit der Vögel und Wachstum der Gehölze abgeschlossen. Es ist aber noch warm genug, sodass die Schnittstellen überwachsen werden. Sie können jetzt also nochmals einen Formschnitt vornehmen.

→ Wichtig ist scharfes Schnittwerkzeug, damit glatte, saubere Wundränder entstehen, die schnell verheilen können. Stumpfes Werkzeug verursacht ausgefranste Zweige, die gute Eintrittspforten für Pilzkrankheiten bieten. (❯ S. 60, Gehölzschnitt).

Schnittgut entsorgen

Das Zerkleinern sperriger Schnittabfälle beansprucht oftmals mehr Zeit als der Schnitt. Am besten, Sie legen an der Schnittstelle eine Plane oder große feste Tücher wie ausrangierte Bettlaken aus, auf die das Schnittgut fallen kann. Vor allem stacheliges Schnittgut von Rosen oder Schlehen brauchen Sie dann nicht mehr in die Hand zu nehmen. Das Schnittgut wird einfach in die Unterlage gewickelt und kann dann problemlos transportiert werden. ❇

Immergrüne Gehölze

Deutscher Name	Botanischer Name
Buchsbaum	*Buxus sempervirens*
Berberitze	*Berberis julianae*
Eibe	*Taxus baccata*
Glanzmispel	*Photonia fraseri*
Heckenkirsche	*Lonicera nitida*
Kirschlorbeer	*Prunus laurocerasus*
Lebensbaum	*Thuja occidentalis*
Liguster	*Ligustrum vulgare*
Rosmarin	*Rosmarinus officinalis*
Stechpalme	*Ilex crenata*
Wacholder	*Juniperus communis*
Zwergmispel	*Cotoneaster salicifolius*

Schneckeneier aufsammeln

Glücklich, wer der Weinbergschnecke eine Heimstatt gewährt, da zu ihren Lieblingsspeisen die Eier der Nacktschnecken gehören.

In Bodenspalten, im Mulch, unter Steinen oder unter Blättern können Sie nun häufchenweise die runden, glasigweißen Schneckengelege finden. Gerne legen Schnecken ihre Eier auch in Erdspalten, weil sie hier vor Fressfeinden und Austrocknung geschützt sind und tiefere Temperaturen besser überstehen können (bei minus 20 °C platzt die relativ feste, schützende Hülle). Die Eier der Spanischen Wegschnecke (*Arion lusitanicus*), der wohl gefräßigsten Nacktschneckenart im Garten, können Sie von September bis Februar finden. Ein Gelege umfasst maximal 220 Eier.

→ Da Schnecken ihre Eier gerne an dunklen Stellen mit relativ hoher Feuchtigkeit – jedoch nicht Nässe! – ablegen, können Sie gezielt »Legeplätze« einrichten, indem Sie z. B. Bretter, größere, flache Steine oder Stoffstücke im Garten auslegen.

→ Suchen Sie diese Plätze täglich auf und entfernen Sie etwaige darunter abgelegte Eihaufen aus Ihrem Garten.

❯ S. 40, Feind Nr. 1: Nacktschnecken ❇

Weinbergschnecken fressen auch Eier von Nacktschnecken, gehören also zu den Nützlingen im Garten.

Frühherbst

165

❀ Dickmaulrüssler bekämpfen

Der Frühherbst bietet noch einmal eine gute Möglichkeit, die gefräßigen Dickmaulrüsslerlarven mit dem Einsatz von Nematoden zu bekämpfen.

Über den Sommer haben die schwarzen 1–1,6 cm großen Käfer an den Blatträndern hartlaubiger Pflanzen wie Bergenien ihre buchtenförmigen Fraßspuren (❯ Abb.) hinterlassen. Diese Fraßspuren zeigen Ihnen, wo Sie mit der Bekämpfung der im Boden lebenden Larven ansetzen müssen.

Nematoden gegen Dickmaulrüssler

Diese nur wenige Mikrometer kleinen Nützlinge werden in Gesteinsmehl geliefert (❯ S. 238, Adressen), ins Gießwasser eingerührt und unter die befallenen Pflanzen gegossen. Voraussetzung für eine gute Wirkung sind Bodentemperaturen über 12 °C und eine ausreichende Bodenfeuchte, da sich die Nematoden nur über Wasser verbreiten. Wässern Sie also die Fläche vorab gründlich. Gießen Sie die Nematoden nur bei bedecktem Wetter oder abends an die Pflanze, Temperaturen über 25 °C schaden ihnen. Nach dem Ausbringen sollten Sie den betreffenden Bereich alle 2–4 Tage gut gießen.

❯ S. 77, Erste Schädlinge bekämpfen ❉

Wenn Blätter an den Rändern buchtenartig wie ein Pausenbrot angefressen sind, ist das das Werk der Dickmaulrüssler.

❀ Herbstpflanzung für trockene Lagen

Der Herbst ist eine gute Zeit zum Neu- und Umpflanzen, weil viele Pflanzeneindrücke der vergangenen Saison noch frisch sind oder die Stauden und Ziergehölze noch in ihrer Endgröße in den Gärten stehen.

Gerade Stauden können bei einer geschickten Pflanzenauswahl ein fast ganzjährig blühendes Beet zaubern.

→ Wenig pflegeintensive Gärten sollten Sie besser im Spätsommer oder im zeitigen Herbst neu bepflanzen oder umgestalten. Die gemäßigten Temperaturen, ausreichende Bodenwärme und Feuchtigkeit sowie die bei uns häufig milden Winter sorgen für ein ideales Anwachsen und Bewurzeln der neu gepflanzten oder umgesetzten Stauden und Gehölze. Die Pflanzen haben gegenüber den im Frühling gesetzten einen guten Wachstumsvorsprung.

→ In niederschlagsarmen Gegenden ist die Herbstpflanzung der Frühjahrspflanzung vorzuziehen, damit die Winterfeuchtigkeit ausgenutzt werden kann. Junge Pflanzen brauchen mehr Wasser als fest eingewurzelte. Achten Sie auf trockenheitsverträgliche Stauden (❯ Tabelle) und Gehölze.

❯ S. 224, Empfehlenswerte Wildstauden ❉

Trockenheitsverträgliche Stauden

Deutscher Name	Botanischer Name
Feldthymian	*Thymus serpyllum*
Fetthenne	*Sedum spectabilis*
Flockenblume	*Centaurea jacea*
Graslilie	*Anthericum ramosum*
Grasnelke	*Armeria maritima*
Küchenschelle	*Pulsatilla vulgaris*
Mauerpfeffer	*Sedum album murale*
Moschusmalve	*Malva moschata*
Wiesensalbei	*Salvia pratensis*
Woll-Ziest	*Stachys byzantina*
Zypressen-Wolfsmilch	*Euphorbia cyparissus*

❀ Stauden auswählen und pflanzen

Kaufen Sie neue Stauden am besten im Herbst. Über die Sommermonate topfen die Staudengärtnereien ihre Jungpflanzen, und Sie können frische, gesunde Exemplare gleich auspflanzen.

Achten Sie beim Pflanzeneinkauf auf gesunde Pflanzen und auf eine regionale Herkunft.

→ Wenn Sie sich nicht sicher sind, dann fragen Sie beim Kauf der Pflanze nach deren Standortbedingungen.

→ Die Pflanzen sollten aus Freilandkultur stammen. Die üppig blühenden Stauden in großen Töpfen sind oft im Gewächshaus vorgezogen und empfindlicher.

→ Die Pflanzen sollten relativ feste Blätter haben. Zu weiche Blätter sind ein Zeichen von zu viel Stickstoffdüngung. Überdüngte Pflanzen wintern eher aus.

→ Pflanzen in kleinen Töpfen sind die bessere Wahl. Sie wachsen viel zügiger heran. Die großen Exemplare sind zudem schwerer einzupflanzen.

→ Entfernen Sie vor dem Einpflanzen die oberste Erdschicht aus dem Topf. Sie enthält oftmals viele Unkrautsamen.

→ Ältere Freilandstauden sind kein Problem, sie wachsen ebenfalls gut an.

→ Lockern Sie wie bei den Gehölzen den Topfballen, damit die Stauden schnell anwurzeln, was sich vor allem bei der Herbstpflanzung bemerkbar macht.

→ Tauchen Sie die Pflanze vor dem Einpflanzen in einen gefüllten Wassereimer, damit die Erde noch einmal kräftig Wasser aufnehmen kann.

→ Bereiten Sie den Boden durch Umgraben und Lockern pflanzengerecht vor. Das Pflanzloch sollte auf jeden Fall 20–30 cm tief gut gelockert sein.

→ Vergessen Sie das Angießen nicht, und achten Sie auch in den folgenden Monaten darauf, dass die frisch gepflanzten Stauden nicht austrocknen.

→ Wenn die Pflanzen neue Blätter bilden, ist das ein Zeichen dafür, dass sie gut eingewurzelt sind.

❯ S. 77, S. 106, Pflanzen kaufen ❊

An den schimmernd blauen Blütenköpfen der Kugeldisteln finden sich zahlreiche Bienen ein, um Nektar aufzunehmen.

Attraktive Herbstblüher für sonnige bis halbschattige Bereiche

Deutscher Name	Botanischer Name	Blütenfarbe	Standort
Bleiwurz	Ceratostigma plumbaginoides	blau	sonnig bis halbschattig
Glockenblumen	Campanula	hellblau-lila	sonnig bis habschattig
Goldhaar-Aster	Aster linosyris	gelb	sonnig
Kugeldistel	Echinops ritro	stahlblau	sonnig
Myrtenaster	Aster ericoides	weiß, rosa	sonnig
Prachtscharte	Liatris aspera	lila	sonnig
Gelber Sonnenhut	Rudbeckia	gelb	sonnig
Roter Sonnenhut	Echinacea purpurea	rot	sonnig
Spornblume	Centranthus ruber	rosa	sonnig
Steinquendel	Calamintha nepeta	rosa	sonnig
Wasserdost	Eupatorium cannabinum	rosa	sonnig bis halbschattig

Frühherbst

Berberitze *Berberis vulgaris*

Strauch bis 2 m; wächst auf Kalkböden; Früchte mit extrem viel Vitamin, gut für Konfitüren, die kernlose Sorte 'Asperma' wird wie Rosinen getrocknet; auch Vogelnahrung

Eberesche *Sorbus aucuparia*

Baum 5–10 m; die Blätter enthalten sehr viel Magnesium (kompostieren!); Vogelnahrung; Sorten mit bitterstofffreien Beeren: 'Klosterneuburg', 'Konzentra', 'Rossica Major'

Felsenbirne *Amelanchier spicata*

Strauch 3–5 m; Beeren mit hohem Gehalt an Flavonoiden; gutes Bienen- und Vogelnährgehölz; Sorten mit großen Beeren: 'Ballerina', 'Edelweiß', 'Smokey'

Holunder *Sambucus nigra*

Strauch bis 5 m; Früchte sehr vitaminreich; Vogelnahrung; im August reifen die Sorten 'Samdal', 'Samyl', 'Sampo', im September 'Haschberg' und 'Jolico'

Kornelkirsche *Cornus mas*

Strauch bis 3 m; Frühblüher (März) – wichtig für Insekten! Ertragreiche Sorten: 'Devin', 'Gourmetdirndl' (hoher Zuckergehalt), 'Schönbrunner', 'Titus'

Mispel *Mespilus germanica*

Buschbaum bis 8 m; sehr schöne große Blüten (Mai bis Juni); Fruchternte nach dem ersten Frost; großfruchtige Sorten: 'Holländische', 'Kurpfalz' (sehr wenig Gerbstoffe)

Sanddorn *Hippophae rhamnoides*

Strauch bis 5 m; zweihäusig, stets männlichen und weiblichen Strauch anpflanzen; Vitamin-C-reich; etwas schwächer wachsende Sorten: 'Dorana', 'Frugana'

Schlehe *Prunus spinosa*

Busch bis 3 m; bildet Wurzelausläufer; Frühblüher für Insekten! Ernte der Früchte nach dem ersten Frost; gute Sorten: 'Merzig' (großfrüchtig), 'Wienerwald' (gerbstoffarm)

Wildrose *Rosa canina*

Busch bis 2 m; bildet Wurzelausläufer; Früchte enthalten Lycopin und zwanzigmal mehr Vitamin C als Zitronen; gute Sorte: 'White Roadrunner' (stark duftend)

Frühherbst

Pfaffenhütchen *Euonymus europaeus*

Strauch bis 3 m; die unscheinbaren Blüten (Mai bis Juni) locken viele Insekten an, vor allem Fliegenartige; Früchte sehr dekorativ, aber **giftig!**

Schneeball *Viburnum opulus*

Strauch bis 4 m; Sommerblüher (Mai bis August); angenehmer Duft; lockt Insekten an, vor allem Fliegenartige; Früchte ab August, sehr dekorativ, aber **giftig!**

Weißdorn *Crataegus monogyna*

Strauch bis 5 m; weiße Blüten (Juni); beliebte Insekten-Nährpflanze; Früchte ab August, bis in den Winter hinein wichtige Nahrung für Insekten und Säugetiere

Aussaat

Einiges kann jetzt noch gesät werden. Mit etwas Schutz können sich die Pflänzchen auch bei kühleren Temperaturen noch entwickeln.

→ An **Blattgemüse** und **Salat** können Sie jetzt noch ins Freiland säen: Feldsalat, Hirschhornwegerich, Kerbel, Rauke, Scheerkohl, Spinat und Winterpostelein. Säen Sie auch immer eine Portion unter Folie oder in den Frühbeetkasten aus. Die Saat entwickelt sich hier besser, und Sie finden die Pflanzen auch noch nach Schneefall.

→ Ab September können Sie auch schon **Knoblauch** stecken. Er benötigt einen leichten, humosen Boden. Stecken Sie vom Knoblauch einzelne Zehen etwa 2 cm tief in den Boden – die Spitze nach oben. Der Abstand von Zehe zu Zehe sollte ca. 15 cm betragen, damit sich die Knoblauchpflanzen ungestört nach allen Richtungen entwickeln können. Halten Sie die Zehen bis zum Austreiben gut feucht, vermeiden Sie jedoch Staunässe. Setzen Sie Knoblauch nicht zwischen Kohlgemüse(> S. 22, Mischkultur). Knoblauch hat antibiotische Eigenschaften und wirkt vorbeugend gegen Pilzkrankheiten. Stecken Sie deshalb einige Zehen zwischen Ihre Erdbeerpflanzen.

→ In milden Gegenden können Sie zum Überwintern Ende August/Anfang September noch **Winterzwiebeln** stecken. Auch sie benötigen einen lockeren Boden und ausreichend Platz (Zwiebelabstand 10 cm). ✽

 ## Gemüse ernten

Noch ist die Gemüseernte in vollem Gang – zum sofortigen Gebrauch, aber auch zum Einlagern.

→ **Kartoffeln:** Jetzt steht die Ernte der späten Kartoffelsorten wie 'Datura' an.

→ **Kürbis:** Die Haupternte der Kürbisse beginnt. Sie müssen im Warmen gelagert werden, sonst faulen sie.

→ **Melonen:** Melonen im Folientunnel oder Gewächshaus liefern Anfang September noch einen großen Ertrag.

→ **Paprika:** Die Paprikapflanzen hängen jetzt voll leckerer Früchte.

→ **Tomaten:** Wer Tomaten unter der Haube stehen oder fäuletolerante Sorten gepflanzt hat, kann noch frische Früchte ernten.

→ **Wirsing:** Die Kohlernte beginnt mit frischem Wirsing.

→ **Zuckermais:** Der leckere Zuckermais ist nun reif. ✽

Paprika gibt es in den unterschiedlichsten Schärfen, Farben und Formen.

 ## Obst ernten

Späte Apfel- und Birnensorten stehen zur Ernte an. Genussreif werden die Früchte meist 1–2 Wochen später.

Äpfel und Birnen sind erntereif, wenn Sie den Stiel der Frucht leicht vom Ast lösen können. Ein leichtes Drehen der Frucht reicht dafür aus.

→ Geerntet wird das Tafelobst mit der Hand oder dem Ernter, so kann das Obst noch einige Zeit gelagert werden.

→ Abgeschüttelte Äpfel eignen sich wegen der Druckstellen nur noch fürs Mosten oder für die Bereitung von Apfelmus.

→ Nun können Sie die zweite Generation der Herbstäpfel ernten. Wenn sie nicht zu warm liegen, halten diese Sorten bis Dezember.

Der typische Herbstapfel ist süß und hat viel würziges Aroma. Dafür steht die alte Sorte 'Cox Orangenrenette'. Dieser Apfel wurde schon oft für weitere Züchtungen verwendet, z. B. für die ebenfalls sehr gute 'Alkmene' und die rotbackige 'Ingrid Marie'.

→ Ohne Zweifel gehört die Septemberbirne 'Williams Christ' zu den bestschmeckenden Sorten, leider ist sie etwas anfällig. Die klassische Form dieser Sorte hat in der Reife eine gelbe Farbe. Eine etwas später entstandene rote Form ist etwas länger haltbar, aber genauso aromatisch. Sehr gut sind auch die Herbstsorten 'Conference' und 'Gellerts Butterbirne'.

> S. 136, Empfehlenswerte Obstsorten und Nüsse

Samen ernten

Für den Selbstversorger in Sachen Saatgut gibt es immer noch etwas im Garten zu ernten.

→ Die **Gartenmelde** (*Atriplex hortensis*) wird jetzt reif. Mit Beginn der Samenbildung werden die Blätter bitter und können nicht mehr geerntet werden. Wenn Sie nicht wollen, dass sie sich gleich an Ort und Stelle versamt, sollten Sie die Pflanzen ernten, bevor die Samen vollreif sind und ausfallen. Sie können die einjährige Pflanze aber auch jetzt schon an einer anderen Stelle aussäen (Abstand 30 x 30 cm).

→ **Kürbis:** Kürbissamen werden nur aus dem Inneren geschabt und getrocknet. Wenn Sie nur eine Sorte pro Kürbisart gepflanzt haben, ist auch keine Kreuzung passiert und das Saatgut ist sortenrein. ❯ S. 120, Kürbisse in allen Varianten

→ **Melonen, Paprika, Tomaten:** Samen von Tomaten, Paprika und Melonen können noch vergoren und getrocknet werden.
❯ S. 156, Samenernte bei Fruchtgemüse

→ **Radieschen:** Jetzt werden die Samen der Radieschen reif. Sie werden an Ort und Stelle vom Stängel gestreift und mit einem Stein in einem großen Eimer zerschlagen. Allerdings sollte man nicht zu fest hauen, da zwar die Schote recht hart ist, der Samen aber weich.

→ **Selleriesamen** brauchen sehr lange zum Ausreifen, müssen aber vor Feuchtigkeit geschützt werden.

→ Die letzten **Stangenbohnen** reifen aus. ✼

Sonstige Gartenarbeiten

Jetzt ist zwar die Ernte die dringlichste Arbeit im Garten – es gibt aber auch noch einiges andere zu tun.

→ Jetzt können Sie auf die frei werdenden Flächen noch **Gründüngung** säen. Damit halten Sie das Unkraut nieder, die freien Nährstoffe werden gebunden, und es entsteht organisches Material, das dann später untergearbeitet wird. ❯ S. 28, Gründüngung

→ In manchen Nächten im September kann es schon recht kalt werden. Schützen Sie das wärmeliebende **Fruchtgemüse** wie Auberginen, Kürbisse, Melonen, Paprika, Tomaten und Zucchini durch Abdecken mit Vlies.

→ **Himbeersorten**, die im Frühjahr fruchten, können jetzt geschnitten, geteilt und versetzt werden. Wenn sie schon einige Jahre auf dem gleichen Boden standen, werden sie Ihnen die Umpflanzung mit vollem Ertrag danken. Die Herbstsorten fruchten noch immer, und Sie müssen mit dem Verpflanzen einen Monat warten. Man kann diese Arbeit aber auch im Frühjahr erledigen. ✼

Wildfrüchte ernten

Auch der Wildbereich des Gartens kann uns leckere Früchte liefern. Je größer die Vielfalt der Früchte, desto größer die Vielfalt der Inhaltsstoffe.

→ Jetzt sind die **Brombeeren** reif und werden geerntet. Alte Sorten oder wilde Früchte sind in der Regel aromatischer als moderne Sorten. Moderne Sorten dagegen sind meist stachellos, was sehr angenehm in der Handhabung ist, außerdem produzieren sie riesige Beeren. Leider ist bei den meisten neuen Sorten die Zeit zwischen optimaler Süße und Fäule nur sehr kurz.

→ Auch **Wildfrüchte** wie süße Eberesche, Hagebutten, Kornelkirsche oder Mehlbeere warten nun auf die Nutzung. Da alle außer der Kornelkirsche eher trocken als saftig sind, sollten sie bei der Marmeladenbereitung mit saftigen Früchten gemischt werden. Dafür werden sie mit Birnen aufgekocht und dann durch ein Sieb gestrichen.

→ Nun reifen die ersten **Haselnusssorten** (z. B. die Rote Lambertnuss). Die Zeit der Reife erkennen Sie an der Braunfärbung der Nüsse. Hier muss nicht aufwändig gepflückt werden, ein kräftiges Rütteln an den Ästen erleichtert die Ernte.
Die Vollreife ist erreicht, wenn die Nüsse ohne viel Druck aus der Hülle fallen. Jetzt werden sie einlagig auf Horden getrocknet. Lassen Sie sich aber nicht den Genuss von frischen saftigen Nüssen entgehen! ✼

Frage & Antwort
Der Herbst zeigt sich jetzt in seiner ganzen Farbenpracht, und Obst und Gemüse reifen aus. Er bietet aber auch die letzte Gelegenheit, bekannten Gartenproblemen mit Nützlingsausbringung oder geeigneten Schnittmaßnahmen Herr zu werden.

? In meinem gepflegten Rasen sind lauter braune Flecken. Hunde kommen nicht auf das Grundstück. Warum geht das Gras kaputt?

Die braunen Flecken werden durch die Larven der Kohlschnake (*Tipula oleracea*) verursacht. Kohlschnaken fliegen im Frühsommer ab April bis Juni und in einer zweiten Generation im Spätsommer ab August bis Oktober. Vor allem in den Abendstunden können Sie die Zweiflügler mit den langen Beinen in Bodennähe über Wiesen und Felder fliegen sehen. Die Weibchen legen ihre Eier einzeln in lockere, feuchte Erde. Ein Weibchen kann bis zu 1200 Eier ablegen.

Nach ca. 15 Tagen schlüpfen die bräunlichen Larven, die sich von verwesenden Pflanzenstoffen, aber auch von zarten Graswurzeln ernähren. Die Larvenentwicklung dauert rund vier Monate. Die Larve wird dabei mehrere Zentimeter groß und verpuppt sich dann in der Erde.

Die zweite Generation überwintert in der Erde bis zum späten Frühling oder Frühsommer des nächsten Jahres.

Durch den Wurzelfraß können die Graspflanzen weder Wasser noch Nährstoffe aufnehmen, vertrocknen und werden uns als braune Flecken sichtbar.

Sie können die Schnakenlarven wirkungsvoll durch das Ausbringen parasitärer Nematoden (*Steinernema carpocapsae*) bekämpfen. Die weniger als 0,1 mm großen, nur mit der Lupe sichtbaren Tiere können über fast jeden Gartenfachhandel als SC-Nematoden bestellt werden. Nach ihrer Ankunft – sie werden sehr kundenfreundlich in Gesteinsmehl angeliefert – sollten sie so bald wie möglich mit lauwarmem Wasser verrührt und über die befallenen Flächen gegossen werden. Bringen Sie die UV-empfindlichen Nematoden bei bedecktem Wetter aus und halten Sie die behandelte Fläche ca. 6 Wochen lang normal feucht. Ideal sind Bodentemperaturen zwischen 15 und 22 °C. Eine Packung mit über 10 Millionen Nematoden ist ausreichend für ca. 20 Quadratmeter und kostet ca. 10–15 Euro.

? Ich habe gehört, es liegt an der Düngung, wenn die Rosenkohlröschen nicht fest werden. Stimmt das?

Erst einmal kann es an der Sortenwahl liegen. Der Rosenkohl existiert noch nicht so sehr lange als Kulturpflanze. Er entstand aus einem Sprossenkohl, der keine Röschen, sondern lediglich einen gestauchten Spross entwickelte. Durch Züchtung auf feste, immer kompaktere Röschen entwickelte sich der heute bekannte Rosenkohl. Es kann vorkommen, dass in alten Sorten diese Eigenschaft noch vorhanden ist und durch mangelhafte Erhaltungszucht wieder hervortritt. Allerdings ist auch Ihre Vermutung nicht aus der Luft gegriffen: Eine starke Stickstoffdüngung fördert die vegetative Triebigkeit der Pflanze, die zu lockeren Röschen führen kann.

? Meine Felsenbirne ist sehr groß geworden. Kann ich sie einfach zurückschneiden?

Nein. Die im Frühling weiß blühenden Felsenbirnen (*Amelanchier lamarkii*) mit den essbaren, süßlich schmeckenden Früchten vertragen keinen Rückschnitt. Oft wird das bis zu 5 m hohe Gehölz in zu kleine Gärten gepflanzt und nach wenigen Jahren stark zurückgestutzt. Von seinem formschönen, schirmartigen Wuchs ist dann nichts mehr zu erkennen, und es bilden sich unter den Schnittstellen verstärkt Wassertriebe. Zudem wird das Holz vom Rotpustelpilz befallen, und der Strauch stirbt früher oder später ab. Eine ausgewachsene Felsenbirne braucht etwa fünf Quadratmeter Platz. Am besten pflanzen Sie nach dem Laubfall Ihre Felsenbirne an einen anderen Standort, an dem sie ihren natürlichen Wuchs entwickeln kann und darf.

Besser ist es, niedrigere Arten wie die 1–2 m hohe, schlanke, eiförmig wachsende, ovalblättrige Felsenbirne (*Amelanchier ovalis*) oder deren nur 1 m hohe Zwergform (*A. ovalis* 'Pumila') zu pflanzen. Diese heimischen Arten vertragen Trockenheit eher als ihre nordamerikanischen Verwandten und sind für unsere Gegend besser geeignet.

❓ Meine Gladiolen kommen nicht gerade aus dem Boden sondern schief. Was habe ich falsch gemacht?

Wahrscheinlich haben Sie die Knollen Ihrer Gladiolen im Frühsommer nicht tief genug in die Erde gelegt. Sie sollten mindestens 10 cm tief im Boden stecken, damit die Pflanze, vor allem, wenn sie zu blühen beginnt, auch genügend Halt im Boden hat.

Liegen die Knollen zu hoch im Boden, dann können sie nicht viele Wurzeln bilden und die Pflanze hat wenig Halt. Wenn Sie sehen, dass die Gladiolen schief aus dem Boden kommen, dann sollten Sie ihnen sofort eine Stütze geben.

Sofern nicht noch andere Pflanzen bei den Gladiolen stehen, können Sie zwecks besseren Haltes, noch etwas Erde um die Blumen auffüllen.

❓ Ich habe in meinem Garten einige Zierkürbisse angepflanzt. Wie muss ich die Früchte behandeln, damit sie schön bleiben?

→ Lassen Sie die Zierkürbisse gut ausreifen und nehmen Sie sie erst ab, wenn die Blätter zu welken anfangen.

→ Säubern Sie die Früchte vorsichtig mit einer weichen Nagelbürste und lassen Sie sie an einem luftigen Ort gut trocknen.

→ Wenn Sie auf die trockenen Früchte eine Schicht Klarlack auftragen, dann wird die Schale fester und die Farben leuchten kräftiger.

❓ Ich habe gehört, dass man vor dem Ernten der Zwiebeln die Blätter umknicken soll. Was hat das für einen Grund?

Früher hat man die Blätter der Zwiebeln umgeknickt oder eingeknotet, damit die Zwiebelknollen mehr Sonne bekommen und damit der Reifeprozess beschleunigt werden sollte.

Inzwischen hat man allerdings festgestellt, dass durch diese Behandlung die Zwiebelknollen oftmals beschädigt werden und dann ihre Haltbarkeit leidet. Warten Sie also ab, bis die Blätter auf natürliche Weise gelb werden und eintrocknen. Nach dem Ausgraben müssen die Zwiebeln dann sehr gut trocknen, damit sie ohne Probleme gelagert werden können. Verwenden Sie beschädigte Exemplare sofort in der Küche.

❓ Mein Haselnussstrauch hat dieses Jahr keine Früchte getragen, dafür fand ich unter dem Strauch zahlreiche unreife Früchte mit einem kleinen Loch.

Ihr Haselnussstrauch wurde Opfer des Haselnussbohrers (*Curculio nucum*), eines kleinen Rüsselkäfers. Im Mai/Juni legen die Käferweibchen ihre Eier in den noch weichen und unreifen Früchten ab. In ihnen wachsen dann bis August die Larven heran, die sich vom Nussfleisch ernähren. Ist die Schale leer, dann bohrt sich die Larve durch die Schale durch und lässt sich zu Boden fallen. Meistens fällt dann auch die hohle Nuss ab. Die Larven verpuppen sich im Boden, wo sie auch überwintern. Im Frühjahr schlüpfen dann die Käfer aus, die sich von den Haselnussblättern ernähren. Zur Abwehr können Sie Leimringe an den Stämmen der Sträucher anbringen.

Frühherbst

173

Vollherbst

Die Monate September und Oktober sind wichtige Erntemonate. Wer einen Nutz-

garten hat, für den gibt es jetzt viel zu tun: Obst und Gemüse ernten, verarbeiten und

einlagern. Jetzt ist die letzte Gelegenheit, Um- und Neugestaltungen im Garten vorzu-

nehmen. In rauen Gegenden treten bald schon die ersten Nachtfröste auf –

empfindliche Pflanzen müssen entsprechend geschützt werden.

Beetumrandungen anlegen

Beetumrandungen machen den Garten übersichtlicher. Sie können Gemüse-beete einrahmen oder Staudenbeete von Rasen oder Wegen trennen.

Als Beetumrandungen bieten sich verschiedene Möglichkeiten an, je nachdem, wie viel Platz Sie in Ihrem Garten haben und welches Material Sie bevorzugen.

Steineinfassungen

Wenn Sie viel Platz im Garten haben, können Sie Ihre Beete und Rabatten gut und dauerhaft mit Natursteinen oder größeren Bachkieseln einfassen. Auch ausgediente Tontöpfe oder Dachziegel eignen sich als Umrandungsmaterial. Wenn Sie Dachziegel in den Boden stecken, dann sollten Sie immer wieder ein paar kleine Lücken für nützliche Käfer lassen, die bei der Schädlingsvertilgung helfen.

Holzumrandungen

Alternativ können Sie die Beete mit Holzstämmen abtrennen, die zudem Lebensraum für Holzbienen bieten. Allerdings benötigen diese Stämme auch einen gewissen Platz, der dem Beet dann abgeht.

Flechtzäune

Flechtzäune benötigen wenig Platz in der Breite und können ganz individuell gestaltet werden. Sie können sie aus Haselnuss- oder Weidenzweigen (❯ S. 59, Weiden schneiden) leicht selbst anfertigen oder aber im Gartenfachhandel fertige Elemente kaufen.

➜ Entweder Sie verwenden frisch geschnittene Zweige oder trockene vom Frühjahrs-schnitt, die Sie vor der Verarbeitung gut wässern sollten, damit sie leicht zu biegen sind.

➜ Stecken Sie jeweils einen stabilen 3–5 cm dicken Haselnuss- oder Weidenstock in der von Ihnen gewünschten Zaunhöhe alle 30–50 cm ca. 20 cm tief in die Erde und schlingen Sie darum dann die dünneren, mindestens 1,2 m langen Zweige. Sind die Zweige kürzer, dann sollten Sie enger flechten, damit der Zaun auch stabil genug ist.

Niedrige Heckenpflanzen

Eine gute Möglichkeit, Beete einzufassen, bieten auch Hecken aus niedrigen, kompakt wachsenden Pflanzen.

➜ Für schattige Lagen eignen sich Buchs, Gamander (*Teucrium chamaedrys*) und niedrige Heckenkirsche (*Lonicea pilleata*).

➜ Sonnige Beete können Sie mit Currykraut (*Helichrysum italicum*), Heiligenkraut (*Santolina rosmarinifolia*), Lavendel (*Lavandula angustifolia*), Schleifenblume (*Iberis saxatilis*), Sonnenröschen (*Helianthemum*) oder Thymian (*Thymus vulgaris*) einfassen.

➜ Diese Pflanzen benötigen allerdings einen regelmäßigen Schnitt im Frühjahr und Spätsommer. ❯ S. 63, Halbsträucher schneiden

➜ Achten Sie darauf, dass zwischen Beet- und Umrandungspflanzen ein Abstand von mindestens 30 cm ist. Oft erdrücken die höheren Stauden im Beet die Pflanzen am Rand. ✳

Für kleinere Gärten sind Beeteinfassungen aus niedrigen Flechtzäunen das Mittel der Wahl, weil sie kaum Platz beanspruchen.

Frostkeimer säen

Mit zunehmend kühleren Temperaturen können Sie schon Frost- oder Kaltkeimer aussäen.

Frostkeimer (› S. 218, Glossar) brauchen unsere typischen Wintertemperaturen mit Frösten und wärmeren Tagen, damit sie auskeimen können.

Säen Sie diese Arten vor dem Winter (oder im zeitigen Frühjahr) ins Freie – am besten in Töpfe (Etikettieren!), damit Sie die Sämlinge im Frühjahr beim Aufgehen erkennen und dann pikieren können. Frostkeimer gibt es vor allem bei Wild- und Zierpflanzen, weniger im Nutzgartenbereich. ✳

Typische Frostkeimer

Deutscher Name	Botanischer Name
Adonisröschen	*Adonis vernalis*
Buche	*Fagus sylvatica*
Bunte Kronwicke	*Coronilla varia*
Felsenbirne	*Amelanchier ovalis*
Kornelkische	*Cornus mas*
Liguster	*Ligustrum vulgare*
Schlehe	*Prunus spinosa*
Schwertlilie	*Iris*
Silberdistel	*Carlina acaulis*
Walderdbeere	*Fragaria vesca*
Waldrebe	*Clematis*
Wildrosen	*Rosa*

Laub aufsammeln

Die Bäume beginnen, ihr Laub abzuwerfen. Den Anfang machen Birke und Holunder, dann folgen Ahorn und die Obstbäume.

→ Verwenden Sie das Laub der Obstbäume wegen möglicher Krankheitsübertragung nicht zum Mulchen von Obstbaumscheiben, sondern verteilen Sie es auf frei gewordenen Beeten und zwischen den Stauden.

→ Da sich auch Schnecken und Wühlmäuse unter einer Laubdecke wohlfühlen, sollten Sie das Laub einsammeln und erst beim ersten Frost auf den Beeten verteilen.

→ Andererseits suchen auch sehr viele Nützlinge wie Käfer und Würmer unter der Laubschicht Schutz.

→ Sie können das Laub aber auch gesondert in großen Drahtkreisen kompostieren.

→ Aufgrund der Gerbstoffe braucht das Laub von Walnuss und Eiche länger zur Umsetzung und versauert den Boden. Sammeln Sie dieses Laub getrennt. Sie können damit säureliebende Pflanzen wie Heidelbeere und Rhododendron mulchen.

→ Kompostieren Sie Laub am besten immer an der gleichen Stelle, dann siedeln sich mit der Zeit die zur Umsetzung nötigen Bakterien- und Pilzkulturen an und auch die passenden Würmer finden dann genug Nahrung (› S. 30, Kompostbereitung). ✳

Sonstige Gartenarbeiten

Nun beginnen die abschließenden Arbeiten im Gartenjahr: Ordnung schaffen, Boden und Bäume auf den Winter vorbereiten.

→ Auf den freien Beeten können Sie nun Kompost ausbringen. Er wird als Mulch genützt oder leicht untergehoben.

→ Im Oktober gibt es die letzten warmen Tage. Deshalb können Sie nun das letzte Mal das Beikraut nach dem Abhacken zum Vertrocknen auf den Beeten liegen lassen.

→ Den letzten Grasschnitt im Jahr sollten Sie nicht mehr zum Mulchen verwenden, da Stängelteile von bestimmten Gräsern wieder Wurzeln bilden und festwachsen können.

→ Je fester und toniger der Boden ist, desto nützlicher ist ein Umgraben, da hier der Boden durch die »Frostgare« des Winters eine krümelige Struktur bekommt (› S. 32, Den Boden bearbeiten).

→ Hecken- und Baumschnitt wird geschreddert und als Mulch zwischen den Zierpflanzen verteilt.

→ Noch können Sie Stauden wie Rhabarber teilen und umsetzen (› S. 186, Rhabarber pflanzen und teilen). ✳

Vollherbst

177

❀ Dahlien und Gladiolen überwintern

Ende Oktober sollten Sie frostempfindliche Knollengewächse wie Dahlien und Gladiolen zum Überwintern ins Haus holen.

Spätestens dann, wenn sich die Dahlienblätter durch den ersten Nachtfrost schwarz verfärbt haben, müssen Sie die Knollen aus dem Boden holen und einwintern.

→ Graben Sie die Pflanzen vorsichtig mit der Grabegabel aus, um die Knollen nicht unnötig zu beschädigen.

→ Die Erde kann ruhig an den Wurzeln bleiben, denn damit sind sie vor dem Austrocknen geschützt.

→ Bereiten Sie flache Kisten vor, deren Boden 5–10 cm mit lockerer Erde bedeckt ist.

→ Schneiden Sie die oberen Pflanzenteile bis auf 10 cm zurück und lassen Sie die Knollen im Freien erst einmal gut abtrocknen.

→ Setzen Sie die abgetrockneten Knollen in die Kiste und bedecken Sie sie leicht mit Erde, damit die Knollen nicht austrocknen.

→ Stecken Sie nun in die Kisten ein Etikett mit Sortenname (wenn bekannt) oder Blütenfarbe, damit Sie die Knollen nächstes Jahr wieder gezielt auspflanzen können.

→ Achten Sie darauf, dass die Erde nicht austrocknet, aber auch nicht zu feucht ist.

Überwintern Sie nur feste und gesunde Gladiolen- und Dahlienknollen.

→ Lagern Sie die Kisten an einem frostfreien, nicht zu trockenen Ort und sehen Sie im Winter immer wieder einmal danach.
❯ S. 214, Lager kontrollieren ❇

❀ Einjährige Sommerblumen abräumen

Bis spätestens Ende September sollten Sie die abgeblühten einjährigen Pflanzen abräumen und auf dem Kompost entsorgen, um Platz für die Frühjahrsblüher und die zweijährigen Sommerblumen zu schaffen.

Die weichen Blätter der Kapuzinerkresse halten den ersten Nachtfrösten nicht stand.

Bevor Sie die einjährigen Sommerblumen vom Beet abräumen und kompostieren, sollten Sie noch Samen für die Aussaat im nächsten Jahr abnehmen.

→ Schneiden Sie mit einer Gartenschere die Fruchtstände von Jungfer im Grünen (❯ Abb. S. 147), Kapuzinerkresse, Ringelblume, Kornblume, Kornrade oder Wicke ab und breiten Sie diese auf einen flachen Karton zum Trocknen aus.

→ Vergessen Sie nicht, direkt nach der Ernte den Sortennamen und evtl. noch die Blütenfarbe dazuzuschreiben.

→ Achten Sie darauf, dass Ihr Erntegut nicht von Insekten wie Läusen oder kleinen Käfern besiedelt ist.

→ Zum Trocknen eignet sich ein trockener und luftiger Raum.

→ Die Kapuzinerkresse hat noch viele Blütenknospen angesetzt, die aber nicht mehr aufblühen werden. Sie können die etwa erbsengroßen Blütenknospen abschneiden und in Essig eingelegt als Kapernersatz verwenden. Den frei werdenden Platz können Sie nun mit den im Frühjahr ausgesäten zweijährigen Sommerblumen (❯ S. 76, Aussaat ein- und zweijähriger Sommerblumen), Frühjahrsblühern oder Stauden bepflanzen. ❇

❀ Horn-Sauerklee im Zaum halten

Der rotblättrige Horn-Sauerklee kann sich über Aussaat rasant schnell vermehren und schwach wachsende Pflanzen überwuchern.

Der Horn-Sauerklee (*Oxalis corniculata*), auch Gehörnter Sauerklee genannt, ist eine einjährige Pflanze, die mit ihren gelben Blüten und den rötlichen Kleeblättern eigentlich sehr hübsch aussieht (› Abb.). Sie blüht vom Frühjahr bis zum Herbst und bildet längliche, erdfarbene Samenkapseln aus, in denen Tausende von Samen heranreifen. Die Pflanze wurde vor allem durch Baumschulpflanzen aus südlichen Ländern importiert und ist in den letzten Jahren zu einem hartnäckigen Unkraut geworden.

Wie der Giersch oder die Quecke breitet sie sich über Ausläufer aus. Ihre rotbraunen, kaum einen Millimeter dünnen Wurzeln können über 30 cm lang werden und sind sehr brüchig.

Zupfen Sie die Pflanze – auch wenn sie noch so schön aussieht – möglichst aus, bevor die Samen ausreifen. Stark überwucherte Flächen sollen Sie auf keinen Fall fräsen oder hacken, denn jedes noch so kleine Teilstück treibt willig wieder aus.

› S. 97, Unkräuter erkennen und entfernen ❋

Der Horn-Sauerklee ist zwar eine hübsche Pflanze mit seinen purpurfarbenen Blättern, sollte aber unbedingt im Zaum gehalten werden!

❀ Lilien über Zwiebelschuppen vermehren

Eine andere Art der Vermehrung bei Lilien besteht in der Abnahme der an der Mutterzwiebel gebildeten Zwiebelschuppen.

Stecken Sie die Zwiebelschuppen mit der breiten Seite nach unten in die Erde.

Nicht jede Lilie gedeiht in jedem Garten gleich, und wer z. B. die duftenden weißen Madonnenlilien (*Lilium candidum*) im Garten hat, sollte sich an die Vermehrung wagen. Ähnliches gilt auch für die Gartenformen der seltenen Türkenbundlilie (*Lilium martagon*).

→ Jetzt können Sie die Zwiebeln zur Vermehrung ausgraben.

→ Schütteln Sie die Erde vorsichtig ab. Die Zwiebeln sind mit nach innen gebogenen Schuppen besetzt.

→ Diese Schuppen können Sie jetzt vorsichtig durch seitliches Auseinanderziehen von der Mutterzwiebel abtrennen.

→ Stecken Sie die einzelnen Schuppen ungefähr bis zur Hälfte in eine vorbereitete Pflanzenkiste (› Abb.), die 5–10 cm hoch mit sandiger Gartenerde (1 : 1) gefüllt ist.

→ Stellen Sie das Anzuchtgefäß bis zum ersten Frost noch im Garten auf, danach kommt es zum Überwintern an einen frostfreien Platz ins Haus.

→ Die Zwiebelschuppen bewurzeln bei warmen Bodentemperaturen, manchmal reichen lange warme Herbsttage dazu aus, meistens geschieht die vollständige Bewurzelung allerdings erst im Frühjahr.

› S. 150, Lilien aus Brutzwiebeln anziehen ❋

Pfingstrosen teilen

Pfingstrosen können über 40 Jahre alt werden – dazu sollten sie allerdings möglichst ungestört wachsen dürfen. Dennoch wird hin und wieder eine Teilung der Pflanze notwendig.

Wenn Ihre Pfingstrosen zu groß geworden sind oder an einer Stelle nicht richtig wachsen wollen, sollten Sie die langlebigen Stauden nun teilen – obwohl die Pflanzen Störungen überhaupt nicht gerne haben.

→ Pfingstrosen bilden über 30–50 cm lange Wurzeln aus und sollten daher mit dem Spaten ausgegraben werden.

→ Stechen Sie mit dem Spaten zunächst einen großzügigen Kreis um die Pfingstrose (10 cm Abstand zum äußeren Rand der Pflanze), denn die größeren Knospen können leicht beim Vermehren abbrechen.

→ Hebeln Sie in einer Tiefe von etwa 30 cm vorsichtig das Spatenblatt unter die Wurzeln. Sie sollten das von mehreren Seiten wiederholen, bis sich der starke Wurzelballen löst.

→ Wenn die Pflanze samt Ballen aus dem Boden ist, schütteln Sie vorsichtig die Erde ab und waschen den Wurzelstock mit Wasser aus. Sie sehen dann, wie die einzelnen Wurzelteile miteinander verwachsen sind und sich am besten auseinanderziehen lassen.

→ Danach brechen Sie den Wurzelstock auseinander und zerlegen ihn mit einem scharfen Messer in etwa 10–15 cm lange Teilstücke. Die Blattstiele können Sie jetzt abschneiden. Jedes Teilstück sollte mindestens eine Wachstumsknospe, besser sind Teilstücke mit 2–3 Wachstumsknospen, und ausrei-

chend Wurzeln (Länge etwa 10–15 cm, Durchmesser mindestens 5 cm) haben.

→ Pflanzen Sie das Teilstück in ein ca. 40 cm großes, gut gelockertes Pflanzloch, das mit normaler Gartenerde gefüllt wird, die mit etwa einem Liter gut verrottetem Kompost gemischt ist.

Die schönen Blütenstauden lieben einen nährstoffreichen, kalkhaltigen Gartenboden. Sie gedeihen bestens auf schweren Lehmböden, vertragen aber keine Staunässe, denn die fleischigen Wurzeln (›Abb.) neigen sehr schnell zum Faulen. ✽

Gut eingewachsene Pfingstrosen haben sehr kräftige Wurzeln, die das Ausgraben und Teilen nicht leicht machen.

Stauden schneiden

Für die Nützlinge ist ein »unaufgeräumter« Garten der beste Überwinterungsschutz.

Schneiden Sie im Herbst nicht zu viel zurück – die Nützlinge und viele andere Tiere im Garten werden Ihnen das danken!

→ Im Herbst sollten Sie eigentlich nur krankes Laub von Stauden zurückschneiden. Pfingstrosen oder Christrosen werden z. B. oft von Pilzen befallen, die die Schwarzfleckenkrankheit (*Aternaria*) verursachen. Befallenes Laub wird abgeschnitten und über den Grünmüll entsorgt.

→ Alte Rosensorten bilden oft noch große Hagebutten aus, und manche Staudenblüte kann bei milden Wintern noch Samen bilden. Lassen Sie diese Fruchtstände als Winternahrung für Vögel stehen.

→ Trockene, hohle Pflanzenstängel wie die von Taglilien oder Staudensonnenblumen sind ein ideales Versteck für Nützlinge. Schneiden Sie die langen Stängel in etwa 10 cm lange Teilstücke und bieten Sie den Tieren kleine Stapel von ihnen als Überwinterungsplatz im Beet an.

→ Achten Sie darauf, das eventuell frei gewordene Beetflächen (z. B. nach Entfernen von einjährigen Pflanzen) mit Laub oder Ähnlichem bedeckt sind. Das Bodenleben und die Nützlinge wie Marienkäfer sind auf diese Weise besser vor Frost und Austrocknung geschützt.

› S. 36, So locken Sie Nützlinge an ✽

Wurzelnackte Gehölze pflanzen

Jetzt ist Zeit für das Pflanzen wurzelnackter Gehölze. Sie können diese noch so lange pflanzen, wie der Boden offen ist.

Wurzelnackte Gehölze (› S. 218, Glossar) haben keinen Erdballen und sind im Preis deutlich günstiger als Containerpflanzen. Wurzelnackt werden angeboten: Rosen, Heckenpflanzen, Obstbäume oder Wildgehölze.

→ Die nackten Wurzeln der Sträucher dürfen vor dem Pflanzen nicht austrocknen. Hüllen Sie die Wurzeln beim Transport am besten mit einem feuchten Tuch ein.

→ Setzen Sie die Sträucher so schnell wie möglich an ihren endgültigen Standort. Wenn Sie nicht sofort pflanzen können, dann stellen Sie die Sträucher in einen Wassereimer oder bedecken Sie die Wurzeln mit Gartenerde.

Vorbereitung der Pflanzung

→ Das Pflanzloch sollte mindestes doppelt so breit und tief sein wie die Wurzeln.

→ Lockern Sie den Boden des Pflanzloches gut auf, damit die Pflanze leichter neue Wurzeln bilden kann.

→ Mischen Sie unter die Gartenerde Pflanzenstärkungsmittel wie Algenpräparate, auch zerriebene Beinwell- oder Brennnesselblätter unterstützen durch ihren Kieselsäureanteil das Anwachsen. Spezielle Bodenpilze (*Mykorrhiza*) helfen vor allem größeren Gehölzen bei der Umsiedlung von der Baumschule an ihren künftigen Standort. Das Pilzgeflecht im Boden vergrößert um ein Vielfaches das Wurzelsystem der Pflanzen und hilft ihnen bei der Wasser- und Nährstoffaufnahme.

Vorbereitung der Pflanzen

→ Vor dem Einpflanzen sollten Sie die Sträucher, vor allem Rosen, 1-2 Stunden wässern (› Abb. 1).

→ Schneiden Sie lange und eingetrocknete oder beschädigte Wurzeln ab und kürzen Sie die Triebe um ein Drittel ein (› Abb. 2).

Einpflanzen

→ Achten Sie darauf, dass die Wurzeln beim Pflanzen nicht gebogen werden. Abgeknickte Wurzeln beginnen zu faulen. Verteilen Sie die Wurzeln gleichmäßig im Pflanzloch.

→ Füllen Sie das Pflanzloch mit dem mit Stärkungsmitteln versetzten Aushub auf und gießen Sie zwischendurch immer wieder an, damit sich die Erde um die Wurzeln verteilt. Legen Sie einen 5–10 cm hohen, kreisförmigen Gießrand um das Pflanzenloch an.

→ Schwemmen Sie zum Schluss die Pflanze intensiv ein, damit die Wurzeln einen guten Erdkontakt bekommen (› Abb. 3).

→ Bei trockener Witterung sollten Sie auf alle Fälle gut wässern.

→ Eine dicke Laubschicht oder sonstiges Mulchmaterial schützt die Pflanzen vor Austrocknung. ✳

Richtig pflanzen

Von der fachgerechten Pflanzung im Herbst hängt das spätere Wohlergehen der neu gesetzten Gehölze ab.
Bereiten Sie das Pflanzloch und das wurzelnackte Gehölz sorgfältig für die Pflanzung vor.

(1) Wässern
Stellen Sie Ihre neu erworbenen wurzelnackten Gehölze für einen Tag oder zumindest mehrere Stunden in einen Wassereimer.

(2) Einkürzen
Kürzen Sie die Wurzeln so weit, dass sie beim Einpflanzen nicht knicken (bei 30 cm tiefem Pflanzloch max. 25 cm lange Wurzeln).

(3) Angießen
Nach dem Einpflanzen sollten Sie die Gehölze gut einschwemmen. Der Gießrand sollte komplett mit Wasser gefüllt sein.

Vollherbst

Bergminze *Calamintha nepeta*
Blütezeit: Ende August bis Oktober
Knapp 30 cm hoch; begehrte Bienen- und
Hummelpflanze; liebt magere Böden in
sonniger Lage

Bienenfreund *Phacelia tanacetifolia*
Blütezeit: Juni bis September
60–100 cm hoch; Gründüngungspflanze,
die sehr viele Honigbienen, Wildbienen,
Hummeln, Schwebfliegen und Falter anlockt

Brennnessel *Urtica dioica*
Blütezeit: Juni bis Oktober
80–200 cm hoch; Stickstoffanzeiger; Futterpflanze für viele Schmetterlingsraupen;
Rückzugsgebiet für Raubmilben

Flockenblume *Centaurea scabiosa*
Blütezeit: ab Juni
80 cm hoch; bietet mehr als 32 Wildbienenarten Nahrung, sowie Hummeln, Tagfaltern,
Bohrfliegen und Bockkäfern

Gemeiner Hornklee *Lotus corniculatus*
Blütezeit: Mai bis September
bis 30 cm hoch, bodendeckend; lockt
57 verschiedene Bienenarten an; der Blütennektar enthält bis zu 40 % Zucker

Habichtskraut *Hieracium aurantiacum*
Blütezeit: Mai bis Oktober
20–30 cm hoch; lockt über 30 Wildbienenarten an, Honigbienen, Hummeln, Fliegen,
Schwebfliegen, Falter und Käfer

Kugeldistel *Echinops ritro*
Blütezeit: ab Juni
über 100 cm hoch; anspruchslos; die Blüten
werden von Bienen, Hummeln, Schmetterlingen und verschiedenen Käfern besucht

Löwenzahn *Taraxacum officinale*
Blütezeit: ab April
bodennahe Blattrosette; Nahrung für über
72 Wildbienenarten, Honigbienen; wird oft
als »Unkraut« empfunden

Natternkopf *Echium vulgare*
Blütezeit: Juni bis September
50–120 cm hoch; behaart; liefert über
37 Wildbienenarten, Honigbienen, Hummeln
und Faltern Nahrung

Wasserdost *Eupatorium cannabinum*
Blütezeit: Juni bis September
100–130 cm hoch; liebt feuchte Standorte;
an den Blüten sitzen Wildbienen, Hummeln,
Schmetterlinge und Schwebfliegen

Weidenröschen *Epilobium angustifolium*
Blütezeit: Juli bis August
60–140 cm hoch; wächst bevorzugt auf Waldlichtungen, fasst aber im Garten schnell Fuß;
attraktive Hummelpflanze

Wilde Möhre *Daucus carota*
Blütezeit: Juli bis Oktober
30–100 cm hoch; begehrte Hummel-, Bienen- und Schwebfliegenweide; Nahrungspflanze für Schwalbenschwanz-Raupen

Vollherbst

Gemüse und Obst ernten und lagern

Immer noch schüttet der Garten die Erträge aus der Jahresarbeit aus. Vor den ersten Nachtfrösten sollten Sie allerdings empfindlicheres Gemüse abernten bzw. für einen geeigneten Frostschutz sorgen.

Gemüse ernten

→ Vor den ersten Frösten sollten Sie die letzten Kürbisse noch ins Haus bringen.

→ Bete, Sellerie und Weiße Möhre können noch bis Ende Oktober in der Erde bleiben – solange keine Wühlmaus in der Nähe ist.

→ Haferwurz, Kerbelrübe, Pastinake, Schwarzwurzel und Topinambur sind frostfest und können in der Erde bleiben. Sie können sie aber auch in Mieten, eingegrabenen Kisten oder wühlmausfesten Waschtrommeln einlagern. Zum Einlagern kürzen Sie die Blätter bis auf ca. 2–3 cm. Lagern Sie nur gesunde und unbeschädigte Rüben.

→ Auch Lauch können Sie in lockeres Material einschlagen, um bei klirrender Kälte nicht mit dem Eispickel ernten zu müssen.

→ Wenn Sie bei der Sortenwahl von Grünkohl und Rosenkohl auf Frostfestigkeit geachtet haben, brauchen diese Pflanzen keinen Winterschutz, alle anderen Sorten sollten Sie mit einem Vlies oder Sackleinen abdecken.

→ Paprika und Tomaten können unter Folienschutz den ersten Frost überleben und in den letzten schönen Herbsttagen noch am Busch ausreifen. Wenn Sie das nicht wollen, dann ernten Sie die unreifen Früchte und lassen sie in Zeitungspapier gewickelt im Haus nachreifen.

→ Kopfkohl verträgt etwas Frost, sollte dann aber Ende Oktober auch abgeräumt und eingelagert werden. Weißkohl können Sie frisch hobeln und zu Sauerkraut verarbeiten.

→ Die letzten Kohlrabi, Kopfsalate, Radieschen und Stangenbohnenkerne können geerntet werden.

→ Die Ernte von Endivie, Feldsalat und Herbstrübe beginnt.

Obst ernten

→ Jetzt werden die Lagersorten von Apfel und Birne geerntet. Beim Apfel empfehlen sich Sorten, die im Lager nicht schrumpfen.

Quitten können bis kurz vor den ersten Frösten am Baum hängen bleiben.

Dies sind Sorten, die eine leichte Wachsschicht ausbilden, die das Verdunsten verhindert, z. B. 'Schöner aus Nordhausen' (haltbar bis März) oder auch der 'Ontario' (haltbar bis Mai). Sehr lange knackig (bis Juni) bleibt auch der 'Weiße Winterglockenapfel'.

Bei den Lagerbirnen gibt es keine so große Auswahl an Sorten, die besten sind 'Winterforelle' und 'Gräfin von Mecheln', die bis März lagerfähig sind. › S. 136, Empfehlenswerte Obstsorten und Nüsse

→ Auch die Monatserdbeere liefert im Oktober noch süße, aromatische Beeren.

→ Die Ernte der Zwetschgen findet ihren Abschluss. Pflaumen lassen sich sehr gut einfrieren, aber auch trocknen.

→ Die Quitten sind erntereif, wenn sie gelb werden (› Abb.). Man unterscheidet hier zwischen apfel- und birnenförmigen Sorten.

Obst lagern

→ Zum Obstlagern brauchen Sie einen leicht feuchten Raum mit ca. 5 °C Temperatur.

→ Legen Sie die Früchte auf mit Papier ausgelegte Borde, damit Sie jederzeit einen guten Überblick über den Zustand der Früchte haben.

→ Nur die besten Früchte landen im Lager. Madige, schorfige, angeschlagene oder verletzte Äpfel wandern in die Saftpresse oder werden zu Apfelmus oder Gelee verarbeitet.

→ Äpfel und Birnen, die eingelagert werden, sollten Sie äußerst vorsichtig behandeln, damit sie keine Druckstellen bekommen.

→ Wenn Sie die Früchte mit Seidenpapier einschlagen, dann reifen sie langsamer. ✱

Obstbaumschutz

Damit unsere Obstbäume auch das nächste Jahr wieder fleißig tragen, brauchen sie nun unseren Schutz gegen die kommende Kälte und Schädlinge.

Der Stammanstrich verhindert, dass die Temperatur schnell zwischen warm und kalt wechselt.

Stammanstrich

Obstbäume, die an einem sonnigen Standort stehen, sind im Winter oftmals der vollen Sonne ausgesetzt, und damit einem ständigen Wechsel zwischen Frost und Wärme. Dieser Temperaturwechsel verursacht große Spannungen in der Rinde, und es entstehen Risse und Schrunden – Eintrittspforten für Krankheitskeime, Pilzsporen und Schädlinge. Wenn Sie den Stamm weiß anstreichen (› Abb. oben), sorgt das für einen besseren Temperaturausgleich.

Traditionell besteht der Stammanstrich aus einer Mischung aus 1/3 Kuhmist, 1/3 Algenkalk und 1/3 Bentonit.

Einen einzelnen Baum können Sie auch mit Brettern schützen.

Leimringe anbringen

Damit die Weibchen des Frostspanners an ihrem Weg hinauf in die Baumkronen zum Ablegen der Eier gehindert werden, sollten Sie vorbeugend um die Baumstämme – aber auch die Stützpfähle! – Leimringe anbringen (› Abb. unten). Die im Frühjahr schlüpfenden Raupen können in kurzer Zeit einen ganzen Baum kahl fressen.

Die Leimringe verhindern aber auch im Frühjahr, dass Ameisen Blattläuse auf die Bäume tragen, um sich dort Blattlauskolonien anzulegen. Die Ameisen halten sich gerne Blattläuse, weil sie sich an deren süßen Ausscheidungen, dem sogenannten Honigtau, laben. › S. 85, Leimringe entfernen ✳

Die Leimringe verhindern, dass die Weibchen des Frostspanners in der Baumkrone ihre Eier ablegen können.

 ## Obstkerne säen

Sehr viel Freude bereitet es, die Kerne von Obstbäumen auszusäen und sich so eine eigene Haussorte zu züchten. Etwas Geduld brauchen Sie allerdings dazu und ein wenig Platz.

Wenn Sie sich einen Apfel- oder Birnbaum aus Samen heranziehen wollen, dann benötigen Sie sehr viel Geduld. Es dauert alleine schon ein Jahr, bis die Jungpflänzchen so groß sind, dass Sie sie in den Garten setzen können.

→ Nehmen Sie Kerne von Ihren Lieblingssorten und legen Sie ca. 10–20 in Töpfe mit lockerer Gartenerde. Die Kerne sollten vollreif, gesund und prall sein. Am besten nimmt man Kerne aus verschiedenen Früchten. Töpfe mit Sortennamen beschriften!

→ Diese Töpfe bleiben den Winter über draußen, die Kerne keimen in der Regel im Frühjahr. Wundern Sie sich nicht, es gehen meist nur wenige Samen auf.

→ Pflanzen Sie die Keimlinge nun einzeln in größere Töpfe, damit sie sich gut entwickeln können. Beschriftung nicht vergessen!

→ Sorgen Sie für gleichmäßige Feuchtigkeit.

→ Im kommenden Herbst können Sie die Jungpflänzchen dann an Ort und Stelle einsetzen. Markieren Sie die Pflanzen mit einem Stab, damit sie gut sichtbar sind.

→ Nach 5–6 Jahren werden die ersten Früchte entstehen, und Sie können testen, ob eine neue Sorte nach Ihrem Geschmack dabei ist. Die beste Sorte bleibt stehen, die anderen werden entfernt. ✳

Rhabarber pflanzen und teilen

Es ist an der Zeit, für die Frühjahrsernte des Rhabarbers zu sorgen. Jetzt sollten zu groß gewordene Stauden geteilt oder neue Pflanzen eingesetzt werden.

Im Oktober endet das Wachstum der Rhabarberpflanze, und sie zieht die Blätter ein. Jetzt ist die richtige Zeit zum Neupflanzen oder Teilen von Rhabarber.

Rhabarber pflanzen

Rhabarber ist eine mehrjährige Gemüsestaude mit dicken, fleischigen Wurzeln, die als Speicherorgan für den Austrieb im Frühjahr dienen. Der Starkzehrer benötigt einen nährstoffreichen, feuchten Boden und einen sonnigen bis halbschattigen Standort, an dem er viele Jahre ungestört bleiben kann. Setzen Sie neue Pflanzen nicht am alten Standort ein.

Rhabarber teilen

Rhabarber kann bis zu 10 Jahre an einem Platz stehen bleiben. Er ist ein Starkzehrer. Er sollte daher nach dem Abernten (bis 24. Juni) gut mit Kompost oder verrottetem Mist versorgt werden.

→ Graben Sie zum Teilen die Staude spatentief aus und teilen Sie den Wurzelstock mit dem Spaten.

→ Setzen Sie dann die Teilstücke an einem Platz ein, an dem die Staude in Ruhe über längere Zeit wachsen kann.

Rhabarbersorten

Die Sortenunterschiede zeigen sich in der Dicke und Länge der Stängel sowie in der Stängelfarbe. Neuere Züchtungen sind oxalsäurereduziert. In der Regel sind das die rotstängeligen Sorten. Meist wird der Rhabarber als Wurzelstück vermehrt, aber es ist auch Saatgut im Handel erhältlich.

Gängige Sorten sind: 'Holsteiner Blut'(wenig Säure), 'Vierländer Blut' (sehr frühe Sorte), 'Valentine' (vollrot und etwas später), 'Sutton' (blüht nicht).

Gegessen werden im Frühjahr die geschälten Stiele. Wenn die Stängel gekocht werden und das Kochwasser weggegossen wird, können sie den Oxalsäuregehalt minimieren.

❭ S. 123, Vorsicht, Oxalsäure! ✺

Rhabarber wird sehr groß. Jede Pflanze hat einen Platzbedarf von ca. 2 x 2 m.

 ## Schnittlauch eintopfen

Frischer Schnittlauch ist aus der Küche nicht wegzudenken und sollte auch im Winter stets zur Hand sein.

Wenn Sie auch im Winter frischen Schnittlauch haben wollen, dann sollten Sie sich jetzt aus Ihrem eigenen Garten welchen ins Haus auf die Fensterbank holen.

→ Teilen Sie die ausgegrabene Schnittlauchstaude mit dem Spaten in mehrere Teile. Für einen Topf mit dem Durchmesser von 15 cm nehmen Sie ein Staudenstück von 10 cm Durchmesser.

→ Füllen Sie den Topf mit Kompost, das reicht als Düngung völlig aus. Bewahren Sie die Töpfe im Freien auf.

→ Holen Sie im Abstand von 1–2 Wochen je einen weiteren Topf mit einem neuen Staudenstück in die warme Küche, dann können sie ununterbrochen ernten.

→ Abgeerntete Töpfe können Sie bei frostfreiem Wetter wieder im Freien einpflanzen.

Geeignete Schnittlaucharten

Kantenlauch(*Allium angulosum*), treibt schnell, Schnittknoblauch (*Allium tuberosum*) ist sehr aromatisch mit etwas Süße und Berglauch (*Allium senescens*) hat etwas breitere, aber kürzere Blätter. Vom Hohlblättrigen Schnittlauch (*Allium schoenoprasum*) gibt es verschiedene Sorten.

Kantenlauch und Hohlblättriger Schnittlauch treiben am schnellsten auf der Fensterbank aus. ✺

Spargelbeet pflegen

Spargelanbau ist sehr aufwändig, bei niedrigem Ertrag – aber der Genuss absolut frischen eigenen Spargels entschädigt allemal.

→ Ende Oktober werden die Spargelpflanzen einige Zentimeter über der Erde abgeschnitten. Im kommerziellen Anbau wird das Kraut verbrannt, im Hausgarten reicht es aus, die Stängel zu schreddern und zu kompostieren.

→ Wenn noch Früchte an den weiblichen Pflanzen hängen, können Sie sich an der eigenen Zucht von Spargel versuchen. Um keimfähige Samen zu erhalten, müssen die Samen erst einmal stratifiziert (**›** S. 218, Glossar) werden. Diese Methode dient dem Abbau einer vorhandenen Keimhemmung. Dafür werden die Samen schichtweise in feuchten Sand gelegt und den Winter über feucht und kühl (um die 0 °C, Frost schadet nicht) gehalten.

→ Um eine schnelle Erwärmung des Bodens im Frühjahr zu gewährleisten, muss sichergestellt sein, dass das Spargelbeet ganztägig volle Sonne erhält. Sollten Bäume oder Busche dies beeinträchtigen, müssen diese noch im Winter geschnitten oder abgesägt werden.

→ Spargel braucht einen sauberen, beikrautfreien Boden und sollte im Herbst noch mal gründlich gejätet werden.

→ Um Staunässe vorzubeugen, empfiehlt sich eine Drainagerinne.

› S. 86, Spargelbeet anlegen ✳

Walnüsse ernten und lagern

Walnüsse haben einen hohen Nährwert, einen hohen Linolensäuregehalt (Omega-3-Säure), viel Vitamin D und sehr viele Spurenelemente.

→ Walnüsse können Sie ernten, wenn die äußere grüne Schale aufplatzt.

→ Entfernen Sie die grüne Schale von den Nüssen. Handschuhe anziehen, denn die Gerbsäure, die in der Schale steckt, verfärbt Ihre Hände im Nu, und es dauert sehr lange, bis die Braunfärbung vergeht!

→ Legen Sie die gereinigten Nüsse einlagig auf Zeitungspapier oder ein Gittergestell aus und lassen Sie sie an einem luftigen Ort gut austrocknen. Die Nüsse schimmeln leider sehr schnell.

Bei Temperaturen über 25 °C werden die Nüsse ranzig! ✳

Wenn die grünen Schalen aufplatzen, dann sind die Walnüsse erntereif. Das wissen auch die Eichelhäher!

Winterfeste Zwiebeln und Knoblauch stecken

Das Stecken von Knoblauch und Zwiebeln im Herbst verfrüht die Ernte im nächsten Jahr um einige Wochen. Die Pflanzen können noch im Herbst ihre Wurzeln ausbilden und haben damit im Frühjahr einen schnellen Start in die Vegetationszeit.

→ **Zwiebeln:** Im Frühsommer, wenn die alten Lagerzwiebeln vergangen sind und die neu gesteckten Zwiebeln noch nicht groß genug sind, können die im Winter schon gesteckten Zwiebeln diese Zeit mit eigener Zwiebelernte füllen. An Sorten werden angeboten: 'Presto', 'Senshyu', 'Taify' und 'Yello'. Sie sollten die gesteckten Zwiebeln den Winter über leicht mit Fichtenreisig abdecken.

→ **Knoblauch:** Auch vom Knoblauch werden verschiedene winterfeste Sorten angeboten: die reinen Blattformen ohne Zentralstängel und die Rocambole-Typen, die einen Stängel mit Brutzwiebeln bilden. Auch der Elefantenknoblauch wird jetzt gesteckt.

› S. 170, Aussaat ✳

Frage & Antwort

Im Vollherbst sind die ein- und zweijährigen Sommerblumen und auch die sommerblühenden Zwiebelblumen meist schon verblüht und machen Platz für die Zwiebeln und Knollen der Frühjahrsblüher. Jetzt ist es auch Zeit, Gehölze und Stauden zu pflanzen.

? Ich möchte einen Apfelbaum in meinen Garten setzen. Wann kann ich ihn einpflanzen, und auf was muss ich besonders achten?

Büsche und Bäume können in der Zeit gepflanzt werden, wenn sie ihre Blätter verloren und noch nicht neu ausgetrieben haben. Sie können also vom Herbst bis ins Frühjahr hinein pflanzen – sofern der Boden offen und nicht verschlämmt ist.

→ Das Pflanzloch für einen Obstbaum sollte einen Durchmesser von 1,5 m haben und etwa spatentief sein.

→ Lockern Sie den Boden des Pflanzloches nochmals spatentief auf und verteilen Sie darüber zwei Eimer reifen Kompost.

→ Der Anbindepfahl für den Baum sollte schon vor dem Einsetzen des Baumes eingeschlagen werden, damit später keine Wurzeln beschädigt werden.

→ Die Wurzeln von Apfelbäumen werden in der Winterzeit besonders gerne von Wühlmäusen abgefressen. Sie sollten daher das Pflanzloch lückenlos mit einem engmaschigen Drahtgeflecht auslegen, das Sie an den Seiten bis zum Rand hochziehen.

→ Achten Sie darauf, dass die Veredelungsstelle 10–15 cm über dem Boden liegt, damit nur die Unterlage das Wachstum des Baumes bestimmt.

? Ich habe gehört, dass man Möhren jetzt schon ins Freiland aussäen kann. Stimmt das?

Im Mittelmeerklima ist das durchaus möglich, in Deutschland würden die Rüben wahrscheinlich alle erfrieren. In milden Wintern kann es zwar sein, dass spät gesäte Möhren überleben, vor allem wenn sie noch klein sind, dann ist die Chance, über den Winter zu kommen, größer. Allerdings erhalten diese Möhren im Winter den Schoßimpuls, d.h., die Möhren, die den Winter überleben, kommen nicht mehr in die vegetative Phase der Rübenbildung, sondern gehen gleich zur Samenbildung über. Sinnvoll wäre eine Aussaat im späten Oktober oder gar November, sodass die Samen erst im Frühjahr zum Keimen kommen. Das könnte dann von Vorteil sein, wenn das folgende Frühjahr sehr verregnet und eine Bodenbearbeitung nicht möglich wäre, dann würden die im Herbst gesäten Samen sich selber den besten Keimzeitpunkt auswählen. Aber der Aufwand und das Risiko von möglichen Fehlschlägen übersteigen den Nutzen, deshalb ist hier in Mitteleuropa die beste Zeit der Möhrensaat das Frühjahr.

? Gemüse soll sich in einer Erdmiete besonders gut lagern lassen. Wie lege ich eine solche Miete an?

→ Legen Sie die Miete nicht in einem Boden mit Staunässe, sondern am besten an einer erhöhten Stelle des Gartens an.

→ Heben Sie eine Grube von 20–50 cm Tiefe aus und legen Sie diese zum Schutz gegen Wühlmäuse mit feinmaschigem Drahtgitter aus.

→ Bedecken Sie den Boden der Grube mit ca. 10 cm Sägemehl. Darauf kommt dann das Lagergemüse.

→ Lagern Sie das Gemüse so, dass ein spitzer Hügel entsteht, damit das Wasser außen abfließen kann.

→ Decken Sie dann das Gemüse mit Erde ab, die Sie gut festklopfen.

→ Darauf kommt dann eine Lage Stroh. Verwenden Sie, wenn möglich, Langstroh, das übereinander liegt, damit Regenwasser abfließen kann.

❓ Die unteren Blätter meiner Raublatt-Aster werden braun und vertrocknen, obwohl ich die Staude regelmäßig gieße. Steht die Pflanze eventuell am falschen Platz?

Raublatt-Astern (*Aster novae-angliae*) benötigen – wie fast alle Herbstastern – einen vollsonnigen, warmen Standort mit frischem, nährstoffreichem Boden. Auf schweren Böden fallen die Horste auseinander. Dass die unteren Blätter nach und nach vertrocknen, ist kein Anzeichen für einen zu trockenen Standort oder eine Krankheit, sondern bei vielen Herbstastern eine ganz normale Erscheinung. Wenn Sie das Aussehen stört, dann sollten Sie den unteren Teil der Staude mit mittelhoch wachsenden Stauden oder Gräsern kaschieren.

Es gibt inzwischen aber auch schon Herbstastern im Staudensortiment, die keine braunen Blätter mehr bekommen. Am besten, Sie fragen in der Staudengärtnerei danach.

❓ Wie lagere ich Wurzelgemüse am besten? Was kann ich gegen Fäulnisbildung tun?

→ Frostfestes Wurzelgemüse wie Haferwurz, Kerbelrübe, Pastinake und Schwarzwurzel kann im Boden bleiben. Um Wühlmausfraß vorzubeugen und auch bei Frost ohne Eispickel ernten zu können, bauen Sie sich am besten eine Miete mit einer Einfassung aus feinmaschigem Draht. Bei kleinen Mengen können Sie auch eingegrabene Waschtrommeln füllen.

→ Eine sehr gute Lagerung besteht in einem Keller, der nicht zu trocken und zu warm ist. Eine Temperatur von 5–10 °C wäre natürlich optimal, wird aber in den meisten Häusern nicht möglich sein.

→ Am besten werden die Rüben in Kisten mit feuchtem Sand gelagert.

→ Lagern Sie nur unbeschädigtes Wurzelgemüse ein.

❓ Ich habe gelesen, dass die Samen der Quinoa äußerst gesund seien. Was ist das für eine Pflanze, und wie kann ich sie anbauen?

Quinoa (*Chenopodium quinoa*), auch Reisspinat oder Andenhirse genannt, ist eine alte Körnerpflanze aus den Anden, die schon von den Inkas genutzt wurde und die in der gesunden Ernährung eine wesentliche Rolle spielt. Besonders für unter Zöliakie (Glutenunverträglichkeit) leidende Menschen bildet sie einen vollwertigen Getreideersatz. Eine einzige Pflanze kann bis zu 500 g Samen produzieren.

Die Quinoa gehört wie Gartenmelde und Spinat zu den Gänsefußgewächsen, und auch von ihr können die Blätter in der Küche genutzt werden. Die Haupternte ist allerdings der Samen, der wesentlich mehr Magnesium, Eisen, Kalzium und Kalium enthält als andere Getreide und doppelt so viel Vitamin E wie Weizen. Die Eiweiße sind besonders wertvoll, da hier alle essenziellen Aminosäuren vorhanden sind. Die Quinoa wächst auch auf armen Böden, braucht nicht viel Wasser und ist sehr krankheitsresistent. Versuchen Sie Saponinarme Sorten anzubauen, da das Saponin sehr bitter schmeckt.

Einen noch vorhandenen Anteil an Saponin können Sie durch Kochen vermindern.

❓ Kann ich jetzt noch Spinat anbauen oder ist es dafür zu spät?

Spinat ist ideal als Nachkultur – sollte allerdings nicht nach Bohnen und Erbsen auf das Beet kommen.

Vom Spinat gibt es verschiedene Sorten für die Frühjahrs- und die Herbstaussaat und besonders winterfeste Sorten.

Für die Aussaat im September/Oktober sollten Sie winterfeste Sorten auswählen. Der Spinat bleibt bis zum Frühjahr auf den Beeten. Etwa acht Wochen nach der Aussaat können Sie schon die ersten Blätter ernten. Bei sehr niedrigen Temperaturen sollten Sie das Beet mit einem Vlies oder einer leichten Reisigabdeckung schützen. Spinat ist ein Mittelzehrer und verträgt keine trockenen Böden. Achten Sie darauf, dass der Boden nicht zu stickstoffhaltig ist, da Spinat Nitrat anreichert.

Vollherbst

189

Spätherbst

Das Vegetationsjahr nähert sich seinem Ende – auch wenn der November noch ein paar schöne Tage bereithalten kann, so ist es doch in der Regel kühl und feucht. Die letzten Arbeiten im Garten werden erledigt. Der alte Gärtnerspruch »Die Frühjahrsarbeit beginnt im Herbst« bezieht sich vor allem auf das Beikraut. Je unkrautfreier ein Garten in den Winter geht, desto weniger Arbeit macht das Frühjahr.

🌱 Herbstlaub versorgen

Alle Jahre wieder stellt sich für viele Gartenbesitzer die Frage: Wohin mit dem ganzen Herbstlaub?

Im Biogarten ist Laub ein sehr begehrter Rohstoff. Die Entsorgung des Herbstlaubes über die öffentlichen Grünabfuhrplätze ist nur bei schwer verrottbarem Walnusslaub oder kranken Blättern, z. B. bei von der Kastanien-Miniermotte befallenem Laub, sinnvoll. In den größeren Anlagen läuft der Verrottungsprozess unter viel höheren Temperaturen ab, dadurch werden Krankheiten und Schädlinge besser als im heimischen Minikompost abgetötet.

Einen Großteil Ihres Laubes sollten Sie selber verwenden. Viele Gründe sprechen dafür:

→ **Dünger:** Das Laub wird von den Bodenlebewesen langsam abgebaut, sodass die in den Blättern gebundenen Nährstoffe den Pflanzen wieder zur Verfügung stehen. Im Frühling ist unter den graubraunen Blättern schon eine braunschwarze, feine Humusschicht entstanden.

→ **Günstiges Mulchmaterial:** In höheren Staudenpflanzungen oder zwischen Gehölzen können Sie das Laub anstelle von Rindenmulch bis zu 10 cm dick verteilen. Pappellaub beispielsweise hemmt fast ein Jahr lang das Aufkommen von Samenunkräutern in Blumenrabatten.

→ **Kompostmaterial:** Nicht zuletzt bildet das Falllaub einen idealen Bestandteil für einen lockeren Kompost. Innerhalb von nur einem Jahr verrottet kompostiertes Herbstlaub zu feiner, krümeliger, nach Waldboden duftender Erde. Das leichte Material dient zur Lockerung des Bodens und trägt zur Erhöhung seines Humusanteiles bei. Ideal sind leicht verrottende Ahorn-, Buchen-, Kirsch- oder Lindenblätter. Das festere Eichen- oder Walnusslaub verrottet schneller, wenn Sie es schichtweise mit Rasenschnitt oder Pferdemist auf den Komposthaufen geben.

→ **Lebensraum für Nützlinge:** Das Falllaub dient den Winter über als Unterschlupf für Laufkäfer, Marienkäfer, Ohrwürmer und Weichkäfer, die ihrerseits Gartenschädlinge

Das Herbstlaub dient vielen Pflanzen und Gartentieren als Winterschutz.

wie Läuse und Raupen vertilgen. Lassen Sie das Laub also unter Sträuchern und in einer dünnen Schicht auch auf den Beeten liegen. Sie können das Laub mit Hasendraht oder breit gefächerten Zweigen vom Heckenschnitt vor dem Verwehen schützen. Entfernen Sie nur das Laub von Rasen- oder Wiesenflächen, Wegen und Polsterstauden.

→ **Untergrund für Hochbeete:** Wenn Ihre vorhandenen Kompostbehälter bereits überquellen, ist eine etwa 30 cm hohe, trockene Laubschicht über einer Lage mit zerkleinerten Ästen ein wertvoller Untergrund für Hochbeete.

→ **Winterschutz:** Das luftig-lockere Herbstlaub ist der perfekte Winterschutz für Boden und Pflanzen, denn es schützt vor Austrocknung und Kahlfrösten.

❯ S. 30, Kompostbereitung ❄

TIPP!
Winterquartier für Igel

Mit Gehölzschnitt und trockenem Herbstlaub können Sie an einer vor Regen geschützten Stelle ein Winterquartier für den Igel anlegen.

Legen Sie den Igelhaufen unter einem dichten Gebüsch oder an einem wenig genutzten Schuppen an, damit der Igel ungestört seinen Winterschlaf halten kann.

Ganz komfortabel wird das Winterquartier mit einem Igelhaus, das von außen durch den Igelhaufen gut isoliert ist.

❯ S. 38, Abb. Igelhaus

Nistkästen reinigen

Damit die Vögel auch im nächsten Jahr einen guten Platz zum Brüten finden – ohne den Dreck und die Schmarotzer des Vorjahres –, ist Großputz angesagt.

Jetzt sollten Sie die Nistkästen abhängen, auf ihre Funktion prüfen und gut reinigen.

→ Wenn Ihnen der Kasten schwer vorkommt, dann schauen Sie vorsichtig hinein, vielleicht hat ein Siebenschläfer hier seinen Winterplatz gefunden. Dann sollten Sie den Kasten hängen lassen und erst im kommenden Frühjahr reinigen.

→ Ist der Kasten leer, dann nehmen Sie das alte Nistmaterial vorsichtig heraus (Gummihandschuhe anziehen und am besten einen Mundschutz tragen, es könnten sich Flöhe und Milben darin befinden) und entsorgen es am besten im Hausmüll.

→ Bürsten Sie dann den Kasten mit heißem Wasser gut aus.

→ Überlegen Sie sich, welche Nistkästen noch aufgehängt werden können. Bauanleitungen der verschiedensten Kästen gibt es beim BUND. Auch im Handel kann der für jeden Vogel passende Kasten erworben werden. ❯ S. 58, Nistkästen aufhängen ✳

Regentonnen entleeren

Zu den Vorbereitungen auf die kommenden kalten Monate gehört auch das Entleeren und Versorgen der Regentonne.

→ Vor den ersten stärkeren Frösten sollten Sie Ihre Regentonne vollständig entleeren und am besten in den Keller oder einen Schuppen raumen. Bei langer andauernden Minusgraden gefriert das Wasser der Tonnen vollständig durch und dehnt sich aus. Da das Plastik bei den tiefen Temperaturen spröde wird, platzt es leicht auf und die Regentonne kann dann nicht mehr als Wasserbehälter verwendet werden. Sie können die gesprungenen Fässer noch als Minihochbeete, z. B. für Rhabarber, oder – in breite Ringe geschnitten – als Wurzelsperre für die wüchsige Gartenminze verwenden. Das Plastik können Sie mit Sandsteinen, Holzscheiten oder halb hohen Stauden kaschieren.

→ Machen Sie auch die Wasserleitungen im Außenbereich wintersicher und lassen Sie die Leitungen leer laufen.

→ Denken Sie auch daran, Ihre Gießkannen auszuleeren, damit die Gefäße nicht platzen (Kunststoff) oder verbeulen (Metall).

→ Leeren Sie Ihren Gartenschlauch und verwahren Sie ihn in einem geschützten Raum, denn das Kunststoffmaterial wird durch die Kälte brüchig. ✳

Winterschutz für Tiere

Viele verschiedene Tiere sind Freunde des Gärtners und brauchen jetzt seine Hilfe in Form eines gemütlichen Heimes für den Winter.

→ **Blindschleichen** halten von Oktober bis April Winterruhe. Sie brauchen viel Unterholz als Versteck, zum Winter graben sie sich auch oft selbst in lockeren Boden ein.

→ **Erdkröten** überwintern in Erdhöhlen, unter Steinen und zwischen Baumwurzeln. Achten Sie bei Grabarbeiten zwischen Oktober und April auf diese Tiere.

→ **Fledermäuse** überwintern normalerweise in natürlichen Baumhöhlen. Sie können Ihnen aber auch spezielle Nist- und Überwinterungskästen (im Fachhandel erhältlich) anbieten. ✳

Mit speziellen Kästen können Sie auch den Fledermäusen über den Winter helfen.

❀ Gehölze auswählen und pflanzen

Wenn Sie Ihre Gehölze richtig pflanzen und ihnen den passenden Standort anbieten, dann haben Sie jahrzehntelange Freude an gesunden Pflanzen.

Angebotsformen

Ziergehölze werden in unterschiedlicher Form angeboten. Egal, für welche Sie sich entscheiden, begutachten Sie die Pflanzen vor dem Kauf.

(1) Wurzelnackte Gehölze sollten gesunde und robuste Hauptwurzeln und zahlreiche Nebenwurzeln haben.

(2) Ballenware ist meist in ein verrottbares Jutetuch gehüllt, das Sie vor dem Pflanzen aufknoten müssen.

(3) Containerpflanzen sollten fest im Topf sitzen. Die Wurzeln müssen fest und hell sein.

Der richtige Standort

Immer wieder treten Wachstumsverzögerungen, Kümmerwuchs, Krankheits- und Schädlingsbefall an Pflanzen auf, die nicht artgerecht gepflanzt worden sind. Informieren Sie sich vor dem Kauf, ob die gewünschte Pflanze auch für den ausgewählten Standort passend ist. ❯ S. 44, Tipps zur Pflanzenauswahl

Ausreichend Platz vorsehen

Häufig wird beim Pflanzen der Fehler gemacht, nicht die Endgröße des Gehölzes zu berücksichtigen und der Pflanze dementsprechend Platz einzuräumen. Mittelhohe Sträucher wie Haselnuss oder Kornelkirschen sollten als lockerere Hecke mindestens 2–3 m Abstand zueinander und zur Grundstücksgrenze haben.

Achten Sie beim Kauf auf die Endhöhe und Breite der Sträucher. Das kann unnötige Auseinandersetzungen mit den Nachbarn wegen der Grenzabstände vermeiden.

Warenangebot

Man unterscheidet bei Gehölzen zwischen wurzelnackter Ware, ballierter Ware und Containerpflanzen.

→ **Wurzelnackte** Ware (❯ Abb. 1) ist am preiswertesten. Hier können Sie sich gut den Zustand des Wurzelwerkes ansehen. Wurzelnackte Gehölze werden im Herbst oder Frühjahr während ihrer Ruhezeit gepflanzt und sollten möglichst bald in die Erde kommen. ❯ S. 181 Wurzelnackte Gehölze pflanzen

→ Bei **Ballenware** (❯ Abb. 2) sind die Wurzeln von einem Erdballen umgeben, der von einem Jutetuch oder Netz zusammengehalten wird. Hier können Sie den Zustand des Wurzelwerkes nicht so ohne Weiteres begutachten. Auch Ballenware wird im Herbst oder Frühjahr gepflanzt. Jutematerial kann im Pflanzloch verbleiben, nicht verrottbares Gewebe sollten Sie vor dem Einsetzen ganz entfernen. Sehen Sie genau nach, ob sich nicht noch tiefer eine Ummantelung des Wurzelballens befindet.

→ **Containerpflanzen** (❯ Abb. 3) sind am teuersten, dafür können Sie sie das ganze Jahr über – außer bei Frost – pflanzen. Lassen Sie sich vom Verkäufer die Pflanze aus dem Topf nehmen und sehen Sie sich den Ballen sehr gut an.

Wässern Sie den Ballen vor dem Pflanzen reichlich. Dazu wird er so lange in einen Eimer mit Wasser getaucht, bis keine Luftblasen mehr hochsteigen. Ausgetrockneter Torf, aus dem die meisten Pflanzsubstrate bestehen, braucht sehr lange, bis er wieder Wasser aufnehmen kann. Viele Pflanzen vertrocknen selbst bei regnerischem Wetter, da ihr Erdballen keine Feuchtigkeit aufnimmt. Lockern Sie den Wurzelballen am Rand vorsichtig etwas auf, damit die Wurzeln besser ins umgebende Erdreich wachsen können.

Der eigentliche Pflanzvorgang ist bei allen drei Warenangeboten der gleiche. ❀

Rosen schützen

Der beste Winterschutz für Rosen ist eine gute, für Ihr Klima geeignete Rosensorte. In rauen Gegenden allerdings sollten Sie auch frostfeste Sorten vor Kahlfrost schützen.

Achten Sie bei der Auswahl auf robuste, frostfeste Rosensorten. Wildrosen sind ideal für die Insektenwelt und ihre Hagebutten beliebtes Vogelfutter. Ebenso empfehlenswert sind viele historische Rosen, die zwar oft nur einmal blühen, aber im Herbst eine schöne Laubfärbung und Hagebutten haben.

Zu den robusten Rosenarten zählen z. B. die Essigrose (*Rosa gallica*), die Weiße Rose (*Rosa alba*), Moosrosen bzw. Zentifolien (*Rosa × centifolia*) oder die Moschata-Rosen (*Rosa moschata*). Auch einige Wildrosen wie die niedrige Bibernellrose (*Rosa pimpinellifolia*) oder die Feldrose (*Rosa arvensis*) sowie die Apfelrose (*Rosa villosa*), deren Laub nach frischen Äpfeln duftet, eignen sich gut im biologisch orientierten Ziergarten.

→ Bis auf die robusten Wildrosen ist es ratsam, die stacheligen Gartenschönheiten mit Falllaub und/oder lockerer Erde 20–30 cm anzuhäufeln und die höheren Triebe mit Tannenreisig abzudecken. Die Sträucher sollten zu 50 % bedeckt sein.

→ Im Weinbauklima können Sie normalerweise auf diese Extraarbeiten verzichten – doch auch hier sind Sie vor Kahlfrösten nicht sicher. Hier hilft schon das erwähnte Tannenreisig (oder sonstiger Rückschnitt von Nadelgehölzen), Rosentriebe vor dem Austrocknen durch kalte Winde zu schützen.

→ Größere Rosenpflanzen können Sie mit einem Winterschutzvlies oder locker gewebtem, luftdurchlässigem Jutegewebe bedecken. Beschweren Sie das Vlies gut mit Steinen oder Bodenplatten und kontrollieren Sie den Winter über regelmäßig den guten Sitz der Abdeckung. ❄

Rosenhochstämmchen können Sie mit einer Umhüllung aus Fichtenreisig vor starkem Frost und Verdunstung schützen.

Steckhölzer schneiden

Viele Wildsträucher können Sie an frostfreien Wintertagen mit offenem Gartenboden durch Steckhölzer vermehren.

Zur Steckholzvermehrung eignen sich viele Wildsträucher wie Liguster, Waldrebe oder Weiden. Sie können sich zur Vermehrung ein kleines, etwa 30 cm breites und 50 cm langes Gartenstück umgraben oder eine mindestens 20 cm hohe, stabile Kiste mit Wasserabzugslöchern verwenden.

→ Verwenden Sie zur Anzucht mit Sand aufgelockerte Gartenerde.

→ Schneiden Sie vom oberen Drittel der Gehölze etwa 20–30 cm lange Stücke ab und stecken Sie diese in Wuchsrichtung in die Erde.

→ Der Abstand zwischen den Steckhölzern beträgt nur 5–10 cm.

→ Nach dem Stecken drücken Sie die Erde seitlich gut an.

→ Zum Abschluss gut angießen.

→ Sie können die Steckhölzer in der Kiste in einen kältegeschützten Raum wie die Garage oder den Geräteschuppen oder an eine windgeschützte Stelle im Garten stellen.

→ Eine Schicht aus Laubblättern wirkt als Verdunstungsschutz, denn die wurzelfreien Steckhölzer können schnell austrocknen. Im Frühjahr zeigt frischer Laubaustrieb an, dass die Steckhölzer Wurzeln ausgebildet haben, angewachsen und bereit zum Verpflanzen sind. ❄

Spätherbst

✿ Winterschutzmaßnahmen

Die ersten Fröste bestimmen den Zeitpunkt für Winterschutzmaßnahmen im Ziergarten. Greifen Sie auf natürliche Materialien zurück.

→ Der optimale Winterschutz ist luftdurchlässig und leicht. Kleingehölze wie Blauraute (*Perovskia atriplicifolia*), Rosmarin (*Rosmarinus officinalis*), Rosen oder empfindliche Stauden wie Ballonblume (*Platycodon grandiflorus*), Fackellilien (*Kniphofia*-Arten) oder Freilandgloxinie (*Incarvillea delavayi*) können in rauen Gegenden mit Fichtenzweigen vor starken Frost und Austrocknung ge-

Jutegewebe ist ein guter Winterschutz: Es ist leicht und luftdurchlässig, sodass sich kein Schwitzwasser bilden kann.

schützt werden. Stecken Sie die Zweige schräg in den Boden, damit sie nicht weggeweht werden können.

→ Alternativ können Sie die Beete und eigene Jungpflanzenquartiere im Topf mit einem leichten Frostschutzvlies aus dem Gartenhandel schützen. Beschweren Sie das Vlies gut mit schweren Steinen und Hölzern, damit es nicht wegweht.

→ Auf Plastikfolien als Abdeckung sollten Sie komplett verzichten. Unter der Folie schwitzen die Pflanzen, und das ungünstige Kleinklima fördert Pilzkrankheiten.

→ Einzelne leichte Töpfe, z. B. im Sommer herangewachsene Stecklinge, sollten Sie in einer frostfreien Garage oder einem Schuppen möglichst hell überwintern. Während der Winterruhe ist der Lichtbedarf nicht so groß, aber ab Februar beginnen sie auszutreiben und brauchen Licht.

→ Große, schwere Pflanzgefäße, die Sie nicht einräumen können, werden mit Jutegewebe, Kokosmatten oder Vlies umwickelt. Die Topfpflanzen dürfen keine Staunässe haben, deswegen werden über die Wintermonate ihre Untersetzer entfernt.

→ Bewahren Sie kostbare Pflanzenschätze in einem mäusesicheren Raum auf. Saftige Knollen, Rhizome und fleischige Wurzeln kommen bei Nahrungsknappheit schnell auf den Speisezettel der kleinen Nager.

Fichtenzweige schützen nicht nur vor Frost, sondern auch vor der austrocknenden Wintersonne.

→ Der beste Winterschutz für Freilandpflanzen ist das Herbstlaub (❯ S. 192, Herbstlaub versorgen). Es wirkt isolierend und ist ein günstiger und zweckmäßiger Winterschutz sowie eine gute Unterschlupfmöglichkeit für diverse Kleintiere.

→ Stauden wie Rosen werden geschützt, indem Sie groben Kompost um sie herum häufeln. Sie können auch Langstroh um die Stauden wickeln oder sie mit Ästen von Fichten bedecken.

→ Einzeln stehende Büsche wie Wacholder sollten Sie zusammenbinden, damit sie von einer möglichen Schneelast nicht geknickt oder auseinandergerissen werden. In besonders schneereichen Gegenden brauchen die Sträucher einen Schutz aus zeltartig aufgestellten Brettern.

→ Die letzten empfindlichen Kübelpflanzen kommen in den Keller oder in ein anderes frostfreies Winterquartier, dazu zählen z. B. Rosmarin oder auch der echte Lorbeer. ✳

Wurzelschnittlinge

Eine faszinierende Methode, Gartenstauden zu vermehren, ist das Schneiden von Wurzelschnittlingen.

Die Methode lässt sich hervorragend bei Minzen, von denen immer wieder neue Duftvarianten entstehen, anwenden.

→ Graben Sie etwa 2–5 mm dicke Wurzeln aus und schneiden Sie diese in 3–5 cm lange Stücke.

→ Legen Sie maximal drei Wurzelstücke in einen halb mit Erde gefüllten Blumentopf (9–12 cm) und decken Sie 1–2 cm Erde darüber.

→ Sehr dicke, fleischige Wurzeln wie die der Ochsenzunge (*Anchusa azurea*) oder vom Phlox werden senkrecht, in Wuchsrichtung nach oben, gesteckt.

→ Gießen Sie das Ganze gut an und stellen Sie die Töpfe an einen windgeschützten Ort. Vermeiden Sie Staunässe, denn die eingelegten Wurzeln können leicht faulen. Gut ist ein geschützter Platz unter der Hecke oder am Haus unter dem Dachvorsprung.

→ Sehen Sie in den Wintermonaten immer wieder einmal nach den Schnittlingen. Im Frühjahr treiben die ersten frischen Blätter aus den Wurzelstücken, und im April, spätestens aber im August können die Jungpflanzen dann ins Freiland gesetzt werden. Sie können auf diese Weise bekannte Ziersorten von Blut-Storchschnabel, Herbstanemonen, Ochsenzunge, Phlox oder Türkenmohn vermehren. ❊

Zwiebelblumen einsetzen

Wenn Ihre Pflanzstellen im September/Oktober noch nicht frei waren, ist es jetzt höchste Zeit, die Zwiebeln der Frühjahrsblüher in den Boden zu bringen.

Zwiebelblumen kaufen

Begutachten Sie vor dem Einkauf die Blumenzwiebelpäckchen:

→ Die Knollen oder Zwiebeln sollten fest und dick sein. Letzteres garantiert eine schöne Blüte.

→ Zwiebeln, die sich leicht eindrücken lassen, sind schon zu stark eingetrocknet und wachsen nur schwer an.

→ Auch weit ausgetriebene Zwiebeln (Laubaustrieb von mehr als 5 cm) haben schon vor der Zeit ihre ganze Energie verbraucht.

→ Bei den meisten Blumenzwiebeln handelt es sich inzwischen um Kulturformen aus Spezialbetrieben. Leider haben viele Sorten einen sehr intensiven Massenanbau hinter sich und sind im Garten nur noch sehr kurzlebig bei immer kleiner werdenden Blüten.

→ Beim Kauf der Wildarten sollten Sie darauf achten, woher die Pflanzen kommen. Direkt aus ihrem Naturstandort entnommene Pflanzen sind ungeeignet, denn sie wachsen im Garten oft nicht oder nur sehr schlecht an.

Einpflanzen

→ Damit die Zwiebeln nicht erfrieren oder vertrocknen, sollten sie ausreichend tief gesetzt werden. Als Faustregel gilt hier: Das Pflanzloch sollte dreimal so tief sein wie die Zwiebel dick ist.

→ Zwiebelblumen bevorzugen leichte bis mittelschwere Böden, je nach Art in sonnigen bis schattigen Lagen. Schweren Lehmboden sollten Sie mit Sand lockern, um Staunässe zu verhindern.

→ Suchen Sie sich einen Standort aus, den Sie nicht häufig bearbeiten. Zwiebelblüher mögen keinen intensiv bearbeiteten Gartenboden. Gut ist ihre Anordnung unter Blütensträuchern oder zwischen höheren Stauden. Mit dem Laubaustrieb verdecken die Stauden geschickt das ab Ende April vertrocknende Laub der Zwiebelpflanzen.

→ Blumenzwiebeln von Schneeglöckchen oder Tulpen können direkt in den Boden gesetzt werden. Die dunkelbraunen, schrumpeligen Knollen von Balkananemonen oder Winterling sollten 1–2 Stunden gewässert werden, dann wachsen sie besser an.

→ Setzen Sie die Zwiebeln vorsichtig in die lockere Gartenerde, denn ihr Zwiebelboden, aus dem sie bewurzeln, ist sehr empfindlich.

→ Zwischen den Zwiebeln sollte 2–5 cm Platz sein, damit sie noch weiterwachsen können.

→ Gießen Sie die Stellen gut an und bedecken Sie den Boden, soweit schon vorhanden, mit Herbstlaub.

→ Sie können auch Ihren Rasen mit Frühjahrs blühenden Zwiebelblumen beleben.

❯ S. 223, Empfehlenswerte Wildblumenzwiebeln
❊

Bockshornklee *Trigonella foenum-graecum*

Seit Langem in Ägypten im Gebrauch. Traditionell wird er noch heute bei uns als Brot- und Käsegewürz genutzt.

Kerbel *Anthriscus cerefolium*

Schon lange eingebürgerte Gewürzpflanze, die frisch in Soßen, Salaten und Suppen wie Petersilie verwendet wird. Das süßliche Aroma erinnert etwas an Anis.

Koriander *Coriandrum sativum*

Er stammt aus dem östlichen Mittelmeergebiet, wird aber heute vor allem in Indien (als Samen) und der mittelamerikanischen Küche (als Kraut-Cilantro) verwendet.

Sauerampfer *Rumex acetosa*

Heimische Wiesenpflanze, die viel Oxalsäure enthält, daher junge Blätter nur sparsam in Salaten oder Suppen verwenden. Ähnlich schmeckt der Schildampfer (*R. scutatus*).

Schabziegerklee *Trigonella coerulescens*

Er kommt aus dem Südosten Europas und wurde in Europa lange als Brot- und Käsegewürz genutzt. Das hat sich noch in Teilen der Schweiz erhalten (Schabziegerkäse).

Süßdolde *Myrrhis odorata*

Würzig schmeckende Staude; es können alle Pflanzenteile genutzt werden: Blätter zu Salaten und Suppen, Stängel als Kompott, Samen als Würze für Gebäck.

198

Löffelkraut *Cochlearia officinalis*

Seit den Wikingern bis vor 200 Jahren weitverbreitetes Gartenwürzkraut. Die leicht scharfen, kresseartigen Blätter können den Winter über geerntet werden.

Meerrettich *Armoracia rusticana*

Er wurde schon im antiken Italien genutzt. Der Anbau findet vor allem in Franken statt. Die Vermehrung geschieht über Wurzeln, er bildet kaum noch keimfähige Samen aus.

Pimpinelle *Sanguisorba minor*

Heimische mehrjährige Wildpflanze. Die frischen Blätter werden zum Würzen von Salaten und Marinaden gebraucht; nicht mitgaren, sondern erst zum Schluß beigeben.

Weinraute *Ruta graveolens*

Im Mittelmeerraum heimisches Gewürz mit verdauungsfördernder Wirkung; extrem bitter, daher sparsam dosieren. Kann auch als Zierpflanze verwendet werden.

Winterheckenzwiebel *Allium fistulosum*

Sie stammt aus Asien, war aber bei uns schon im Mittelalter in jedem Garten zu finden. Sie treibt sehr früh im Jahr aus und überwintert viele Jahre.

Würzsilie *Sion ammomum*

Ein Würzkraut des Mittelalters – der Geschmack der geriebenen Samen erinnert an Muskatnuss. Es muss im Herbst gesät werden, um im Folgejahr Samen auszubilden.

Spätherbst

199

Gemüse ernten und einlagern

Und immer noch gibt es frisches Gemüse aus dem Garten, so dass wir möglichst autark über den Winter kommen. Einiges sollten Sie jetzt allerdings ernten und einlagern.

Gemüse ernten

→ Geerntet wird jetzt noch der **Kopfkohl**, in weiß und rot, sowie der Wirsing und der kaum bekannte Butterkohl, der mit dem Wirsing verwandt ist.

→ Die im Spätsommer gesäten **Herbstrüben** werden nun essreif und können wie Radieschen verwendet werden.

→ Wenn beim Ernten der **Sellerie-** und **Wurzelpetersilienrüben** einige kleine Exemplare dabei waren, können Sie diese im Laufe des Winters in Töpfe pflanzen, um sie zu treiben und dann die auf dem warmen

Rüben wie Möhren, Bete und Sellerie lagern am besten in einer Kiste mit Sand.

Fensterbrett wachsenden Blättchen zu verwerten.

→ Auf dem Beet bleiben können **Grünkohl**, **Porree**, **Rosenkohl** und **Schwarzwurzeln**.

Kohl einlagern

Rotkohl, Weißkohl und Wirsing ausgraben und von den äußeren Blättern befreien. Wurzeln einkürzen. Die Wurzeln sollen in feuchter Erde stehen. Sie können dafür Kisten oder Eimer nehmen. Die Pflanzen können dicht stehen, müssen aber gut kontrollierbar sein. Faule Blätter müssen regelmäßig entfernt werden. Danach werden sie in einen kühlen, aber frostfesten Raum gebracht.

Wurzelgemüse einlagern

Rüben wie Bete, Haferwurz, Möhre, Pastinake und Wurzelpetersilie kommen jetzt alle aus der Erde und werden eingelagert. Bewahren Sie ein paar davon extra auf, dann können Sie sie im Frühjahr auspflanzen, um Samen zu ernten (❯ S. 86, Möhrensamen ziehen).

→ Lagern Sie nur gesunde Exemplare ein – alles andere sollten Sie gleich verwerten und einfrieren, einlegen oder dörren.

→ Zum Einlagern füllen Sie Kisten mit Sand, Erde oder Laubmulch und legen dahinein die Rüben. Sie sollten sich nicht unbedingt berühren. Je wärmer der Raum ist, desto bes-

❯ S. 86, Möhrensamen ziehen

❯ S. 188

TIPP!
Körnerfutter anbauen

Wer Geflügel im Hof laufen hat, der kann sein eigenes Körnerfutter anbauen, denn jetzt ist Zeit für die Aussaat von Wintergerste und Winterweizen.
Zwei Kilo Ertrag pro Quadratmeter Anbaufläche müssten möglich sein.

ser müssen die Rüben vor Verdunstung geschützt werden, damit sie nicht verschrumpeln. Die Wärme lässt die Rüben auch schnell wieder austreiben.

→ Knollensellerie fault sehr leicht von oben und sollte deshalb immer aufrecht stehen und nicht mit Sand oder Erde bedeckt sein.

→ Obst und Gemüse darf nicht zusammen in einem Raum gelagert werden. Bei der Reifung des Obstes (auch bei Tomaten und Paprika) entsteht das Gas Äthylen, das den Reifeprozess beim Gemüse beschleunigt und zum Faulen führen kann.

Der richtige Lagerraum

→ Der ideale Lagerraum ist ein Keller mit einer Temperatur bis 5 °C, einer hohen Luftfeuchtigkeit und am besten mit einem Lehmboden. Leider hat heutzutage kaum noch ein Haus solch ein Lager vorzuweisen. Ein unbeheizter Kellerraum mit Fenster bietet aber auch schon gute Lagerbedingungen.

→ Auch die Lagerung im Freien in einer sogenannten Miete (❯ S. 188) ist eine Möglichkeit. ❋

Schlehen ernten

Schlehen reifen im September und Oktober heran – sind dann aber noch sehr herb. Mild-süß schmecken sie nach dem ersten Frost.

Schlehensträucher haben starke Dornen – es ist daher ratsam, sich zum Ernten der Früchte feste Handschuhe anzuziehen. Langärmelige Kleidung werden Sie zu dieser Jahreszeit sowieso tragen.
Die Früchte werden außer zur Herstellung von Marmelade und Gelee vor allem zum Ansetzen von Schlehenlikör verwendet. Lassen Sie immer noch ausreichend Früchte für die Wildtiere am Strauch! ✳

Die blauschwarzen, haselnussgroßen Schlehenfrüchte enthalten sehr viel Vitamin C.

Treibchicorée ansetzen

Wenn Sie die Chicoréewurzeln ausgraben und antreiben, haben Sie den Winter über immer frischen Salat.

Chicorée (*Cichorium intybus*) ist eine Zuchtform der Wegwarte. Zum Chicorée zählen noch der Zuckerhut und der rote oder rot-weiße Radicchio, die in verschiedenen Sorten im Handel erhältlich sind.
Die Pflanze ist ursprünglich zweijährig. Sie entwickelt im ersten Jahr eine kräftige Pfahlwurzel und eine Blattrosette, die bei manchen Sorten einen Kopf ausbildet. Im zweiten Jahr wächst aus der Wurzel ein knospenähnlicher Spross und dann der Blütenstand.
Bei der Chicoréetreiberei wird nach Abschluss der Vegetationszeit aus der Wurzel dieser Spross vorzeitig getrieben. Durch Bleichen bleibt der Chicorée weiß und entwickelt weniger Bitterstoffe. Je länger er aber am Licht ist, desto grüner und damit bitterer wird er (auch die Aufbewahrung in der Küche führt dazu).
Die Chicoréewurzeln sind erntereif, wenn man sie durchschneidet und unter dem Rübenkopf ein flacher Hohlraum zu sehen ist.

Treibchicorée

→ Graben Sie die Chicoréewurzeln aus und schneiden Sie die grünen Blätter bis auf eine Länge von ca. 1 cm ab.
→ Stellen Sie die Wurzeln aufrecht eng nebeneinander in einen zu einem Viertel mit

Mit angetriebenem Chicorée haben Sie den ganzen Winter über knackigen Salat.

feuchter Gartenerde gefüllten Eimer.
→ Decken Sie den Eimer dunkel ab, am besten mit einem anderen Eimer oder einem schwarzen Müllsack, sodass die austreibenden Sprosse genügend Platz nach oben haben.
→ Stellen Sie den Eimer an einen warmen Ort (15 °C) und kontrollieren Sie hin und wieder die Feuchtigkeit.
→ Nach ca. drei Wochen wachsen die gebleichten Blatttriebe heran und können nun roh als Salat oder gedünstet als Gemüse verwendet werden (> Ahh)
Wenn Sie mehrere Eimer »ansetzen« und jeweils nur einen warm aufstellen, die anderen aber bei ca. 5 °C aufbewahren, können Sie die Erntezeit wesentlich verlängern.
Chicorée enthält sehr viele Bitterstoffe, die sich positiv auf die Verdauung auswirken. Er enthält zudem verschiedene Vitamine, Mineral- und Ballaststoffe.
(> S. 82, Antreiben) ✳

Spätherbst

201

Frage & Antwort Im Spätherbst beschränkt sich die Gartenarbeit auf Schnittmaßnahmen und das Ernten spät reifender Obst- und Gemüsesorten sowie das letzte Pflanzen von Gehölzen und frühjahrsblühenden Zwiebelblumen.

❓ Ich suche eine dichte, immergrüne, formschöne Heckenpflanze im Bereich meines Hauseinganges. Die Lage ist weitgehend schattig. Gibt es vielleicht ein heimisches Nadelgehölz?

Eiben (*Taxus baccata*) haben sich schon seit Jahrhunderten als Heckenpflanze bewährt. Sie gehören zu den schönsten und langlebigsten Gartenbäumen. Ungeschnitten können sie bis zu 15 m hoch werden, doch als heimisches Formgehölz passen sie sich nahezu jeder Gartensituation an. Nur wenige Nadelgehölze treiben nach einem radikalen Rückschnitt wieder so gut aus. Die weichen Nadeln erleichtern im Gegensatz zu »stacheligen« Fichten, Scheinzypressen oder Wacholder die Gartenarbeit. Neben dem typischen blaugrünen Nadeln gibt es Sorten mit gelb oder weiß gerandeten Nadeln, die gut vor dunklen Hintergründen wirken. Während die meisten Gehölze zweigeschlechtlich sind, gibt es bei den Eiben männliche und weibliche Pflanzen. Die weiblichen Pflanzen sind um diese Jahreszeit an ihren leuchtend roten Früchten zu erkennen. Der Kern ist für den Menschen giftig, daher sollten Sie die Früchte besser den Tieren überlassen! Zu Beginn des Winters sind sie – neben Hagebutten und Bucheckern – ein beliebtes Vogelfutter. Im Eingangsbereich sind weibliche Eiben nicht zu empfehlen, da die Früchte leicht zwischen dem Hofpflaster und unter Schuhsohlen haften. Männliche Pflanzen sind pflegeleichter, weil sie nur im Februar goldbraunen Blütenstaub absondern.

❓ In meinem Stadtgarten sehe ich an der Rinde von meinem Flieder und jungen Obstbäumen viele längliche Kratzspuren. Was ist das? Wildtiere kommen garantiert nicht in meinem Garten.

Während junge Bäume auf Freiflächen vor Wildverbiss geschützt werden müssen, sind die Gehölze im eigenen Garten einer anderen Gefahr ausgesetzt: Katzen! Stubentiger mit Freigang nutzen sie bevorzugt als Kratzobjekt. Dabei fügen die Katzen den Bäumen erheblichen Schaden zu. Die noch junge Rinde wird bis in das lebensnotwendige Kambium, welches Wasser und Nährstoffe transportiert, verletzt. Der Baum ist dadurch viel stärker durch Pilzkrankheiten gefährdet. Frisch gepflanzte Gehölze sollten Sie daher vorsichtshalber mit einer feinen Bambusmatte oder einem dünnen Maschendrahtzaun schützen.

❓ Auf meinem Rasen sind viele längliche, ineinander verdrehte, nudelartige Erdrollen zu sehen. Um was handelt es sich da?

Diese Erdrollen sind das Verdauungsprodukt von den Regenwürmern und werden auch als Regenwurmlosung bezeichnet. Die nützlichen Regenwürmer verwerten abgestorbenes organisches Material mithilfe von Bakterien und Pilzen und scheiden dieses in Form eines wertvollen Pflanzendüngers wieder aus. Er enthält viele wertvolle Ton-Humus-Komplexe und eine vielfache Menge an Stickstoff, Kalium, Phosphor und weiteren wichtigen Nährstoffen – wie guter Kompost. Wenn die Regenwurmlosung auf dem Rasen stören sollte, kann sie einfach auf andere Beete verteilt werden. Sie duftet nach Walderde oder ist geruchsneutral.

Tipp: Gerade Zimmer- und Kübelpflanzen, die nun unter der Lichtarmut stark leiden, können mit 1–2 Esslöffeln der Regenwurmlosung je 10-Liter-Topf natürlich und wertvoll gedüngt werden.

❓ Meine Eiben werfen ihre Nadeln ab und werden immer kahler. Was kann ich tun, damit die Bäume wieder dichter werden?

Die Ursache für den Abwurf der Nadeln kann verschiedene Gründe haben:

→ Zum einen können durch den Bau eines Weges oder einer Treppe die Wurzeln der Bäume beschädigt worden sein.

→ Eiben reagieren empfindlich, wenn die Wege im Winter mit Streusalz frei gehalten werden. Auch eine Anwendung von sauer wirkendem Bittersalz, –wie es bei anderen Nadelgehölzen eher vorteilhaft ist –, wirkt sich bei der kalkliebenden Eibe eher ungünstig aus.

→ Geschwächte Bäume können zudem von Pilzkrankheiten befallen werden, die sich auch in verstärktem Laubfall äußern. Hier ist keine chemische Gegenmaßnahme mehr möglich. Geschwächte Pflanzen kann man mit verschiedenen Pflanzenstärkungsmitteln, z. B. Orus Pflanzenaktiv oder Neudovital, widerstandsfähiger werden lassen. Diese Mittel auf Braunalgenbasis sind mit wichtigen Spurenelementen und Aminosäuren kombiniert und helfen der Pflanze mit ungünstigen Standortbedingungen besser fertig zu werden.

→ Relativ neu ist die zunehmende Aktivität der als Gartenschädlinge bekannten Dickmaulrüssler an Eibenwurzeln.

→ Ein weiterer Grund liegt in unserem zunehmend trockenen, heißen Klima. Den Bäumen fehlt immer mehr die Luftfeuchtigkeit, weil in vielen milderen Gegenden die Taubildung ausbleibt und nebeliges Wetter eher die Ausnahme ist.

→ Nicht zuletzt wechseln auch Eiben ihr Laub (Nadeln). Im Gegensatz zu Laubgehölzen verlieren Eiben ihr altes Laub während der Vegetationszeit.

❓ Kann ich das Falllaub als Winterschutz verwenden?

Das Falllaub im Herbst – sofern es gesund ist – hat viele Vorteile:

Das luftig-trockene Herbstlaub ist ein idealer Winterschutz für empfindlichere Gartenpflanzen und eine ideale Winterabdeckung für Zierbeete.

Es hat eine gute Mulchfunktion gegen Unkräuter, schützt vorhandene Pflanzen gegen Frost sowie Wintertrockenheit, hält die Bodenfeuchtigkeit, schützt und nährt das Bodenleben, liefert mit seiner Verrottung wichtige Nährstoffe in schwacher Konzentration und verbessert langfristig den Boden. Nur von Rasenflächen und Wegen sollte es aufgerecht und schichtweise mit gröberen Gartenabfällen wie Gehölzschnitt kompostiert werden.

❓ Ich habe eine Wildhecke mit den unterschiedlichsten Blütensträuchern am Ende meines Gartens angepflanzt. Wann und wie muss ich die Sträucher schneiden?

Wenn Ihnen die Hecke nicht zu viel Platz im Garten wegnimmt, sollten Sie sie überhaupt nicht schneiden und nur sehr selten auslichten, weil sie vielen Tieren Schutz und Nahrung bietet:

→ Marienkäfer, Schwebfliegen, Wildbienen, Igel und viele andere Gartentiere lieben undurchdringliche Hecken. Blütenpflanzen als Nahrungsquelle reichen ihnen nicht aus.

→ Nützlinge brauchen ungestörte Rückzugsmöglichkeiten und Brutplätze. Totholz und ein dichtes Ästegewirr bieten viele Brutplätze. Je dichter das Dickicht, desto weniger können z. B. Vögel von Katzen belästigt werden.

→ Vögel bauen ihre Nester gerne in sogenannte Quirltriebe, die eine perfekte, stabile Stütze für den Nestbau bilden. Hier können Sie mit einem gezielten Schnitt nachhelfen:

Schneiden Sie an einem starken, aufrecht wachsenden Stamm die obersten Äste bis auf 10 cm zurück.

Im Sommer treiben daraus viele Seitentriebe, die im nächsten Winter wieder stark eingekürzt werden, sodass mit der Zeit ein starker Astquirl entsteht.

Spätherbst

Winter

Der Winter ist die Zeit der Ruhe. So wie wir Menschen unseren täglichen Schlaf brauchen, so braucht auch die Natur ihre Erholung von der Wachstumszeit. Trotzdem gibt es für den Gärtner auch jetzt immer wieder etwas im Garten zu tun: Sitzt der Winterschutz noch richtig? Ist der Boden unter den Immergrünen feucht genug? Leiden Bäume und Sträucher unter der Schneelast? An frostfreien Tagen geht sogar ein Rückschnitt bei Gehölzen.

Das lässt sich im Biogarten beobachten

Wer meint, im Winter gäbe es nichts im Garten zu beobachten, der hat sich getäuscht. Zahlreiche Spuren deuten darauf hin, dass viele Tiere auf Nahrungssuche unterwegs sind und sich jetzt auch in die Nähe menschlicher Behausungen wagen.

Tiere im Winter

Die Tiere können auf verschiedene Art die kalte Jahreszeit überstehen:

Winterschlaf: Eingerollt in wärmendes Laub oder trockene Halme verbringen viele Tiere den Winter schlafend. Der Körper fährt die vitalen Funktionen herunter, die Körpertemperatur passt sich weitgehend der Umgebungstemperatur an. Das Tier zehrt von der Speckschicht, die der Herbst beschert hat.

Winterstarre: Wechselwarme Tiere wie Eidechsen, Frösche und Kröten, aber auch Insekten und Schnecken verfallen in eine Winterstarre, d. h., ihre Körpertemperatur passt sich den Außentemperaturen an, die Aktivitäten werden auf ein Minimum zurückgefahren, Nahrung wird nicht mehr aufgenommen.

Winterruhe: Andere Tiere ziehen sich zur Winterruhe an einen geschützten Platz zurück: das Eichhörnchen in ein Reisignest auf dem Baum, der Dachs in seinen Bau im Waldboden. Ihre Körpertemperatur sinkt nicht ab, sie schlafen nur viel, um wenig Energie zu verbrauchen.

← Wildtiere im Garten: Wenn im Winter der Boden gefroren und die Vegetation mit Schnee bedeckt ist, wird die Futtersuche für viele Wildtiere schwer. Jetzt nagen Feldhasen und Rehe auch schon einmal an der Rinde junger Obstbäume, und der Fuchs stöbert den Komposthaufen nach Fressbarem durch.

↑ Auf Nahrungssuche: An Bäumen und Sträuchern hängen immer noch letzte Reste von Wildfrüchten wie Hagebutten, Schlehen oder Vogelbeeren – begehrtes Futter für so manchen hungrigen Vogel. Und auch die stehen gelassenen Samenstände im Staudengarten werden gerne von Sperlingen und Meisen angeflogen. Spechte suchen unter der Rinde nach überwinternden Käfern, Maden und Schmetterlingsraupen.

Pflanzen im winterlichen Garten

Samen und Fruchtstände: Winterharte, immergrüne Pflanzen wie Tannen, Lebensbaum, Eibe und Wacholder erhalten dem winterlichen Garten einen Rest Farbe. Hier und da finden sich leuchtend rote Beeren an Hagebutte, Eibe oder Eberesche. Vertrocknete Stängel und Überbleibsel im Gemüsebeet werden kunstvoll mit Raureif überzogen. Die Obstbäume stehen ein wenig trostlos im Garten, aber an ihren Wurzeln unter dem Schnee bereiten sich Christrose, Winterling und Schneeglöckchen auf ihre frühe Blüte vor.

Wintergemüse und Wintersalat: Vor allem einige Kohlsorten halten auch Minusgrade aus und bieten Frischgemüse aus dem Tiefkühler der Natur. Auch Schwarzwurzel, Steckrübe oder Topinambur halten dem Frost noch lange stand.

← **Wildverbiss:** Bäume und Sträucher haben in den Spitzentrieben und Knospen reichlich Nährstoffe für das kommende Frühjahr eingelagert – willkommene Kost für Hasen, Rehe und Hirsche, die jetzt die Triebe anknabbern.

↑ **Bizarre Gebilde:** Auch der Winter hat seine schönen Seiten. Raureif überzieht Gräser und Stauden, und der einfache Fruchtstand einer Distel oder einer Fetthenne wird zu einem kleinen Kunstwerk. Nun sind ganz deutlich die verschiedenen Wuchsformen zu erkennen, und die Pflanzen erscheinen in einem ganz anderen Blickwinkel.

Das lässt sich in der Natur beobachten

Auf Spurensuche: Auf den ersten Blick könnte man meinen, die Natur sei ausgestorben. Doch wer mit offenen Augen durch die Natur streift, dem fallen unzählige Hinweise auf tierisches Leben auf. Nichts bleibt spurlos, überall haben große und kleine Tiere ihre Visitenkarten hinterlassen.

Spuren im Schnee: Dachse, Füchse, Hasen und Rehe ziehen in der Dämmerung und nachts übers Land. Wenn Schnee liegt, sind ihre Fußspuren gut zu sehen. Aber auch ihre Losung verrät ihre Anwesenheit.

Fraßspuren: Unter Fichten und Kiefern fallen zahlreiche abgenagte Zapfen auf. Die unter den Zapfenschuppen liegenden fettreichen Samen sind bei Eichhörnchen, Fichtenkreuzschnabel und Waldmaus nicht nur in der kalten Jahreszeit sehr beliebt.

207

Arbeiten im und am Garten

Zwar ist das Wachstum im Garten jetzt eingeschränkt, bei schönem Winterwetter gibt es aber so einige Pflege- und Reparaturarbeiten, die Sie nun in aller Ruhe ausführen können.

Reparaturarbeiten

→ Jetzt ist Zeit für Reparaturarbeiten am Hochbeet, Kompostkasten oder am Gartenzaun. Ist alles noch fest und stabil oder müssen Sie Bretter erneuern?

→ Überprüfen Sie die Abdeckfolien und Schutzvliese auf Löcher, die beim Hacken oder Auf- und Abdecken immer mal wieder entstehen können.

Mit einer Achterschleife ist der Stamm gut am Stützpfahl befestigt. Achten Sie darauf, dass die Schleife nicht einschneidet.

→ Bei Schneefall sollten Sie das Frühbeet und evtl. aufgestellte Folientunnel zum Schutz von Wintersalat und Wintergemüse von übermäßiger Schneelast befreien – bevor sie zusammengedrückt werden.

Kontrollarbeiten

→ Nach dem Pflanzen im Herbst müssen Bäume oder große Sträucher bis zum Einwachsen mit Pfählen fixiert und daran angebunden werden. Starker Wind oder Schneefall kann die Gehölze sonst umdrücken – zumindest jedoch können sie schief werden. Sie sollten die Standfestigkeit der Pfähle und die Fixierungen (›Abb.) regelmäßig kontrollieren: Sie dürfen nicht zu eng sitzen und den Baumstamm einschnüren. Mit zunehmendem Stammwachstum müssen Sie die Wicklungen zwischen Stamm und Stützpfahl immer wieder etwas lockern.

→ Manchmal werden trotz guter Vorsorge die Winterschutz-Abdeckungen verweht. Prüfen Sie alle paar Tage, ob sie noch fest sitzen und voll funktionsfähig sind.

Pflegemaßnahmen

→ Es ist besser, mit der Ordnungsliebe im Garten bis zum Frühjahrsbeginn zu warten. Nach ein paar milden Wochen im Januar oder Februar folgen erfahrungsgemäß oft noch starke Fröste, die die Pflanzen jetzt stärker schädigen als im Frühwinter. Entfernen Sie Winterschutz erst, wenn kein Starkfrost oder Schneefall mehr in Sicht ist.

→ Dauerfrost, der die Wasseraufnahme der Pflanzen verhindert, und stärkere Sonneneinstrahlung schädigen wintergrüne Stauden oder Gehölze. Decken Sie diese Pflanzen daher mit etwas Tannenreisig oder leichtem Jutegewebe ab.

→ Unter einer dichten Blätterschicht überdauern die Freilandstauden die kalte Jahreszeit. Bei zu dichter Laubauflage (über 10 cm) und ständig nasser Witterung besteht die Gefahr, dass die Stauden faulen. Lockern Sie zu festes Laub mit der Hand auf und lassen Sie es auf dem Beet liegen.

→ Entfernen Sie abgestorbenes Pflanzenmaterial noch nicht. Es dient als Mulchschicht, die den Boden vor dem Austrocknen schützt. Das ist bei trockenem, windigem und kaltem Wetter der Fall.

→ Wenn der Boden bisher zu nass war, um ihn umzugraben, bietet sich diese Tätigkeit nach kurzem Frost an, solange nur die oberste Erdschicht gefroren ist.

→ Im Spätherbst frisch gepflanzte Stauden oder Containergehölze können in den Wintermonaten mit dem Bodenfrost leicht nach oben gedrückt werden. Ihre oberste Wurzelschicht kann dabei austrocknen und erfrieren. Daher brauchen Neupflanzungen einen besseren Winterschutz als eingewachsene Pflanzen. Drücken Sie bei frostfreiem Wetter die hochgeschobenen Pflanzen wieder fest in die Erde. ✳

Gartenplanung

Der Januar ist eine gute Zeit zum Planen und um sich Anregungen aus Fachzeitschriften und -büchern zu holen. Gerade Stauden können bei einer geschickten Pflanzenauswahl ein fast ganzjährig blühendes Beet zaubern.

Sie können nun das vergangene Gartenjahr im Zier- und Nutzgarten Revue passieren lassen und sich neuen Plänen widmen. Dazu gehören Fragen wie »Wie wird mein Garten naturnaher?«, »Welche Pflanzenneuheiten möchte ich im nächsten Jahr ausprobieren?«, »Welche Nutzpflanzen waren besonders gut und sollten vermehrt angebaut werden?«.

Zierpflanzen auswählen

Bei der Neuanlage oder Umgestaltung im Ziergarten sind die wesentlichen Fragen »Welche Pflanzen gedeihen an dem vorgesehenen Standort?«, »Wie groß werden sie?«, »Von wann bis wann sind die Zierpflanzen durch Blüten, Blatt oder Fruchtschmuck attraktiv?«.

→ Erstellen Sie eine Tabelle mit Ihren Lieblingspflanzen, in der auf der rechten Seite die Pflanzennamen und auf der linken Seite die Monate der Blütedauer stehen. Außerdem sollten Sie unbedingt noch Wuchshöhe und -breite mit angeben, damit Sie wissen, wie Sie Ihren Platz im Garten einteilen müssen, damit jede Pflanze im Laufe der Jahre ungestört ihre Wuchsform entwickeln kann.

Mit einer guten Planung kann auch Ihr Garten so schön aussehen und dauerhaft blühen.

→ Die Anzahl der Pflanzenarten, die Sie neu einsetzen wollen, richtet sich nach ihrer Größe und ihrem Ausbreitungswillen. Sie sollten also schon von Anfang an ausreichend Platz vorsehen. Trotz der anfänglich kahl wirkenden Fläche sollte die Stückzahl nicht erhöht werden. Die Stauden leiden sonst unter dem Konkurrenzdruck.

→ Lücken können Sie immer mit ein- und zweijährigen Sommerblumen ausgleichen.

Den Nutzgarten planen

Nach einer Saison wissen Sie, welche Gemüse und Salate Sie bevorzugen, welche Sorten besonders ertragreich waren, was Sie lieber nicht mehr anpflanzen und von welcher Sorte Sie mehr anbauen wollen.

Im Gemüsegarten sollten Sie unbedingt Fruchtfolge und Mischkultur beachten (› S. 22, Mischkultur und Fruchtfolgen). Machen Sie sich dazu einen Beetplan, in dem Sie die gepflanzten Gemüse eintragen.

Jetzt haben Sie Zeit, sich über alte Sorten, ihren Standort und Platzbedarf zu informieren. Vielleicht wollen Sie aber auch einmal ausgefallene Gemüse- und Kräuterarten oder -sorten ausprobieren?

Bei einjährigen Nutzpflanzen ist eine »unrichtige« Wahl nicht ganz so schlimm, das können Sie in der nächsten Anbauplanung wieder gutmachen – anders sieht es bei Obstbäumen und Beerensträuchern aus. Hier sollten Sie sich am besten bei einer regionalen Baumschule über die für Ihren Standort geeigneten Sorten informieren.

› S. 22, Anbauplanung ❇

Gießen im Winter

Viele Wochen im Winter gibt es trotz bedecktem Wetter kaum Regen, und durch windiges Vorfrühlingswetter wird der Boden extrem schnell ausgetrocknet.

Die Eiskristalle an den Blatträndern verleihen dem Garten ein zauberhaftes Aussehen.

Kontrollieren Sie bei milder Witterung im Januar den Boden auf Trockenheit. Schon lange vor dem Blattaustrieb brauchen Gehölze und Stauden besonders bei trockenem Wetter viel Wasser. Gerade Neupflanzungen und immergrüne Pflanzen sollten Sie deshalb an den frostfreien Tagen im Winter gießen. Die meisten im Frühjahr nicht mehr austreibenden Gehölze, Blütenstauden oder Kräuter sind nicht erfroren, sondern schlichtweg vertrocknet!

→ Bei Temperaturen über 5 °C können Sie ganztägig, bei Nachtfrostgefahr sollten Sie am Vormittag gießen.

→ Halten Sie den Boden feucht, aber nicht nass. Nasse Pflanzen können bei kühler Temperatur schneller von Pilzkrankheiten wie Grauschimmel befallen werden.

→ Da der Gartenwasserhahn noch abgestellt ist, damit keine Rohre platzen, nehmen Sie kaltes Wasser aus der Leitung, dann ist der Temperaturunterschied zwischen Boden und Gießwasser nicht allzu groß.

❯ S. 35, Die wichtigsten Gießregeln ❋

Laub auflockern

Sobald der Schnee geschmolzen ist, sollten Sie zu dichte Laubdecken am Boden auflockern, damit die Austriebe Licht und Luft bekommen.

Der Balkan-Bärenklau spitzt schon durchs Laub durch – helfen Sie ihm ans Licht zu kommen.

Eine über mehrere Wochen hinweg dichte Schneedecke presst das abgestorbene Laub und Pflanzenteile zu einer dichten Masse zusammen, die die zarten Neuaustriebe buchstäblich »im Keim« ersticken kann. Die Pflanzen bekommen weder Licht noch ausreichend Sauerstoff und können gerade bei nassem Wetter auch verfaulen. Wildpflanzen haben damit keine größeren Probleme, Kulturpflanzen allerdings haben oft zugunsten schönerer, größerer Blüten oder reicherem Fruchtansatz ihre Robustheit ein-gebüßt und brauchen unsere Hilfestellung.

→ Lockern Sie deshalb nach der Schneeschmelze die dichte Decke etwas auf, damit die zarten Neuaustriebe es nicht ganz so schwer haben, gerade aus dem Boden zu kommen.

→ Sollten Sie bei dieser Arbeit Marienkäfer oder andere Kleintiere finden, lassen Sie sie bitte ungestört im Freien und nehmen Sie sie nicht in die Hand! Wenn die Tierchen nun schon aus ihrer Winterstarre erwachen würden, würden sie verhungern.

Beim Entfernen des dichten Laubes sehen Sie auch schon den Unterschied zwischen bedecktem und freiem Gartenboden: Bedeckter Boden ist stets feuchter und friert weniger durch als offener Gartenboden. ❋

Rückschnitt bei Gehölzen

Der Gehölzschnitt kann noch so lange in der Ruhezeit erfolgen, bis die Blattknospen deutlich anschwellen. Schneiden Sie aber nur im Winter, wenn längere Zeit keine Starkfröste zu erwarten sind.

Unabhängig von der Gehölzart gibt es generell einige Grundregeln beim Gehölzschnitt zu beachten:

→ Entfernen Sie abgestorbene Äste aus dem Strauch. Falls diese dicker sind, stellen Sie sie als Nistmöglichkeiten für die großen blau schillernden Holzbienen an einem warmen trockenen Ort auf.

→ Schneiden Sie zu alte, stark verästelte oder stark verkahlte Äste aus Sträuchern und Bäumen heraus.

→ Die übrigen Äste und Zweige können Sie um ein Drittel zurücknehmen.

→ Achten Sie auf glatte Schnittkanten, damit die Wunden schnell zuheilen können. Äste und Zweige sollten so dicht wie möglich am Stamm geschnitten werden. Bleiben wenige Zentimeter große Stummel zurück, können sich darin Pilzkrankheiten ausbreiten.

→ Achten Sie beim Rückschnitt auf das Entfernen von aneinander reibenden Ästen. Es entstehen mechanische Verletzungen, die ihrerseits wieder eine Einlasspforte für Krankheiten und Schädlinge sind.

→ Wenn Sie Grundstücksgrenzen einhalten, vermeiden Sie unnötigen Ärger mit Ihren Nachbarn. Achten Sie darauf, dass sich keine Äste und Zweige in Augennähe befinden oder über die Gartengrenze hängen.

→ Nutzen Sie so viel wie möglich Ihren eigenen Gehölzschnitt: Die biegsamen Äste von Haselnuss oder Weiden (› S. 59, Weiden schneiden) eignen sich zum Bau von Flechtzäunen (› S. 176, Beetumrandungen anlegen) oder Pflanzenstützen. Starre Zweige können gut als Stützstäbe verwendet werden. Dickere Stämme ergeben natürliche Beetabgrenzungen oder können mit Bohrlöchern versehen als Bienenhotel fungieren. Den übrigen Gehölzschnitt können Sie häckseln und unter Hecken als Mulchschicht verteilen.

Ziergehölze schneiden

→ **Frühjahrsblühende Gehölze** (› S. 99, Frühblüher schneiden) wie Flieder, Forsythie, Kornelkirsche oder Mandel werden direkt nach ihrer Blüte zurück geschnitten.

→ **Sommerblühende Gehölze** (› S. 60, Gehölzeschnitt) wie Heckenkirsche, Schmetterlingsflieder oder Schneeball können Sie vom Herbst bis zum Frühjahr an frostfreien Tagen schneiden.

→ **Empfindlichere Gehölze** wie Hortensien oder Rosen sollten erst nach den großen Frösten zurückgeschnitten werden (› S. 62, Rosen schneiden).

→ Ähnliches gilt für die mediterranen **Halbgehölze** wie Currykraut, Lavendel oder Rosmarin (› S. 63, Rückschnitt von Halbsträuchern).

→ **Bei Kletterpflanzen** wie Geißblatt und Waldrebe sollten Sie nur kranke oder abgestorbene Triebe entfernen.

→ **Immergrüne Pflanzen** wie Eibe, Kirschlorbeer oder Glanzmispel werden nur nach Bedarf geschnitten. Bei ihnen empfiehlt sich der verdeckte Rückschnitt (› S. 165, Immergrüne Gehölze schneiden).

Wildgehölze schneiden

Wildgehölze wie Hainbuchen oder Liguster können auf den Stock gesetzt werden, d. h., ihre Triebe werden fast bodengleich abgeschnitten. Das ist dann notwendig, wenn die Hecke zu hoch oder zu sparrig geworden ist. Überaltete Wildsträucher können durch einen Rückschnitt bis aufs Altholz zum Neuaustrieb angeregt werden.

Gehen Sie gerade beim Schnitt von Wildgehölzen vorsichtig vor und achten Sie auf eventuelle Winterschläfer oder Winterruher. Besser, Sie schneiden die Wildgehölze erst am Ende des Winters. ❋

TIPP!
Wann es für den Rückschnitt zu spät ist

Lange vor dem Blattaustrieb nehmen die Gehölze schon vermehrt mehr Wasser auf. Bei Ahorn und Buche tritt der Pflanzensaft schon sehr früh aus den Schnittwunden. Wenn Sie das bemerken, sollten Sie den Rückschnitt auf den nächsten Winter verschieben, denn jetzt werden die Pflanzen zu stark geschwächt.

Winter

Amarant *Amaranthus hypochondriacus*
Erntezeit: Samen September bis Oktober
Eine der ältesten Nutzpflanzen. Die Samen
bieten ein hochwertiges glutenfreies Getreide mit hohem Proteingehalt.

Gartenmelde *Atriplex hortensis*
Erntezeit: 40–60 Tage nach der Aussaat
Gartenmelde wird zubereitet wie Spinat oder
junge Blätter werden roh im Salat verwendet.
Hat weniger Oxalsäuregehalt als Spinat.

Haferwurz *Tragopogon porrifolius*
Erntezeit: ab Oktober bis zur Blüte
Zweijähriges Kraut, auch Weiße Schwarzwurzel genannt, mit bis zu 30 cm langer Pfahlwurzel. Verwendung wie Schwarzwurzeln.

Kerbelrübe *Chaerophyllum bulbosum*
Erntezeit: Oktober
Bildet im ersten Jahr ca. 1 cm dicke Rüben
aus, die dann im zweiten Jahr in Blüte gehen
und Samen ausbilden.

Mai-(Herbst)rübe *Brassica rapa rapa*
Erntezeit: Juni/Juli und Herbst
Diente früher aufgrund ihrer kurzen Vegeta-
tionszeit als Vorfrucht (Mairübe) oder als
Nachfrucht (Herbstrübe).

Meerkohl *Crambe maritima*
Erntezeit: Frühling
Der gebleichte, dickfleischige Stängel mit
Blatt zählte früher zur ersten frischen Früh-
jahrskost.

Palerbse *Pisum sativum sativum*
Erntezeit: ab Mitte Juni
Sie unterscheiden sich von den Markerbsen durch ihr glattes rundes Samenkorn. Nicht so süß wie Markerbsen.

Pastinake *Pastinaca sativa*
Erntezeit: ab Ende September
Sehr alte Kulturpflanze; bildet sehr große lang-konische Rüben mit weißem Mark aus. Süßlich-würziger Geschmack.

Puffbohne, Ackerbohne *Vicia faba*
Erntezeit: ab Juni
Kleinkörnige Ackerbohne. Viele Sorten mit weißen, grünen, roten oder schwarzen Samen, die frisch oder getrocknet verwendet werden können.

Schwarzwurzel *Scorzonera hispanica*
Erntezeit: Ende des ersten Anbaujahres
Die Wurzeln können aber auch den Winter im Freien überstehen und mehrere Jahre überleben (Staude).

Spargelsalat *Lactuca sativa angustana*
Erntezeit: Mai bis August
Von dieser Art können die kleinen Blätter gegessen werden, der dicke Stängel dient geschält als Salatzugabe.

Topinambur *Helianthus tuberosus*
Erntezeit: November bis März/April
Mehrjährige, krautige Pflanze, wird bis 3 m hoch und blüht gelb. Auch Erdapfel oder Erdbirne genannt.

Lager kontrollieren

In den Wintermonaten ist vor allem die regelmäßige Kontrolle des Obst- und Gemüselagers angesagt.

Lüften Sie an frostfreien Tagen Ihren Lagerraum und kontrollieren Sie die Luftfeuchtigkeit. Ist es zu trocken, dann hilft es oftmals, wenn Sie im Raum mit Wasser gefüllte Schalen aufstellen.

Obstlager

→ Lesen Sie faule oder braun werdende Früchte sofort aus. Schneiden Sie die noch brauchbaren Teile aus und verwerten Sie sie, der Rest kommt auf den Kompost. Das eine oder andere frei lebende Tier wird sich sicherlich noch daran erfreuen.

→ Denken Sie daran, Lageräpfelsorten wie 'Gravensteiner' oder 'Alexander Lucas' zuerst zu verwenden. Sie sind nicht so lange haltbar.

→ Kontrollieren Sie auch regelmäßig ihre Nüsse auf Schimmelstellen.

Gemüselager

→ Entfernen Sie trockene Blätter beim Weiß- und Rotkohl, um mögliche Faulstellen darunter zu erkennen.

→ Feuchten Sie evtl. den Sand, in dem das Wurzelgemüse lagert, etwas an.

→ Sehen Sie auch nach der Kartoffelkiste. Nicht ganz abgetrocknete Kartoffeln beginnen zu faulen (das riechen Sie aber sehr schnell!) und stecken die anderen an, wenn sie nicht ausgesondert werden. ✳

Saatgut auswählen

Buntes Gemüse oder exotische Pflanzen, aber auch alte Gemüse- und Kräuterarten finden immer mehr Liebhaber. Im Winter ist genügend Zeit, auf die Suche nach dem passenden Saatgut zu gehen.

→ Hobbygärtner sind zunehmend über verschiedene Plattformen im Internet gut vernetzt und stellen ihre grünen Schätze auf eigenen Webseiten vor. Zum Teil tauschen oder verkaufen sie ihr Saatgut, das in dieser Vielfalt am schnellsten »online« zu finden ist.

→ Gartenbesitzer ohne Internet erfahren interessante Adressen ebenso gut in Gartenzeitschriften, Gartensendungen, auf speziellen Pflanzenmärkten, bei Umweltinitiativen wie Nabu, BUND oder in aufgeführten Bezugsquellen von guten Gartenbüchern.

→ Besuchen Sie Tauschbörsen, auf denen seltenes Saatgut von Wildpflanzen oder aromatischen Gemüsesorten zu haben ist.

Achten Sie beim Samenkauf auf gute Qualität und das Abpackdatum.

Auf Qualität achten

Es ist schwierig, die Saatgutqualität von außen zu beurteilen. Doch anhand eines Internetauftrittes oder der Gestaltung eines Pflanzenkataloges können Sie einiges über den Anbieter erfahren.

→ Für einen guten Anbieter sprechen verständliche Pflanzanleitungen und ausführliche Sortenbeschreibungen oder passende Sortimente für bestimmte Lebensräume wie schattige oder trockene Lagen.

→ Wählen Sie Saatgut, das aus einer Gegend mit ähnlichem Klima stammt, damit die Pflanzen vor Ort gut gedeihen. Es macht langfristig einen Unterschied, ob Gemüsesaatgut in der sonnenverwöhnten Pfalz heranreift oder mit den kühleren Sommern im Bergischen Land zurechtkommen muss.

→ Wenn Sie eigenes Saatgut gewinnen möchten, sollten Sie auf »echte« Sorten achten. Damit sind samenechte Sorten gemeint, die reinerbige Nachkommen erzeugen. Hybriden (auf den Saatguttüten steht hinter dem Sortennamen der Vermerk F_1-Hybride) bringen entweder gar keine oder völlig unterschiedliche Nachkommen. Das kommt daher, dass für diese Kreuzungsprodukte der ersten Tochtergeneration (F steht für filia=Tochter) degenerierte Inzuchtlinien verwendet werden. ✳

Topinambur einsetzen

Wenn der Boden noch offen und nicht zu feucht ist, können Sie jetzt schon Topinamburknollen einlegen.

Die kartoffelähnlichen Knollen der Topinambur haben einen leckeren nussigen Geschmack.

Topinambur ist eine anspruchslose Pflanze. Sie wird bis zu 3 m hoch und bildet kleine gelbe Blütenstände aus. Die Knollen werden wie Kartoffeln verwendet. Es gibt Sorten mit rot- und gelbschaligen sowie runden und länglichen Knollen im Handel.
Topinambur stellt keine großen Anforderungen an den Standort, gedeiht aber in der Sonne und auf leichtem Boden am besten. Legen Sie Knollen ca. 10 cm tief in einem Abstand von 60 x 50 cm in den Boden und gießen Sie gut an. Wenn Sie die Fläche mit Folie abdecken, dann liefert der Topinambur schon im Sommer erntefähige Knollen.
❯ S. 213, Alte Gemüsearten – neu entdeckt ❋

Winterernte

Bei Lauch, Rosenkohl, Grünkohl und Braunkohl beginnt im November im Freiland die Haupternte, sofern die richtigen Sorten gewählt wurden.

→ **Chicorée-** und **Kulturlöwenzahn**wurzeln können Sie bei Bedarf im Warmen antreiben. ❯ S. 201, Treibchicorée ansetzen
→ Bei milden Temperaturen können Sie immer noch **Endivien** aus dem Gewächshaus ernten. Um bei den geernteten Blattsalaten eine möglichst geringe Nitratbelastung zu haben, empfiehlt sich die Ernte am Mittag oder Nachmittag.
→ Den ganzen Winter über können Sie **Feldsalat** und **Winterpostelein** frisch aus dem Garten ernten.
Damit Sie auch bei Schnee gut an die Pflanzen kommen, empfiehlt es sich, eine Folie, ein altes Bettlaken oder Fichtenreisig über die Anbaufläche zu decken.
→ Ernten Sie **Grünkohl**blätter von unten nach oben. Die zarten Mitteltriebe werden als Letztes im Frühjahr gegessen.
→ Da sich **Topinambur** nicht lagern lässt, weil die zarte Schale schnell einschrumpelt, er aber völlig frostfest ist, bleiben die Knollen im Boden und können bei offenem Boden jederzeit geerntet werden. Wenn Sie die Knollen auch bei Frost zur Verfügung haben wollen, dann sollten Sie sie jetzt ausgraben, in Eimer füllen und mit Erde bedecken. Die Eimer können geschützt im Freien bleiben. Bei Bedarf holen Sie den Eimer rechtzeitig zum Auftauen ins Warme. Das können Sie auch mit Lauch, Pastinake oder anderen frostfesten Rübenarten und -sorten machen.
→ Alte **Rosenkohl**sorten sind am besten auf die Wünsche des Selbstversorgers eingestellt. Als Erstes können Sie den kleinen Kopf ernten, der sich auf der Spitze bildet. Das gibt einen Impuls in die stärkere Entwicklung der Röschen, die bei den alten Sorten von unten nach oben ausreifen. So ist eine kontinuierliche Ernte bis in den Frühling möglich. Die neueren Sorten bilden keinen Kopf, und die Röschen reifen alle auf einmal aus.
❯ S. 44, Die richtige Sortenwahl ❋

Lauch und Grünkohl können den ganzen Winter über frisch vom Beet geerntet werden.

Frage & Antwort

Der Winter ist eine relativ ruhige Zeit für den Gärtner. Einige Wintergemüse und Wintersalate stehen noch auf dem Beet, größere Gehölze benötigen eventuell einen Rückschnitt. Ansonsten stehen Gartenplanung und Reparatur- und Instandhaltungsarbeiten an.

? Immer wieder werden meine Obstbäume von Hasen oder Rehen angefressen. Was kann ich dagegen unternehmen?

Im Winter ist für die Wildtiere der Tisch nicht so reich gedeckt, da wagen sie sich auch schon mal näher an die Häuser heran. Umzäunte Gärten sind meist sicher vor ihnen. Hasen halten sich fern, wenn Katzen um das Grundstück streunen. Ansonsten kann ein grobmaschiger Zaun von einem Meter Höhe schon viel bewirken. Um Rehe abzuhalten, braucht es schon einen höheren Zaun.

? Es ist Frost und mein Rosenkohl bekommt weiße Blätter. Ist er krank?

Ihr Rosenkohl leidet – wie viele andere grüne Pflanzen im Winter – unter Trockenheit. Wenn die Sonne scheint, der Boden aber gefroren ist, dann verdunsten die Blätter Feuchtigkeit, die bodennahen Wurzeln können aber durch den gefrorenen Boden keine Feuchtigkeit aufnehmen. Um unter der Frostgrenze an Wasser zu gelangen, müssten die Wurzeln bis zu 80 cm in die Tiefe reichen. Das ist bei Ihren Pflanzen scheinbar nicht der Fall.

→ Erste Hilfe kann Gießen mit warmem Wasser sein – das friert jedoch bald wieder – darum sollten Sie gleich nach dem Gießen dick mulchen.

→ Sie können die Verdunstungsfläche verkleinern, indem Sie die Blätter an der Spitze des Rosenkohls abschneiden. Eine andere Möglichkeit ist, die Pflanze zu beschatten oder sie zum Teil mit Stroh, alten Kartoffelsäcken o. Ä. einzuwickeln.

→ Vor Eintritt der Frostperiode sollte der Boden unter den Pflanzen dick gemulcht werden, um das Eindringen der Kälte zu verhindern oder zumindest zu verzögern.

? Muss ich immergrüne Pflanzen vor Frost schützen?

Wenn Wasser zu Eis gefriert, entstehen mikroskopisch kleine, spitze Kristalle, die die Zellwände der Pflanzen zerstören können. Viele Pflanzen stellen im Winter ihren Stoffwechsel um und bilden eine Art natürliches Frostschutzmittel in ihren Zellen. Aus Stärke wird in den Pflanzenzellen Glucose hergestellt und aus Glucose z.B. Glycerin, eine Art Bioalkohol.

Im Gegensatz zu laubabwerfenden Bäumen und Sträuchern haben Immergrüne durch ihre Blätter eine größere Oberfläche, die es vor Frost und Verdunstung zu schützen gilt. Selbst bei Temperaturen unter dem Gefrierpunkt verdunsten die Pflanzen noch Wasser. Allerdings können sie ihren Wasservorrat jetzt nicht mehr auffüllen, da sie aus dem gefrorenen Boden kein Wasser mehr herausziehen können. Sie vertrocknen daher. Bei dem großblättrigen Kirschlorbeer oder der Glanzmispel können Sie gut beobachten, wie sich die Blätter nach unten neigen und etwas zusammenrollen, sodass sich die Oberfläche der Pflanzen und damit die Verdunstung einschränkt. Dadurch wird der Gefrierpunkt im Wasser der Zellen niedriger, d. h., dass sich in ihnen Wasser erst bei viel tieferen Temperaturen unter 0°C zu Eis bildet. Empfindliche Pflanzen wie Kamelien sollten Sie mit Fichtenreisig oder einem leichten, luftigen Stoff vor übermäßiger Verdunstung schützen. Noch wichtiger ist der Verdunstungsschutz bei einem trockenen und windigen Frühjahr. Nicht selten passieren diese »Winterschäden« erst im März oder April. Immergrüne sollten bei anhaltend trockener Witterung an frostfreien Tagen gegossen werden.

? In meinem Garten stehen viele alte, zum Teil nicht mehr so schöne Bäume, auch Koniferen. Einige davon möchte ich fällen lassen. Wie gehe ich am naturschonendsten vor?

→ Vermeiden Sie zu radikale Umgestaltungsmaßnahmen und lassen Sie die vorhandenen Nützlinge sich an die veränderten Lebensbedingungen gewöhnen. Auch wenn Blaufichten oder Thuja nicht gerade die Aushängeschilder eines ökologischen Gartens sind, haben doch gerade in älteren Exemplaren viele Tiere wie Vögel und Insekten ihren Wohnraum gefunden. So bietet eine gesunde alte Blaufichte mit ihren dichten Nadeln gute, katzensichere Brutmöglichkeiten.

→ Lassen Sie daher ein paar Exemplare stehen, um den vorhandenen Nützlingen nicht ihren Lebensraum komplett zu nehmen. Außerdem ist sie in den Sommermonaten ein guter Schattenspender. Ein alter Baum ist ökologisch sinnvoller als drei neu gepflanzte.

→ Oft bringt schon ein maßvolles Aufasten, das Entfernen der unteren Äste, mehr Licht. Unter ihnen lassen sich viele Halbschatten- und Schattenpflanzen ansiedeln.

→ Fällen Sie kranke und windbruchgefährdete Bäume und wägen Sie ab, wo Sie Ihren neuen Naturgarten platzieren. Oft eignen sich dazu sonnige Gartenteile, in denen viele Blütenpflanzen als Insektennahrung gut gedeihen können.

Bedenken Sie, dass die Beseitigung des Wurzelwerkes viel Zeit in Anspruch nehmen wird. Oft ist der Boden an Nährstoffen einseitig ausgelaugt und muss mit neuer Erde verbessert werden.

In Schattenlagen vor Mauern sollten gesunde Nadelgehölze stehen bleiben, da diese Gartenteile sowieso nur eingeschränkt genutzt werden können.

? Meine eingelagerten Walnüsse schimmeln. Was habe ich falsch gemacht?

Damit Walnüsse gut ausreifen und nicht schimmeln, brauchen sie von der Ernte an eine sorgsame Behandlung.

→ Um sicherzustellen, dass die Nüsse vollreif sind, sollten Sie sie nicht vom Baum schlagen, sondern nur von selbst heruntergefallene Nüsse sammeln. Abgeschlagene Nüsse sind auch oft noch fest von dem grünen Fruchtmantel umgeben, der zur Fäulnis führen kann, wenn er nicht sauber entfernt wird.

→ Noch anhaftende Reste der grünen Schale sollten Sie sorgfältig abbürsten (Handschuhe anziehen, die Fruchtschale färbt intensiv und ausdauernd!).

→ Danach ist eine sorgsame Trocknung wichtig. Dabei dürfen die Nüsse nicht aufeinander liegen. Sinnvoll sind mit Zeitungspapier ausgelegte Obststeigen, die

sich auch sehr gut stapeln lassen.

→ Am besten trocknen die Nüsse erst einmal eine Woche an einem luftigen, trockenen und nicht zu warmen Ort. Bei Temperaturen über 20 °C neigen die Nüsse dazu, ranzig zu werden.

→ Dann folgt eine weitere Trocknung von 4–6 Wochen in einem warmen Raum.

→ Erst danach können Sie die Nüsse in einen luftdurchlässigen Sack schütten. Sie müssen weiterhin trocken liegen.

? Stimmt es, dass, wenn man in einem Raum früh und spät reifende Apfelsorten nebeneinander lagert, die spät reifenden Sorten früher reifen?

Das ist richtig. Die früh reifenden Äpfel scheiden ein Gas (Äthylen) aus, das sich auf die Reife der spät reifenden Sorten fördernd auswirkt. Damit sich spät reifende Sorten möglichst lange halten, sollten Sie sie in einem anderen Raum lagern. Sie sollten aus diesem Grund auch Obst und Gemüse nicht zusammen in einem Raum lagern.

Stellen Sie auch im warmen Zimmer Ihre Obstschalen nicht in direkte Nähe von Zimmerpflanzen. Mehrere reife Äpfel im ungelüfteten Zimmer sorgen dafür, dass die Pflanzen alle Blätter abwerfen oder zumindest vorübergehend das Wachstum einstellen und/oder gelb werden.

Einige der im Text genannten Fachausdrücke sind nicht jedermann geläufig. Sie sind mit einem Verweis aufs Glossar gekennzeichnet und werden hier erklärt.

 ### Abhärten

Vorübergehendes ins Freie stellen junger Gemüse- und Sommerblumenpflanzen, um sie an das baldige Auspflanzen zu gewöhnen.

Absenker

Sprosse von Pflanzen, die in einiger Entfernung zur Wurzel der Pflanze in Kontakt mit dem Boden selbst Wurzeln bilden, wodurch eine selbstständige, aber genetisch identische Pflanze entsteht.

Achterschleife

Anbindeverfahren, um das Scheuern des Stängels bzw. der Rinde an der Stütze zu verhindern.

Adventivwurzeln

Wurzeln, die aus Sproßachsen oder Blättern hervorgegangen sind.

Algenkalk

Algenkalk wird aus Ablagerungen von Rotalgen hergestellt. Sein hoher Kalkgehalt erhöht den pH-Wert im Boden. Er sollte daher nicht zum Düngen von kalkempfindlichen und säureliebenden Pflanzen wie Rhododendron eingesetzt werden.

Algenkalk kann auch zur Bodenverbesserung und gegen Bodenmüdigkeit eingesetzt werden.

Anhäufeln

Anhäufen von gelockertem Boden an die Stängelbasis von Pflanzen, um die Erdoberfläche zu vergrößern (Kartoffeln), für zusätzliche Wurzelbildung zu sorgen (Tomaten) oder den Stängel zu bleichen (Lauch).

Anzuchterde

Spezielles, nährstoffarmes, lockeres Substrat, das frei von Keimen ist und zur Aussaat von Samen oder zur Stecklingsbewurzelung verwendet wird.

Augen

Kleine »schlafende Knospen«, die u. a. in den Blattachseln von Stauden und Gehölzen sitzen, und aus denen Seitenzweige austreiben.

Ausläufer

Ober- oder unterirdische, lange und dünne Seitensprosse, die sich bewurzeln und neue Pflanzen hervorbringen.

autochthones Saatgut

Gebietseigenes Saatgut, auch Regiosaatgut genannt. Saatgut, das in einer bestimmten Region gewonnen wird, um später – in der Regel nach einer Zwischenvermehrung – in dieser Region wieder ausge-

bracht zu werden. Kurz gesagt: »Saatgut aus der Region für die Region«.

 ### Ballen

Erde rund um die Wurzeln, die durch Seitenwurzeln und das Geflecht aus Feinwurzeln zusammengehalten wird.

Baumscheibe

Kreisförmige Bodenfläche um den Stamm eines Baumes.

Blattdüngung

Die Blattdüngung wird eingesetzt, wenn schnell gegen einen Mangel vorgegangen wird. Dünger oder selbst hergestellte Präparate wie Jauchen oder Brühen werden stark verdünnt – ca. 1:50 gegenüber der Erdgabe – auf die Blätter gesprüht. Bei Jungpflanzen sollten Sie besonders vorsichtig sein, da die Blätter sehr schnell verbrennen und die Pflanze dann eingehen wird.

Brutzwiebeln

Tochterzwiebeln, die sich z. B. bei Lilien an der Stängelbasis oder in den Blattachseln bilden, bei einigen *Allium*-Arten auch anstelle der Blüten.

 ### Direktsaat

Aussaat direkt aufs Beet, im Gegensatz zur Anzucht mit späterem Auspflanzen.

dreijähriges Holz

Drei Jahre alter Austrieb bei Gehölzen.

Dunkelkeimer

Pflanzen, deren Samen nur im Dunkeln keimen. Sie müssen bei der Aussaat mit Erde bedeckt werden (Angaben auf der Samentüte).

 ### Edelreis

Wenige Zentimeter langes Teilstück eines Triebes einer Edelsorte, das zur Veredelung geschnitten wird.

einjährige Pflanze

Die Pflanze durchläuft innerhalb eines Jahres ihre gesamte Entwicklung von der Aussaat bis zur Samenreife.

einjähriges Holz

Vorjähriger Austrieb bei Gehölzen.

 ### F_1-Hybriden

Kreuzung aus zwei verschiedenen Sorten bzw. besonders ausgelesenen Zuchtlinien.Sehr viele Elternlinien sind Inzuchtlinien (einzelne besondere Eigenschaften mit Schwächung der Gesamtpflanze). Nachbau aus eigenem Saatgut ist hierbei nicht möglich! F1-Hybriden werden besonders häufig als Gemüse- und Blumensaatgut angeboten. Sie übertreffen die Elternsorten oftmals in Wüchsigkeit oder Blütengröße. Die Elternsorten werden für jede Saison neu gekreuzt, deswegen ist F1-Saatgut recht teuer.

Flachwurzler

Pflanzen, deren Wurzeln sich nah unter der Erdoberfläche ausbreiten, z. B. Johannis- und Stachelbeersträucher oder Zwiebeln. Sie dürfen hier den Boden nur vorsichtig lockern.

Folgesaat

Mehrmaliges Nachsäen von Gemüse und Kräutern, im Abstand von einigen Wochen und in kleineren Mengen, z. B. bei Radieschen und Salat.

Frostgare

Bodenstruktur, die in feinkörnigen Böden durch Frosteinwirkung entsteht. Beim Gefrieren vergrößert sich das Volumen des Wassers um 9 %, so dass feine, mit Wasser gefüllte Risse und Kapillaren aufgeweitet werden (Frostsprengung) und größere Teile in kleinere Einheiten zerfallen.

Frostkeimer

Pflanzenarten, deren Samen, so lange sie keinem Frost ausgesetzt waren, nicht oder nur sehr schlecht keimen.

Fruchtfolge

Zeitliche Aufeinanderfolge verschiedener Kulturpflanzen auf ein und demselben Beet. Kulturpflanzen, die lange Zeit auf demselben Standort stehen, entziehen dem Boden über Jahre hinweg die gleichen wichtigen Pflanzennährstoffe und laugen den Boden aus. Der Boden ist müde, und es breiten sich tierische Schädlinge, Pilze und Krankheitserreger aus. Die Verunkrautung nimmt zu.

 ### Gummifluss

Krankheit an Steinobstbäumen der Gattung *Prunus* (Kirsche, Marille, Pflaume etc.). Durch die Verflüssigung von Holzteilen, vor allem Jungholz, bilden sich unter der Rinde Krankheitsherde, die eine gummiartige, farblose bis bernsteinfarbene Flüssigkeit absondern, die dann zwischen den Rindenstücken an Ästen und Stamm austritt.

 ### Halbsträucher

Mehrjährige Pflanze, bei der die Sprossbasis mit der Zeit verholzt. Die oberen Sprossteile bleiben krautig, z. B. Lavendel.

 ### immergrüne Pflanzen

Pflanzen, vor allem Gehölze, die im Unterschied zu laubabwerfenden oder sommergrünen ihre Blätter rund ums Jahr behalten wie Buchs oder Nadelgehölze. Sie erneuern ihr Blattwerk (Nadeln) in unauffälligen Schüben.

Insektizid

Pflanzenschutzmittel zur Bekämpfung, Abtötung, Vertreibung oder Hemmung von schädlichen Insekten und deren Entwicklungsstadien.

Kallus

Gewebswucherung (Wundgewebe), die sich meist durch Teilung von Kabiumzellen (> Kambium) an Wunden bildet, z. B. an Aststümpfen und Schnittflächen von Stecklingen.

Kaltkeimer

Pflanzen, deren Samen vorübergehend Kälte brauchen, damit sie zum Keimen angeregt werden.

Kambium

Aus teilungsfähigen Zellen bestehendes Gewebe (Wachstumsschicht), das bei Bäumen zwischen Holz und Bast liegt.

Knolle

Verdicktes Speicherorgan aus Spross (Radieschen) oder Wurzel (Dahlien), das unter der Erde wächst.

Knospe

Von Hüllblättern (Knospenschuppen) geschützter Wachstumspunkt (> Auge), beim Austrieb entstehen daraus Seitentriebe, Blüten oder Blätter.

Lichtkeimer

Pflanzen, deren Samen Licht zum Keimen brauchen. Die Samen werden gar nicht oder nur sehr dünn mit Erde bedeckt.

Mischkultur

Anbau verschiedener Gemüsearten auf demselben Beet, meist in benachbarten Reihen.

Mittelzehrer

Pflanzen mit mittlerem Nährstoffbedarf, z. B. Endivie, Kopfsalat, Feldsalat, Kohlrabi, Möhren, Kartoffeln.

Pfahlwurzel

Kräftige Hauptwurzel, die senkrecht nach unten wächst; Pflanzen mit Pfahlwurzeln lassen sich oft schlecht verpflanzen oder entfernen (z. B. Löwenzahn).

Pfropfen

Wird bei verschiedenen Zier- und Obstbäumen zur Vermehrung oder zum Erhalt einer Einzelpflanze genutzt, dabei wird ein Edelreis mit einer Unterlage zusammengefügt.

Pikieren

Ausdünnen heranwachsender Sämlinge, die im Anzuchtgefäß zu eng stehen.

Polsterstauden

Niedrige, polster- oder kissenförmig wachsende Stauden, z. B. Blaukissen.

Rhizom

Unterirdische, meist fleischig verdickte und gestauchte Sprossachse, auch Wurzelstock genannt; dient vielen Pflanzen als Überdauerungsorgan.

Rotte

Das Verwesen organischer Stoffe, bei dem unter genügend Sauerstoffzufuhr wertvoller Humus entsteht.

Schießen

Oftmals unerwünschtes Austreiben eines Blütenstandes bei Gemüse, z. B. Kopfsalat, die Blätter schmecken dann bitter.

Schwachzehrer

Pflanzen mit wenig Nährstoffbedarf, wie Bohnen, Erbsen, Radieschen.

Selbstbefruchter

Obstarten bzw. -sorten, die zur Befruchtung keine zweite Sorte benötigen, z. B. Beerenobst, Pfirsich, Pflaume, Sauerkirsche. Dennoch kann das Hinzupflanzen einer zweiten Sorte die Befruchtung verbessern. Beim Gemüse sind das z. B. Erbsen, Salat und Tomaten.

Starkzehrer

Pflanzen mit hohem Nährstoffbedarf, wie Gurken, Kohl, Paprika und Tomaten.

Staude

Mehrjährige, nicht verholzte Pflanze, deren oberirdische Teile im Winter absterben und die im Frühjahr neu austreibt.

Steckling

Triebteil, der sich nach Abschneiden von der Mutterpflanze bewurzelt und zu einer kompletten Pflanze heranwächst.

Stratifizieren

Fast alle Samen durchlaufen während und unmittelbar nach ihrer Reife eine Samenruhe (Dormanz), die überwunden werden muss, bevor die Keimung erfolgen kann. Zahlreiche Samenarten benötigen eine Kälteperiode (› Frostkeimer, Kaltkeimer), bevor die Keimruhe überwunden wird, dadurch wird die Keimung von Samen in der ungünstigen Zeit vor Winteranbruch verhindert. Werden Samen künstlich diesen Bedingungen ausgesetzt, spricht man von Stratifizieren.

Veredeln

Wird häufig bei Gehölzen angewendet. Ein veredeltes Gehölz besteht aus einer Unterlage (oft robuste Wildart), die Wurzeln und Stammbasis bildet, und einer daraufgepfropften (› Pfropfen) Edelsorte; am meisten werden Obstbäume und Rosen veredelt. Die Veredelungsstelle ist meist als leichte Verdickung erkennbar.

Vereinzeln

Zu dicht stehende Pflanzen ausdünnen, z. B. Möhren.

Warmkeimer

Pflanzen, die vorgezogen oder direkt ins Freiland ausgesät werden können.

wurzelnackt

Gehölze, die mit nackten Wurzeln, also ohne Ballen verkauft und eingepflanzt werden. Wurzelnackte Ware wird nur außerhalb der Vegetationszeit angeboten und im Spätherbst und Winter gepflanzt.

Wurzelsperre

Einrichtung, um starkwüchsige Rhizome (› Rhizome) und Ausläufer (› Ausläufer) einzudämmen. Die Pflanze wird im Wurzelbereich rundherum mit wurzelundurchdringlichem Material abgegrenzt.

Zweihäusig

Pflanze, bei der männliche und weibliche Blüten auf verschiedenen Pflanzen wachsen, z. B. Sanddorn.

zweijährige Pflanze

Pflanze, die im ersten Jahr (meist im Sommer) ausgesät wird, überwintert und im nächsten blüht und Samen bildet, z. B. Bartnelke, Stiefmütterchen, Vergissmeinnicht.

zweijähriges Holz

Zwei Jahre alte Triebe bei Gehölzen.

Zwiebel

Meist unterirdischer Spross, dessen Achse scheibenförmig abgeflacht ist und dessen fleischig angeschwollene Blätter mit Reservestoffen angefüllt sind.

EMPFEHLENSWERTE WILDGEHÖLZE

Botanischer Name	Deutscher Name	Blüh-monat	Blütenfarbe	Wuchs-höhe	Standort	Besonderes
Acer campestre	Feldahorn	4-5	gelbgrün	3-15 m	sonnig	unscheinbare Blüte, schöne Herbstfärbung
Acer monspessulanum	Französischer Ahorn	4-5	gelbgrün	3-10 m	sonnig	unscheinbare Blüte, schöne dreilappige Blätter, schöne Herbstfärbung
Amelanchier ovalis	Felsenbirne	4-5	weiß	2-3 m	sonnig	essbare Früchte, schöne Herbstfärbung
Berberis vulgaris	Berberitze, Sauerdorn	4-6	gelb	1-3 m	sonnig	essbare Früchte, Winterfutter für Vögel, sehr stachelig, gedeiht im Schatten
Caragana arborescens	Erbsenstrauch	4-5, 8-9	gelborange	1,5-3 m	sonnig	schöne große Einzelblüten, blasige hellbraune Fruchtstände ab August
Cornus mas	Kornelkirsche	2-4	gelb	3-6 m	sonnig	essbare Früchte, Winterblüher, langsam wachsend
Corylus avellana	Waldhaselnuss	2-4	gelbgrün	3-5 m	schattig	essbare Früchte (Haselnuss), schatten-verträglich
Crategus monogyna	Weißdorn	4-6	weiß	3-7 m	sonnig	wichtiges Vogelnährgehölz, sehr beliebte Insektenweide, Dornen
Cytissus scoparius	Besenginster	1-2	gelb	5-6 m	sonnig	auffällige gelbe Blüten, grüne Zweige, giftig
Euonymus europaea	Pfaffenhütchen	2-6	rosarot	10-11 m	sonnig	unscheinbare Blüte, toller Fruchtschmuck, giftig, gedeiht auch im Schatten
Ligustrum vulgare	Liguster	6-7	weiß	2-4 m	sonnig	gedeiht auch im Schatten, oft wintergrün, schwarze Beeren, giftig
Lonicera xylosteum	Heckenkirsche	3-5	gelbgrün	4-5 m	schattig	robust, giftig
Malus sylvestris	Holzapfel, Wildapfel	4-5	weiß	5-10 m	sonnig	verwertbare Früchte
Mespilus germanica	Mispel	4-5	weiß	3-6 m	sonnig	essbare Früchte, anmutiger Kleinbaum mit hübschem Wuchs
Prunus spinosa	Schlehe	2-4	weiß	4-5 m	sonnig	wichtiges Vogelnährgehölz, sehr beliebte Insektenweide, bildet viele Ausläufer, essbare Früchte, Dornen
Pyrus salicifolius	Weidenblättrige Birne	8-12	weiß	4-5 m	sonnig	schöne silbrige Blätter, zierlicher Wuchs
Ribes alpinum	Alpenjohannisbeere	4	gelbgrün	4-5 m	sonnig	essbare Früchte (winzig und saurer als Kultur-formen), kompakter Wuchs
Rosa canina	Hundsrose	2-4	rosa	5-7 m	sonnig	essbare Früchte (Hagebutten), wichtiges Vogelnährgehölz, Stacheln. Auch andere heimische Wildrosenarten sind sehr wichtig!
Sambucus nigra	Schwarzer Holunder	4-6	weiß	3-7 m	sonnig	verwertbare Blüten und Früchte, gedeiht auch im Schatten
Sorbus domestica	Speierling	10-15	weiß	5-6 m	sonnig	verwertbare Früchte, sehr schöne Herbst-färbung, trockenheitsverträglicher Baum
Taxus baccata	Eibe	2-3	gelbgrün	3-15 m	schattig	giftig, sehr schnittverträglich

Botanischer Name	Deutscher Name	Blühmonat	Blütenfarbe	Wuchshöhe	Besonderes
Blumenzwiebeln für sonnige, trockene Böden					
Allium vineale	Weinbergslauch	6-8	rosa	30-60 cm	blüht teilweise nicht, ist aber essbar, wie Schnittlauch
Anemone blanda	Balkananemone	3-5	blau	5-10 cm	auffällige Blüten, Knollen vor dem Pflanzen wässern
Crocus tommasinianus	Elfenkrokus	2-4	rosa	5-10 cm	wüchsig, gut zum Verwildern
Iris reticulata	Zwergiris	2-3	violett	5-15 cm	sehr filigran
Tulipa sylvestris	Weinbergstulpe	4-5	gelb	20-40 cm	duftend, Weinbergsflora
Tulipa tarda	Wildtulpen	3-5	gelb, hellgelb	10-20 cm	sehr robust und wüchsig
Wildblumenzwiebeln für sonnige, normale Beete					
Allium sphaerocephalon	Kopflauch	6-8	weinrot	40-70 cm	lockt viele Insekten an, lockert Staudenbeete auf
Galanthus nivealis	Schneeglöckchen	2-4	weiß	10-15 cm	robust, schöne weiße Blütenglöckchen
Gladiolus communis	Wildgladiole	5-6	rosa	30-40 cm	zierliche Minigladiole, schöne Blüten
Muscari latifolium	Breitblättrige Traubenhyazinthe	4-5	blau, violett	15-30 cm	können stark wuchern
Narzissus pseudonarcissus	Gelbe Narzisse	3-4	gelb	20-30 cm	kleiner als Osterglocken, lange Blüte
Narzissus poeticus recurvus	Dichternarzisse	4-5	weiß	30-40 cm	duftend, weiße Blüten mit orangefarbenem Auge
Ornithogallum umbellatum	Doldiger Milchstern	4-5	weiß	10-20 cm	genügsam und schön, Weinbergsflora
Wildblumenzwiebeln für schattige, trockene Beete					
Anemone nemorosa	Buschwindröschen	3-5	weiß	5-10 cm	gut zum Verwildern, dunkelbraune Rhizome
Anemone ranunculoides	Gelbes Windröschen	3-5	gelb	5-10 cm	gut zum Verwildern, dunkelbraune Rhizome
Corydalis cava	Hohler Lerchensporn	3-4	violett	10-20 cm	frühe Waldpflanze mit graugrünem Laub
Cyclamen hederifolius	Alpenveilchen	8-10	rosa	5-10 cm	braune, flachrunde Knollen, gut zum Verwildern, buntes Blatt
Scilla bifolii	Zweiblättriger Blaustern	2-4	blau (rosa)	5-10 cm	gut zum Verwildern
Wildblumenzwiebeln für schattige, normale Beete					
Arum maculatum	Gefleckter Arumstab	4-6	weiß	20-30 cm	Blätter mit silbriger Zeichnung, rote Beeren, giftig
Eranthis hyemalis	Winterling	3-5	gelb	5-10 cm	auffällige Blüten, Knollen vor dem Pflanzen wässern
Fritillaria meleagris	Schachbrettblume	4-5	rosa, weiß	20-40 cm	Blütenglocken mit Schachbrettmuster
Gagea lutea	Wald-Gelbstern	4-5	gelb	5-10 cm	selten gewordene Waldpflanze
Hyacinthoides non-scripta	Hasenglöckchen	4-5	blau (rosa)	20-30 cm	schöne Glockenblüten
Lilium martagon	Türkenbundlilie	6-7	violettrosa	80-120 cm	seltene, schöne Waldpflanze

EMPFEHLENSWERTE WILDSTAUDEN

Botanischer Name	Deutscher Name	Blüh-Monat	Blütenfarbe	Höhe	Besonderes
Reich blühende Wildstauden für sonnige Lagen					
Achillea nobilis	Edle Schafsgarbe	5-7	cremeweiß	30-60 cm	kompakter Wuchs
Allium sphaerocephalon	Kopflauch	6-9	weinrot	30-100 cm	Zwiebelpflanze
Buthalmum salicifolium	Ochsenauge	6-9	goldgelb	50-100 cm	robust und sehr lange blühend
Centaurea scabiosa	Flockenblume	6-9	dunkelviolett	60-100 cm	lange, blühend schöner Fruchtschmuck
Dianthus superbus	Prachtnelke	6-10	rosa	30-50 cm	duftend, filigrane Blüte
Knautia arvensis	Ackerwitwenblume	6-10	hellblau	40-80 cm	sehr lange blühend, robust, trockenheitsverträglich
Knautia macedonica	Witwenblume rot	6-10	weinrot	50-120 cm	trockenheitsverträglich, lange Blüte
Salvia pratensis	Wiesensalbei	5-9	violettblau	40 -80 cm	sehr lange blühend, robust, trockenheitsverträglich
Reich blühende Wildstauden für halbschattige Lagen					
Anthericum liliago	Graslilie	6-8	weiß	20-40 cm	filigrane Pflanze
Campanula persicifolia	Glockenblume	6-9	blau	50-100 cm	schöne Blüten
Clematis recta	Aufrechte Waldrebe	5-7	weiß	80-120 cm	Solitärstaude, schöner Fruchtschmuck
Dictamnus albus	Diptam	5-6	rosa	40-80 cm	Blüte duftet nach Citrus
Hepatica nobilis	Leberblümchen	2-4	blau	5-10 cm	wunderschöne Blüten
Lilium martagon	Türkenbundlilie	6-8	purpurviolet	60-100 cm	sehr selten
Lunaria rediviva	Wildes Silberblatt	5-7	lila	50-100 cm	dekorativer, sllberner Fruchtschmuck ab August
Polemonium caeruleum	Himmelsleiter	4-7	blau	30-50 cm	schöne Blüte, braucht frischen Boden
Schöne Wildstauden für schattige Lagen					
Aruncus sylvestris	Waldgeißbart	5-8	weiß	40-120 cm	genauso schön, aber robuster als Astilben
Asperula odorata	Waldmeister	4-5	weiß	4-5 cm	duftend
Anemone nemerosa	Buschwindröschen	3-5	weiß (hellrosa)	5-10 cm	schöne Blüten
Anemone sylvestris	Waldanemone	4-6, 8-9	weiß	10-20 cm	kann in Sandböden wuchern (Ausläufer)
Corydalis lutea	Gelber Lerchensporn	5-11	gelb	15-40 cm	anspruchslos, mag keine komplett trockenen Böden
Cyclamen coum	Alpenveilchen	3-4	weiß, rosa	5 cm	zierliche, langlebige Knollenpflanze
Digitalis lutea	Gelber Fingerhut	6-9	gelb	60-80 cm	seltener als der rote Fingerhut
Filipendula vulgaris	Mädesüß	5-7	weiß	30-80 cm	duftende Blüten,
Helleborus foetidus	Nießwurz	2-4	grüngelb	20-40 cm	immergrün
Primula veris	Schlüsselblume	3-5	gelb	5-15 cm	hat selten orangerote Blüten
Robuste Wildstauden					
Achillea millefolium	Gemeine Schafsgarbe	6-11	weiß-rosa	30-100 cm	sehr anpassungsfähig
Alchemilla vulgaris	Frauenmantel	5-9	grüngelb	10-30 cm	mag frische bis feuchte Böden
Ballota nigra	Schwarznessel	6-11	braunviolett	20-50 cm	sehr robust an schattigen,trockenen Plätzen
Coronilla varia	Kronwicke	5-10	rosa-weiß	5-10 cm	Dauerblüher für sonnige Lagen
Geranium sanguineum	Blut-Storchschnabel	5-9	rosarot	20-50 cm	für Halbschatten
Glechoma hederacea	Gundelrebe	4-6	blauviolett	5-10 cm	Bodendecker für halbschattige bis schattige Lagen

Botanischer Name	Deutscher Name	Blüh-Monat	Blütenfarbe	Höhe	Besonderes
Insektensupermarkt Blütenpflanzen					
Centaurea jacea	Wiesenflockenblume	6-9	violettrosa	60-100 cm	lange blühend, schöner Fruchtschmuck
Eupatorium cannabinum	Wasserdost	6-9	hellrosa	80-150 cm	lockt Dutzende von verschiedenen Insekten an
Euphorbia cyparissias	Zypressenwolfsmilch	4-7	grüngelb	10-40 cm	Honigduft
Hierachium auranthiacum	Oranges Habichtskraut	5-10	orangerot	20-30 cm	auffallende Blüten
Leucanthemum vulgare	Wiesenmagerite	4-7	weiß	40-100 cm	schöne Blüte
Malva moschata	Moschusmalve	6-10	rosa	40-120 cm	Hunderte von Blüten
Salvia verticilata	Quirlblütiger Salbei	5-10	blau	40-80 cm	schöner Austrieb
Succisa pratensis	Teufelsabbiß	7-9	hellblau	30-60 cm	schöne, auffällige Blüten
Taraxacum officinale	Löwenzahn	4-6, (-10)	gelb	20-30 cm	Pollen für 72 Wildbienenarten !
Veronica teucrium	Gamanderehrenpreis	6-7	blau	20-40 cm	zierliche Blüten
Mauerblümchen – anspruchlose Blüher für sonnige, trockene Lagen					
Armeria maritima	Grasnelke	5-11	rosa	5-10 cm	wintergrün
Campanula cochleariifolia	Zwergglockenblume	6-10	blau	5-10 cm	Polsterstaude
Cymbalaria muralis	Zimbelkraut	6-10	hellviolett	5-15 cm	Polsterstaude
Dianthus carthusianorum	Karthäusernelke	5-9	dunkelrosa	10-40 cm	lange Blüte, filigrane Form
Dianthus deltoides	Heidenelke	6-9	dunkelrosa	5-10 cm	zierliche Teppichstaude
Origanum vulgare	Wilder Dost	7-9	hell-dunkelrosa	20-50 cm	duftend, Gewürzpflanze (mehrj. Majoran)
Petrorhagia saxifraga	Felsennelke	6-9	hellrosa	5-20 cm	lange Blütezeit
Saponaria ocymoides	Rotes Seifenkraut	5-9	rosa	5-10 cm	unproblematischer Dauerblüher
Sedum album murale	Mauerpfeffer	6-8	weiß	5 cm	wintergrün, rote Herbstfärbung der Blätter
Teucrium chamaedrys	Gamander	7-9	rosaviolett	20-40	wintergrün
Thymus longicaulis	Kaskadenthymian	4-6	rosa	5-15 cm	duftend, wintergrün
Thymus pulegoides	Quendel	6-10	rosarot	5-15 cm	duftend
Schöne Zwerggehölze für kleine Gärten					
Acer campestre 'Nanum'	Zwergfeldahorn	3-4	gelb	40-120 cm	für sonnige Lagen
Amelanchier ovalis 'Pumila'	Zwergfelsenbirne	4-5	weiß	100-200 cm	essbare Beeren im Juni-Juli, sonnig
Betula nana	Zwergbirke	4-6	grün	40-80 cm	halbschattig
Caragana pygmaea	Zwergerbsenstrauch	4-5	gelb	60-100 cm	blütenreich und sehr frosthart, sonnig
Coronilla emersus	Strauchkronwicke	4-9	gelb	100-200 cm	Dauerblüher für sonnige Lagen
Cotoneaster integerrimus	Zwergmispel	4-5	weiß	50-150 cm	zierlicher Wuchs, sonnig bis halbschattig
Cytisus nigricans	Schwarzer Geißklee	6-8	gelb	50-100 cm	schöner Wuchs, sonnig
Cytisus purpureus	Purpurgeißklee	5-7	rotrosa	20-50 cm	schöner Wuchs, sonnig
Daphne mezereum	Seidelbast	4-5	rosa	50-100 cm	duftend, aber giftig, schattig
Ligustrum vulgare 'Compactum'	Zwergliguster	6-7	weiß	80-120 cm	immergrün, sonnig bis schattig
Lonicera xylosteum 'Compactum'	Niedrige Heckenkirsche	5-6	weiß	80-120 cm	sehr robust, sonnig bis schattig
Prunus tenella	Zwergmandel	3-5	dunkelrosa	30-150 cm	schöne Blüten, für sonnige Lagen
Rosa gallica	Essigrose	4-6	dunkelrosa	30-100 cm	große Blüten, hält lange das Laub, sonnig

EMPFEHLENSWERTE OBSTSORTEN

Sorte	Ernte	Eigenschaften
Apfelsorten		
Schöner von Bath	Anfang Juli	starker Behang, wenn keine Auslichtung erfolgt, bleiben die Früchte klein; stark duftend, etwas rotfleischig, knackig-saftig, würzig-aromatisch, etwas säuerlich, Haltbarkeit bis Ende August
Klarapfel	Mitte Juli	Klassischer Frühapfel; Baum wächst schwach; sehr saftig-säuerliche Frucht, die aber schnell mehlig wird, Haltbarkeit bis Anfang August
Gravensteiner	Anfang September	Baum etwas anspruchsvoll; große Frucht, saftig, stark duftend, hervorragendes Aroma, Haltbarkeit bis Ende November
Cox Orange	September	Baum anspruchsvoll; Frucht klein bis mittelgroß, knackig-saftig, außergewöhnlich gutes Aroma, Haltbarkeit bis Februar
Roter Eiserapfel	Mitte Oktober	stark wachsender Baum, breit anbaufähig, Genussreife ab Februar, Haltbarkeit bis zum folgenden Sommer
Birnensorten		
Augustbirne	Ende Juli	Baum auch für schlechtere Lagen, sehr frosthart und widerstandfähig; Frucht mittelgroß, Fruchtfleisch saftig-süß, guter Geschmack, Haltbarkeit kurz
Giffards Butterbirne	Mitte August	Frucht mittel bis groß, schmelzend saftig, sehr gutes würziges Aroma, beste Frühbirne, Haltbarkeit 2 Wochen
Williams Christ	September	fein schmelzend, saftreich, sehr guter muskatartiger Geschmack, Haltbarkeit 2 Wochen
Vereins Dechantsbirne	Oktober	Baum für gute Lagen oder Spalier; große kegelige Früchte, sehr saftig und süß, Haltbarkeit bis Dezember
Josephine von Mecheln	Ende Oktober	Baum breit anbaufähig, kleine bis mittlere kegelförmige Frucht, sehr zart schmelzend und süß, bestes Aroma der Winterbirnen, Genussreife Dezember, Haltbarkeit bis März
Pfirsichsorten		
Benedicte	Anfang August	kaum Kräuselbefall; süße weißfleischige Früchte
Anneliese Rudolf	Mitte August	Baum kältetoleranter als andere Sorten, daher auch für höhere Lagen, wenig Kräuselbefall; weißes saftiges Fleisch, kräftiges Aroma
Kernechter vom Vorgebirge	Mitte September	Baum hat niedrige Bodenansprüche, unterschiedlich kräuseltolerante Sorten im Handel; weiches weißes Fruchtfleisch, sehr aromatisch
Süßkirschensorten		
Kassins Frühe	Mitte/Ende Juni	Baum braucht lockeren Boden; Frucht hat dünne Haut und ist saftig-weich, sehr wohlschmeckend
Donissens Gelbe Knorpel	Mitte Juli	Frucht hat gelbe Haut, kein Fruchtfliegenbefall und kaum Vogelfraß, sehr süß und saftig mittelfest
Schneiders Späte Knorpel	Ende Juli	stark wachsender Baum; Früchte fest, daher sehr platzfest, sehr aromatisch
Schauenburger	Anfang/Mitte August	Blüte nicht Spätfrost gefährdet; Frucht dunkelrot, fest-saftig, nicht platzend
Zwetschgensorten		
Bühler	Ende Juli	Frucht rundlich, duftend, würzig-süß
Wangenheims	Ende August	breit anbaubar, hoher Ertrag
Anna Späth	Ende September	mittelgroße Frucht, würziges Aroma, fest und saftig

EMPFEHLENSWERTE GEMÜSESORTEN

Art	Sorte	Ernte	Eigenschaften
Blattgemüse			
Gartenmelde		Mai–Juli	Sorten in Braun, Rot und Grün und verschiedenen Blattgrößen; wird wie Spinat genutzt
Meerkohl		Mai–Juni	Triebe im Frühjahr dunkel treiben
Radicchio	Palla Rossa	Oktober–Dezember	kopfbildende, rote Sorte
Salatrauke	Ruca	Sommer–Frühjahr	kräftiges Aroma, als Salatwürze, auch auf Pizza
Spargelsalat	Chinesische Keule	Mai–Juni	Sorte mit dem dicksten Stängel
Stangensellerie	Rotstieliger	Herbst	die Blätter können in Suppen verwendet werden, die Stangen fein geschnitten als Salat
Süßdolde		ganzjährig	Blätter, Blüten, grüne Samen und die Wurzel können als Gewürz oder Gemüse genutzt werden
Fruchtgemüse			
Gurke	Weiße Spangenberg	Sommer	sehr seltene weiße Gewürzgurke
Ölkürbis	Gleisdorfer	Herbst	Samen haben keine harte Schale und können gleich verbacken oder roh geknabbert werden
Keulenzucchini	Trombetta di Albenga	ab Juli	rankender Moschata-Zucchini, als Gemüse, in Suppen, jung als Rohkost
Hülsenfrüchte			
Palerbse	Kleine Rheinländerin	ab Juni	kältetolerante Sorte, wird nicht sehr hoch und braucht nicht viel Rankhilfe
Puffbohne	Osnabrücker Markt	ab Juni	sehr alte Marktsorte; die jungen Hülsen werden kurz gedünstet
Spargelbohne		ab Juli	wärmebedürftige Altweltbohne aus Afrika, braucht Rankgerüste, die Hülsen werden bis zu 1m lang
Kohlgemüse			
Asiagemüse	Pak Choi	Herbst	Asiatisches Wokgemüse, gezüchtet auf dicken Stängel
Butterkohl	Goldberg	Herbst	sehr feine krause Blätter; zum kurzen Dünsten
Stielmus	Namenia	Mai–Juli	die Stängel werden mit den Blättchen mit Kartoffeln und Mett gekocht
Wurzelgemüse			
Haferwurz	Sandwich Island	Herbst–Frühjahr	alte Kulturpflanze; sie wird geschält und wie Schwarzwurzel zubereitet
Kerbelrübe		ab Sommer	sehr alte Kulturpflanze ; roh knackig-nussig, gekocht mürbe
Pastinake		Herbst	uralte Kulturpflanze in vielen Sorten, wird sehr groß, etwas scharfer Geschmack
Schwarzwurzel		Herbst–Frühjahr	mehrjährige Kultur möglich; „Spargel des kleinen Mannes", in Butter dünsten
Topinambur	Violo	Herbst–Frühjahr	Kartoffelersatz; große, runde Knollen, die kompakt und stielnah wachsen
Weiße Bete	Albina Vereduna	Herbst	Schwestersorte zur Roten Bete, aber süßer

NUTZGARTEN: AUSSAAT- UND PFLANZKALENDER IM FREILAND

Deutscher Name	JAN	FEB	MÄR	APR	MAI	JUN	JUL	AUG	SEP	OKT	NOV	DEZ
Bärlauch									A	A	A	
Blumenkohl			A	P	P	P	P	P				
Brokkoli			A	P	P	P	P					
Buschbohne				V	A							
Chinakohl							A	P				
Dill				A	A							
Eissalat			A	P	P	P	P	P	P			
Endivie							A	P				
Erbsen			A	A	A							
Feldsalat								A	A			
Fenchel				A	P	P	P	P				
Grünkohl						A	P	P				
Gurke			V	V	P							
Knoblauch										P		
Kohlrabi			A	P	P	P	P	P				
Kopfkohl, früher			P	P	P							
Kopfkohl, später				A	P							
Kopfsalat			A	P	P	P	A	A	A			
Kürbis			V	V								
Lauch				P	P	P	P					
Mangold			A	A	A	A						
Möhren			A	A	A							

Legende: ▭ Vorkultur · ▭ Aussaat · ▭ Pflanzung

Deutscher Name	JAN	FEB	MÄR	APR	MAI	JUN	JUL	AUG	SEP	OKT	NOV	DEZ
Pak Choi				░	■	■	■	■				
Paprika		┆	┆	┆	■							
Pastinake			░	░								
Petersilie			░	░			░					
Pflücksalat			░	■	■	■	■	■	■	■		
Radieschen		░	░	░	░	░	░	░	░	░		
Rettich			░	░	░	░	░	░				
Rosenkohl				░	■							
Rote Bete				░	░	░	░					
Salatrauke (Rucola)		░	░	░	░	░	░	░	░	░	░	
Schnittlauch				■	■							
Schwarzwurzel			░									
Sellerie			┆	┆	■							
Spinat			░	░				░	░	░		
Stangenbohne					░							
Steckzwiebel			■	■								
Tomate			┆	┆	■							
Wirsing			░	■	■	■						
Zucchini				┆	■	■						
Zuckerhut						░	■					
Zuckermais					░	░						

Arten- und Sachregister

Halbfett gesetzte Seitenzahlen verweisen auf Abbildungen.

Verbände und Beratungsstellen

→ **Bayerische Landesanstalt für Weinbau und Gartenbau**
An der Steige 15
97209 Veitshöchheim
www.lwg-bayern.de

→ **Bundesfachsektion Baumschulen und Staudengärtner**
im Bundesverband der Österreichischen Gärtner
Haidestraße 22
A – 1110 Wien
www.baumschulinfo.at

→ **Gartenakademien in Deutschland**
www.gartenakademien.de

→ **Naturgarten e. V.**
Verein für naturnahe Garten- und Landschaftsgestaltung
Kernerstr. 64
74076 Heilbronn
www.naturgarten.org

→ **Staatliche Forschungsanstalt für Gartenbau Weihenstephan**
Prof. Dr. Sebastian Peisl
Am Staudengarten 8
85350 Freising
www.arbofux.de/datenbank.de

→ **Verband deutscher Wildsamen- und Wildpflanzenproduzenten e.V.**
Wetzlarer Straße 11
35581 Wetzlar-Münchholzhausen
www.natur-im-vww.de

→ **Verband schweizerischer Baumschulen**
JardinSuisse
Bahnhofstrasse 94
CH – 5000 Aarau
www.jardinsuisse.ch

Bodenproben

→ **VDLUFA – Verband Deutscher Untersuchungs- und Forschungsanstalten e. V.**
c/o LUFA Speyer
Obere Langgasse 40
67346 Speyer
www.vdlufa.de

Baumschulen

→ **Baumschule Brenninger**
Hofstarring 2
84439 Steinkirchen
www.brenninger.de

→ **Gärtnerhof Badenstedt WfbM**
Tarmstedter Str. 24
27404 Zeven-Badenstedt
www.gaertnerhof.geso-hilfens.de

→ **Baumschule Pflanzlust**
c/o Heinrich Niggemeyer
Niederelsungerstr. 23
34466 Nothfelden
www.pflanzlust.de

Pflanzen

→ **Hof Berggarten**
Lindenweg 17, Großherrischwand
79737 Herrischried

→ **Kräuter- und Wildpflanzengärtnerei Strickler**
Lochgasse 1
55232 Alzey-Heimersheim
www.gaertnerei-strickler.de

→ **Sortimentsgärtnerei Simon**
Staudenweg 2
97828 Marktheidenfeld
www.gaertnerei-simon.de

→ **Staudengärtnerei Gaißmayer GmbH & Co. KG**
Jungviehweide 3
89257 Illertissen
www.staudengaissmayer.de

→ **Wildblumenmatten Werner Fischer**
Ahornweg 1
84177 Gottfrieding
www.wildblumenmatte.de

Saatgut

→ **Appels Wilde Samen GmbH**
Brandschneise 2
64295 Darmstadt
www.appelswilde.de

→ **Bingenheimer Saatgut AG**
Kronstrasse 24
61209 Echzell-Bingenheim
www.bingenheimersaatgut.de

→ **Blauetikett Bornträger Arznei- und Gewürzpflanzen**
In den Aspen
67591 Offstein
www.blauetikett.de

→ **Dreschflegel Gbr.**
Postfach 1213
37202 Witzenhausen
www.dreschflegel-saatgut.de

→ **Rieger-Hofmann GmbH**
In den Wildblumen 7
74572 Blaufelden-Raboldshausen
www.rieger-hofmann.de

→ **Syringa-Samen**
Bachstrasse 7
78247 Hilzingen-Binningen
www.syringa-samen.de

Alternative Pflanzenpflege, -schutz

→ BIOPLANT Naturverfahren GmbH
Carl-Benz-Str. 4
78467 Konstanz
www.biplantol.de

→ Garten-Praxis GmbH
Ringstraße 8
76863 Herxheim-Hayna
www.garten-praxis.de

→ Neudorff GmbH KG
An der Mühle 3
31860 Emmerthal
www.neudorff.de

→ OSCORNA DÜNGER GmbH & Co. KG
Erbacher Straße 41
89079 Ulm
www.oscorna.de

→ Schwegler Vogler- und Naturschutz-
produkte GmbH
Heinkelstr. 35
73614 Schorndorf

Literatur

Barlage, A. Fleuchaus, E., Haas, H., Jany, Ch., Schuster, Th.: **Quickfinder Gartenpraxis.** Gräfe und Unzer Verlag, München

Feßler, A.: **Naturnahe Pflanzungen.** Ulmer Verlag, Stuttgart

Fortmann, Dr. M.: **Das große Kosmosbuch der Nützlinge.** Kosmos Verlag, Stuttgart

Schuster, Th.: **Quickfinder Pflanzenschutz.** Gräfe und Unzer Verlag, München

Witt, Dr. R.: **Wildpflanzen für jeden Garten.** BLV Verlag, München

Melanie Grabner

Die gelernte Staudengärtnermeisterin und Autorin von Fachartikeln zum Thema Garten, Pflanzenanbau und Pflanzenvielfalt arbeitete u. a. auch in einer Spezialgärtnerei für Wildpflanzen. Wichtig sind ihr besonders standortgerechte Pflanzengesellschaften, die ohne viel zusätzliche Pflege in den Gärten gedeihen, Tieren einen Lebensraum bieten und ihre Besitzer erfreuen. Aus diesem Grund ist sie auch Mitglied in Erhaltungsorganisationen wie dem Verein zur Erhaltung der Nutzpflanzenvielfalt e. V (VEN) und der Arche Noah. Neben den Zierpflanzen hat sie sich eine umfangreiche Sammlung an nachbaubaren Tomaten und anderen Fruchtgemüsen angelegt und kultiviert diese Pflanzen (biologisch) in ihrem Garten. Sie hat die Texte zu den Bereichen »allgemeine Gartenpraxis« und »Ziergarten« in diesem Ratgeber verfasst. Sie widmet dieses Buch Amélie.

Ludwig Watschong

Der gelernte Heilpraktiker fand über seine langjährige Tätigkeit als Koch den Weg zum biologischen Gärtnern. Heute ist er überzeugter Demeter-Gärtner. Als einer der Gründer der Dreschflegel GbR – ein Zusammenschluss von Biobetrieben in ganz Deutschland, der biologisches Saatgut vermehrt, züchtet und vertreibt – baut er auf 3000 Quadratmetern Land Biosaatgut an. Sein Einsatz gilt dabei besonders den seltenen und vergessenen Kulturpflanzen und deren Erhaltung, Wiederbelebung oder Neuzüchtung.
Von ihm stammen die Texte zu den Bereichen »allgemeine Gartenpraxis« und »Nutzgarten« in diesem Ratgeber.

Bildnachweis

Cover: GAP / Florapress / Getty Images

A1Pix: 100, 120-3, 148-1; **Dorothea Baumjohann:** 33-3, 41, 112-1, 113-1; **Beat Ernst:** 59-1; **bhubatka.ch:** 120-4; **Bildmaschine:** 29-1, 199-1; **biosaatgut.de:** 199-5; **Biopix:** 108; **Biosphoto:** 144, 162-1, 187; **Blickwinkel:** 59-2, 121-5, 213-5; **Elke Borkowski:** 209; **Botanikfoto:** 120-1; **Clipdealer:** 40-3; **Comet Photoshopping:** 97; **corzonneveld.nl:** 104; **Das Gartenarchiv:** 65-2, 137-2, 198-3; **ddp:** 137-6, 198-4; **Otmar Diez:** 212-2, 213-1; **dpa:** 65-1; 176, 199-4; **Sabine Eberts:** 148-2; **F1-online:** 85, 152-5, 198-1; **Flashmedia:** 94; **Florapress:** 2-2, 2-4, 37-1, 37-3, 40-1, 55-2, 64-1, 64-4, 65-4, 70, 75, 82, 84, 90, 92, 95, 96, 98, 99-1, 99-2, 99-3, 103-5, 115-1, 116, 122, 132, 138, 139, 147, 149, 151, 152-1, 152-3, 152-6, 153-1, 153-2, 153-3, 154, 155, 157, 163-1, 163-2, 185-2, 196-1, 196-2, 199-2, 200, 201-2; **Florapress/ Visions:** 18; **FLPA:** 160; **GAP:** 2-1, 23, 26-1, 26-2, 26-3, 29-2, 35, 55-1, 64-2, 102-3, 102-4, 102-5, 102-6, 103-1, 103-2, 103-3, 103-4, 120-6, 121-3, 121-6, 125-1, 150, 168-3, 168-5, 169-5, 182-2, 182-3, 183-3, 183-4, 183-6, 207-1; **Melanie Grabner:** 60, 80-1, 80-2, 80-3, 80-5, 80-6, 81-1, 81-2, 81-3, 81-4, 81-5, 81-6, 115-2, 130, 170, 179-1, 183-5, 210-1, 210-2; **Richard Garas:** 136-2, 136-3, 136-4, 136-6, 137-1, 137-4, 198-6, 213-4; **Geotop Bildarchiv:** 65-6; **Getty Images:** 64-3, 121-2, 121-4, 123, 156, 166, 190, 192, 198-2, 198-5, 199-3, 214, 215-1; **Hansjörg Haas:** 31-1, 31-2, 31-3, 33-1, 56, 62-1, 62-2, 62-3, 63, 67-1, 67-2, 67-3, 73-1, 73-2, 73-3, 73-4, 74, 79-1, 79-2, 93-1, 93-2, 101, 105, 112-3, 133, 134, 180, 194-1, 194-2, 194-3, 195, 208, 141, 181-1, 181-2, 181-3; **Britta Henseler:** 117-3; **Imago:** 33-2, 64-5, 65-3, 153-6, 212-6; **Klaus Kuttig:** 77, 117-4; **Daniela Laußer:** 185-1; **Look:** 52; **Lubera.com:** 137-3, 137-5; **Mauritius:** 29-3, 58, 65-5, 199-6, 212-1; **Neudorff:** 25, 36, 38, 40-2, 193; **Premium:** 2-3, 22, 37-2, 42, 54-1, 54-2, 64-6, 66, 102-1, 102-2, 103-6, 110-1, 110-2, 111-1, 111-2, 115-3, 115-4, 120-2, 121-1, 128, 136-1, 152-2, 152-4, 153-4, 153-5, 162-2, 165, 167, 168-1, 168-2, 168-6, 169-1, 169-2, 169-4, 169-6, 174, 178-2, 182-1, 182-4, 182-5, 182-6, 183-1, 183-2, 184, 204, 206-1, 206-2; **Prisma:** 212-4; **Reinhard Tierfoto:** 80-4, 201-1, 207-2, 215-2; **Guido Sachse:** 113-2; **Sängerhof:** 120-5; **Schneider-Will:** 83; **Thomas Schuster:** 146; **Friedrich Strauß:** 117-1, 117-2, 119, 178-1, 186; **Topic Media:** 136-5; **Ullstein Bild:** 72; **Nicola Uphoff-Watschong:** 125-2, 212-3, 212-5, 213-2, 213-3, 213-6; **Wikipedia:** 140; **Eva Wunderlich:** 179-2; **Zengarden:** 112-2; **Zoonar:** 168-4, 169-3
Syndication: www.jalag-syndication.de

GRÄFE UND UNZER VERLAG GmbH, München

Projektleitung: Anne-Kathrin Wahler
Lektorat: Sonnhild Bischoff
Bildredaktion: Daniela Laußer
Umschlaggestaltung und Layout: independent Medien-Design, Horst Moser, München
Produktion: Susanne Mühldorfer
Satz: Cordula Schaaf
Repro: Longo AG, Bozen
Druck & Bindung: Druckhaus Kaufmann, Lahr
Umwelthinweis: Dieses Buch ist auf PEFC-zertifiziertem Papier aus nachhaltiger Waldwirtschaft gedruckt.

ISBN: 978-3-8338-2603-0

1. Auflage 2012

 www.facebook.com/gu.verlag

GRÄFE UND UNZER

Ein Unternehmen der
GANSKE VERLAGSGRUPPE